Mémoires de préhistoriens

Henry et Marie-Antoinette
DE LUMLEY

Mémoires de préhistoriens

L'extraordinaire aventure de la préhistoire

Les hommes, les outils, les cultures

Odile Jacob

Toutes les photos du hors-texte sont créditées :
© H. de Lumley/Institut de paléontologie humaine.
Photo de couverture : *Homo georgicus*, Dmanisi, Géorgie,
environ 1 800 000 ans. Reconstitution Atelier Daynès,
présentée au musée de Préhistoire des gorges du Verdon, à Quinson.
© Musée de Quinson.

15, rue Soufflot, 75005 Paris

www.odilejacob.fr

ISBN : 978-2-7381-3101-0

Introduction

Après plus de cinquante années dédiées à l'ouverture de chantiers de fouilles à travers le monde, et devant l'insistance toujours renouvelée d'amis obligeants, nous avons entrepris d'ouvrir un nouveau chantier d'exploration, cette fois-ci sur un site très particulier, notre mémoire commune.

C'est ainsi que nous présentons dans cet ouvrage proposé par Odile Jacob un bilan aussi fidèle qu'il peut l'être de ces investigations intimes dans des souvenirs précieusement enfouis, sachant qu'il a souvent été plus difficile d'en extraire certains que de recueillir outils lithiques et ossements de faune sur les sites préhistoriques de France, d'Éthiopie ou du Brésil.

Le cours de notre vie fut émaillé de rencontres : amateurs, étudiants, chercheurs de toutes disciplines, de tous âges et de toutes nationalités, rencontres parfois éphémères, parfois étendues dans le temps, mais toujours rendues uniques par la même passion dévorante qui nous animait tous. Ce sont ces multiples rencontres et les connaissances échangées pendant six décennies qui ont construit nos parcours personnels et nourri nos réflexions, tout en cheminant sans répit sur les traces de l'homme préhistorique.

Au fil des expéditions lointaines et des travaux de laboratoire, dans le calme de grottes oubliées et dans le brouhaha des colloques internationaux, nous avons connu des moments de plénitude intense, où tout semble possible pour qui vit sa passion ; ce sont ces moments conservés aujourd'hui par écrit que nous souhaitons faire partager dans cet ouvrage.

Celui-ci n'a pas la prétention de faire office de manuel de préhistoire, ni de présenter le film de notre vie selon le modèle rigide d'un agenda, mais d'exposer par des exemples rencontrés sur le terrain les grandes étapes de l'évolution humaine, en respectant la chronologie et en y associant des anecdotes et des expériences communes, témoins indissociables de notre progression à travers le temps et l'espace.

Qu'il nous soit permis de citer ici les scientifiques qui ont particulièrement apporté leur soutien à cette longue marche : Max Escalon de Fonton avec qui, dès l'âge de 13 ans, Henry a effectué ses premières fouilles préhistoriques ; Sylvain Gagnière, directeur des Antiquités préhistoriques, qui nous a ouvert les chantiers de fouilles de la baume des Peyrards, de la grotte du Lazaret, de la grotte du Vallonnet ; le professeur Suzanne Taxy-Fabre, de l'université de Provence, qui nous a installés dans notre premier laboratoire de préhistoire à la faculté des sciences Saint-Charles à Marseille ; le professeur Henri Gastaut, président de l'université Aix-Marseille-II, qui nous a permis de créer en son temps un grand laboratoire d'anthropologie à Marseille, et surtout notre maître, le professeur Jean Piveteau, paléontologue avec qui nous avons soutenu chacun notre thèse de doctorat d'État à la faculté des sciences Paris-Sorbonne et qui a appuyé notre candidature au Centre national de la recherche scientifique, sans oublier Jean Dorst, alors directeur du Muséum national d'histoire naturelle, et Jean-Pierre Lehman qui, avec Jean Piveteau, ont insisté pour qu'Henry accepte la direction du laboratoire de préhistoire du Muséum national d'histoire naturelle, à Paris.

Au gré de ces rencontres déterminantes, puis au cours de nos soixante années de carrière, nous avons eu la chance et le bonheur d'être à la fois les témoins et les acteurs privilégiés de découvertes prodigieuses qui ont bousculé notre connaissance de l'évolution morphologique et culturelle de l'homme. Elles ont permis de construire un nouvel arbre généalogique de l'humanité et, grâce à l'acquisition de nouvelles technologies au carrefour des sciences de la Terre, de la Vie et de l'Homme, de pénétrer dans la vie quotidienne des hommes de la préhistoire.

Ainsi, depuis plus d'un demi-siècle, nos connaissances sur les premiers peuplements des différents continents et l'adaptation de l'homme à son milieu naturel ont été sans cesse renouvelées. Nous en apportons ici le témoignage sincère.

Marie-Antoinette et Henry de Lumley,
Col d'Èze-Paris, janvier 2014

CHAPITRE 1

À la découverte de la préhistoire

Le 27 mai 1944, le bombardement de Marseille par l'aviation alliée fit d'importants dégâts dans la ville et tous les établissements scolaires furent fermés. Henry était alors élève en classe de septième au collège du Sacré-Cœur. Il fut ainsi condamné à rester chez lui, et c'est à ce moment que sa mère lui offrit l'ouvrage de J.-H. Rosny aîné *La Guerre du feu*. Passionné par sa lecture, il décida de devenir un jour préhistorien.

Dès cette époque et pendant les années qui suivirent, il visita de nombreux musées de sciences naturelles ou d'archéologie où étaient exposées les collections de préhistoire issues des sites en cours de fouilles, comme la grotte Loubière par Georges Daumas, un amateur marseillais, ou celles de la Montade et de la Nerthe, par Max Escalon de Fonton, dans la région marseillaise. Toutes ses économies étaient consacrées à l'achat de livres de préhistoire et c'était immanquablement ce qu'on lui offrait en guise de cadeaux.

Alors qu'il était encore lycéen, puis comme étudiant à la faculté des sciences, il se rendait à Paris chaque année pendant les vacances de Noël. Afin de limiter les frais de transport, il arpentait les quais du port de la Joliette pour demander assistance aux camionneurs qui transportaient des cagettes de fruits et légumes en provenance d'Afrique du Nord jusqu'à

Paris. C'est ainsi qu'il était débarqué à 5 heures du matin à la porte d'Italie.

Grâce à ces transporteurs et à l'accueil de ses cousins parisiens, il put visiter chaque année le musée de l'Homme, le musée des Antiquités nationales de Saint-Germain-en-Laye, les galeries de zoologie et de paléontologie du Muséum national d'histoire naturelle ou encore le palais de la Découverte. Avant de partir, il prenait aussi la précaution de téléphoner à d'éminents paléontologues et préhistoriens parisiens qui l'accueillaient toujours avec bienveillance quand ils restaient présents dans leur laboratoire en cette période de vacances.

Henry fit ainsi la connaissance de Jean Piveteau à la Sorbonne, de l'abbé Henri Breuil, d'André Leroi-Gourhan, de Raymond Lantier, de Harper Kelley au musée de l'Homme, de Franck Bourdier au Muséum national d'histoire naturelle, de François et Denise Bordes, de Jean et Paulette Bouchud, de Raymond Vaufrey à l'Institut de paléontologie humaine, de Claude Schaeffer au musée des Antiquités nationales à Saint-Germain-en-Laye et de bien d'autres encore. Ces rencontres se sont fixées profondément dans la mémoire du jeune adolescent qu'il était alors. Leur disponibilité, leur attention, ainsi que leur humanité et leur convivialité lui ont laissé un souvenir encore plein d'émotion.

Nous nous sommes rencontrés très jeunes. C'était en 1953, alors que nous étions tous deux étudiants – Henry en sciences naturelles et Marie-Antoinette en médecine. Comme il cherchait à recruter des amis pour l'aider dans ses prospections et sur ses premiers chantiers de fouilles, il proposa à Marie-Antoinette de venir d'abord à la baume des Peyrards, sur les bords de l'Aiguebrun, à Buoux dans le Luberon, puis dans les gorges du Verdon et un peu plus tard dans la grotte de l'Hortus, face au pic Saint-Loup, à Valflaunès, dans l'Hérault. Marie-Antoinette se prit, elle aussi, de passion pour la préhistoire. Encouragée par Sylvain Gagnière, directeur des antiquités préhistoriques de Provence, par le docteur Léon Pales, sous-directeur au musée de l'Homme, et par Robert Mossinger, le professeur de médecine légale à la faculté de médecine de Marseille, elle décida d'orienter ses études vers cette discipline et de préparer une thèse de doctorat en médecine sur les maladies des hommes préhistoriques,

Contribution à l'étude de la paléopathologie osseuse en Provence et Bas-Languedoc, soutenue le 21 avril 1961 à Marseille. Elle renforça ses compétences en anatomie, en pathologie osseuse, en radiologie.

Les recherches sur les maladies des hommes préhistoriques étaient rares, quelques préhistoriens, souvent de formation médicale, s'étaient intéressés au sujet. De nombreux ossements, découverts en Provence et en Languedoc dans des sites néolithiques ou chalcolithiques, notamment dans des dolmens, présentaient des fractures plus ou moins consolidées, des ostéophytes vertébraux, des traces d'arthrose, des infections de type ostéomyélitiques et des trépanations simples ou multiples sur les crânes, avec ou sans survie de l'individu traité.

Le lendemain de cette soutenance, ce fut notre mariage. Et voilà plus de cinquante ans que nous collaborons, que nous sommes heureux, avec nos quatre enfants et nos treize petits-enfants. Un jour peut-être l'un d'eux sera préhistorien.

Lors de nos visites à Paris, le professeur Jean Piveteau et son épouse nous invitaient régulièrement chez eux, rue Roli, à déjeuner. C'est là que nous avons rencontré d'éminents spécialistes comme Jean-Pierre Lehman, professeur de paléontologie au Muséum national d'histoire naturelle, ou Georges Simpson. Le professeur André Leroi-Gourhan et son épouse Arlette, eux, nous invitaient à dîner autour d'un chou-fleur béchamel.

À l'occasion de chacune de nos visites à Paris, nous nous rendions aussi chez l'abbé Breuil, avenue de La Motte-Piquet, où nous avions de longues discussions sur les outillages préhistoriques et sur les grottes ornées du paléolithique supérieur. À l'appui de certaines de ses interprétations, il demandait à Miss Boyle, sa précieuse collaboratrice, de grimper sur une échelle pour prendre dans sa bibliothèque un article, des notes ou des dessins, conservés dans une boîte d'archives. Il avait une excellente mémoire et savait exactement où chaque document se trouvait. Il nous offrit un jour les dessins au crayon qu'il avait réalisés lors d'un voyage en Crimée sur le site de Kiik-Koba. Nous les conservons précieusement dans nos archives déposées au fort de la Drète, antenne du laboratoire du Lazaret à Nice.

Lors de la première visite d'Henry au musée de Saint-Germain-en-Laye, à l'âge de 16 ans, il a eu l'honneur d'être reçu par le professeur Claude Schaeffer : il voulait lui demander l'autorisation d'examiner en particulier le matériel archéologique provenant de Provence. Henry fut très impressionné, en entrant dans son long bureau, de le découvrir debout derrière sa table de travail, son épée d'académicien posée en travers et une grande décoration militaire sur un panneau accroché au mur derrière lui.

À l'occasion d'une visite à l'Institut de paléontologie humaine, à Paris, de Hallam Movius, professeur de préhistoire à l'Université Harvard, François Bordes, jeune chercheur au CNRS, lui proposa de venir dîner chez lui à Courbevoie. Au début du repas, son épouse Denise de Sonneville-Bordes déposa sur la table un plat de lentilles, mets que son époux n'appréciait visiblement pas. Sans hésiter, François se leva et nous emmena au restaurant.

Quelques années plus tard, en 1965, alors que François Bordes allait participer au jury de thèse d'Henry à la Sorbonne, il nous invita le matin à un petit déjeuner dans un café du boulevard Saint-Marcel pour évoquer la soutenance. Subitement, il poussa de grands cris : ses tartines étaient déjà beurrées ! Il fit tout repartir en cuisine.

Une autre fois, lors d'une visite de François Bordes à Marseille, Henry décida de l'emmener dîner dans un restaurant des Goudes, au bord de la mer, pour goûter la spécialité locale : une bouillabaisse, avec Max Escalon de Fonton, Eugène Bonifay, Hallam Movius, Louis Méroc. Comme d'ordinaire, la préparation fut un peu longue et nous attendîmes longtemps. Impatient, François Bordes quitta le restaurant pour fumer sa pipe, pensions-nous. Quand la bouillabaisse arriva enfin sur la table, François n'était toujours pas revenu. Eugène Bonifay sortit alors le chercher : François avait pris une table au restaurant voisin et passé commande !

Les préhistoriens sont parfois originaux.

CHAPITRE 2

L'évolution morphologique et culturelle de l'homme

Avant de commencer notre récit proprement dit, il nous semble essentiel de présenter les principaux jalons de l'évolution humaine, car nous avons choisi ce fil rouge pour présenter nos souvenirs.

Les découvertes des paléontologues et des préhistoriens effectuées sur de nombreux sites à travers le monde permettent de reconstituer les grandes étapes de l'évolution morphologique et culturelle des hominidés depuis 7 millions d'années. Le scénario qui a été établi grâce à la grande enquête menée, tels des détectives, par les chercheurs, sur le terrain et en laboratoire à l'aide d'analyses multidisciplinaires, n'est en rien une hypothèse ; il est fondé sur des faits d'observation.

L'étude des restes humains fossiles, bien calés dans le temps grâce aux méthodes de datation isotopique, met en évidence une évolution morphologique du crâne au fur et à mesure du temps : il devient de moins en moins allongé, plus haut et plus large, tandis que le cerveau devient de plus en plus volumineux. Au cours de l'évolution, le crâne des hominidés passe ainsi de la forme d'un ballon de rugby à celle d'un ballon de football.

Parallèlement, les capacités cognitives se sont développées et complexifiées. C'est l'étude du comportement de subsistance, du mode de vie et de l'adaptation toujours renouvelée à leur environnement qui permet d'en avoir une idée. L'évolution des méthodes de débitage et de façonnage des matières premières pour la fabrication des outillages préhistoriques permet ainsi de distinguer les principales étapes de l'évolution culturelle.

Dès 7 millions d'années, les premiers hominidés (*Sahelanthropus tchadensis*) avaient une capacité crânienne d'environ 350 cm^3, ce qui est comparable à celle des chimpanzés. Ils ont acquis la station érigée bipède. Et c'est alors que le nouveau phylum des hominidés s'est individualisé par rapport à celui des grands singes.

Entre 5 et 3 millions d'années, les australopithèques (*A. anamensis, A. afarensis, A. africanus, A. sediba*), qui avaient une capacité crânienne d'environ 450 cm^3, étaient bipèdes et encore occasionnellement arboricoles. Essentiellement végétariens, ils consommaient des fruits, des racines et des graminées. Ils ne fabriquaient pas d'outils. L'étude anatomique de leur crâne ne permet pas de repérer les aires du langage qu'on observe chez l'homme moderne.

Vers 2,5 millions d'années émerge au sein du phylum des australopithèques un nouveau groupe : *Homo habilis-rudolfensis,* parfois appelé *Early Homo*. Sa capacité crânienne est comprise entre 500 et 750 cm^3. Ce sont les premiers à fabriquer des outils réalisés en fonction d'un projet, ce qui témoigne de l'existence d'une pensée conceptuelle. L'étude des caractéristiques anatomiques de leur crâne permet de penser, bien que les préhistoriens ne puissent trouver de parole fossile, qu'ils avaient acquis un langage articulé. Ce sont les premiers mangeurs de viande, des charognards. Ce sont aussi les premiers à installer des campements de base. Ils organisent le partage des tâches, les hommes allant charogner tandis que les femmes pratiquent la cueillette et s'occupent des enfants.

Vers 1,6 million d'années, de nouveaux hominidés plus robustes émergent au sein des *Homo habilis* : ce sont les *Homo ergaster-erectus,* qui ont une capacité crânienne dépassant 800 cm^3. Excellents chasseurs, capables de choisir leur gibier et d'organiser des chasses communes, ils débitent de grands éclats à long tranchant et façonnent des bifaces, le couteau des chasseurs, qui présentent une symétrie bilatérale et bifaciale pour dépecer et mettre en quartiers les animaux abattus.

L'acquisition du sens de la symétrie, dans certains cas le choix de roches de belle couleur, et le soin apporté au façonnage de certaines pièces témoignent chez leurs artisans de la recherche du beau : le sens de l'harmonie apparaît.

Dans la caune de l'Arago, à Tautavel, aux environs de 450 000 ans, des *Homo erectus* européens ont pratiqué un cannibalisme rituel. Seuls les éléments de crâne, de mandibules ou d'os longs riches en revêtement carné ont été retrouvés à l'exclusion des côtes, des vertèbres et des éléments des mains ou des pieds.

Ils sont devenus de remarquables chasseurs capables, au cours de chasses collectives, de traquer des animaux aussi puissants que le cheval, le bison, le rhinocéros, aussi agiles que le mouflon et le tahr, aussi dangereux que les grands carnivores comme le lion.

Vers 400 000 ans, alors que les *Homo erectus* ont acquis une capacité crânienne qui dépasse 1 100 cm^3, l'homme domestique le feu. Cette acquisition est un formidable moteur d'hominisation. Le feu éclaire, réchauffe, permet de faire cuire la viande, allonge l'espérance de vie en faisant reculer les parasitoses, améliore la fabrication d'un épieu en durcissant sa pointe au feu, mais surtout renforce les liens familiaux, sociétaux autour des foyers. Au cours de longues soirées se développe la fabrication des mythes et naissent les identités culturelles régionales.

Vers 300 000 ans, des *Homo erectus* évolués ou *Homo heidelbergensis* annoncent les néandertaliens, dont la capacité crânienne est d'environ 1 200-1 300 cm^3. Ils ont utilisé un aven du réseau karstique de la Sierra d'Atapuerca, la Sima de los Huesos, pour y précipiter une trentaine de leurs défunts : quelques enfants et adolescents et surtout des jeunes adultes. Un magnifique biface en quartzite rouge a été jeté en offrande dans cet aven. C'est le plus ancien aven funéraire actuellement connu. Il témoigne des balbutiements de la pensée symbolique.

À partir de 100 000 ans, les hommes de Neandertal, en Europe, l'évolution ultime des *Homo erectus*, et les hommes modernes archaïques du Proche-Orient acquièrent une capacité crânienne de 1 400 cm^3 environ, ce qui est comparable à celle de l'homme moderne et parfois même plus important. Néanmoins, les lobes frontaux du cerveau restent relativement peu développés, ce qui les distingue des hommes anatomiquement modernes.

Tous sont porteurs des cultures moustériennes du paléolithique moyen, caractérisées par des proportions plus ou moins importantes de racloirs, de denticulés et d'encoches, ainsi que par la disparition des bifaces, sauf dans le moustérien de tradition acheuléenne.

Ce sont les premiers hommes à enterrer leurs morts. Ils peuvent creuser une fosse pour y déposer le défunt et lui permettre de poursuivre sa route dans l'au-delà. Dans certains cas des offrandes accompagnent le corps. Par exemple, un thorax de renne et un pied de bison ont été disposés à côté du défunt comme à La Chapelle-aux-Saints en Corrèze, un massacre de cerf à Qafzeh en Israël.

Dans la grotte de Shanidar, au Kurdistan iranien, de petites fleurs des champs, mises en évidence par l'étude des pollens, avaient été déposées dans la fosse sépulcrale.

Ces pratiques funéraires témoignent de la naissance de l'angoisse métaphysique. L'homme s'interroge sur l'au-delà.

Parallèlement, un cannibalisme rituel continue à être pratiqué, vraisemblablement pour récupérer les forces physiques et les qualités psychiques des défunts, comme dans la grotte de l'Hortus à Valflaunès dans l'Hérault, à Zafarraya en Andalousie et à Moula-Guercy en Ardèche.

À partir de 35 000 ans, en Europe, les premiers hommes anatomiquement modernes, les hommes de Cro-Magnon, qui ont une capacité crânienne de 1 400 cm^3 en moyenne et des lobes frontaux développés, se répandent dans toute l'Eurasie. Avec le développement des lobes frontaux, sièges de la pensée associative, explose la pensée symbolique : c'est l'invention de la parure, de l'art pariétal, de l'art mobilier et de la musique, étapes majeures dans le développement des processus cognitifs.

Entre le dixième et le huitième millénaire avant notre ère, l'homme rompt l'équilibre avec la nature. Il ne vit plus simplement de cueillette, de chasse et de pêche, mais, agriculteur et pasteur, il devient producteur de nourriture. La diversification de ses activités implique une réelle hiérarchie sociale. L'homme se sédentarise, construit des villages, se répartit les tâches : le berger garde les troupeaux, le cultivateur plante céréales et légumineuses, l'ingénieur aménage des canaux d'irrigation, le potier fabrique des récipients pour conserver graines et laitages, le meunier écrase les grains, le fileur et le tisserand utilisent la laine des moutons afin de fabriquer des vêtements, le spécialiste des pierres polies fabrique des haches et des herminettes. Il faut dès lors des chefs pour coordonner l'ensemble de la société, des soldats pour qu'ils soient obéis et des prêtres pour parler avec les divinités pour que la pluie tombe au bon moment.

C'est dans ces sociétés hiérarchisées qu'au début du quatrième millénaire apparaissent les premiers métallurgistes susceptibles de faire fondre le cuivre et, un peu plus tard, de fabriquer du bronze en alliant le cuivre fondu à l'étain.

Dès 3 300 ans avant notre ère, au sein des sociétés des premiers métallurgistes, les hommes inventent l'écriture, les cunéiformes à Sumer, les hiéroglyphes en Égypte et les idéogrammes de la Montagne sacrée du Bego à Tende dans le sud-est de la France. L'homme est devenu capable de transmettre des messages ordonnés à travers le temps et l'espace. Et aujourd'hui, avec Internet et le multimédia, on peut penser qu'il entame une nouvelle étape majeure de son évolution culturelle.

CHAPITRE 3

Avant l'homme : les premiers hominidés

Il y a 7 millions d'années, Toumaï *Sahelanthropus tchadensis*

Le 4 juillet 1996, Michel Brunet et Émile Heintz vinrent au village de Tautavel, célèbre pour le site de la caune de l'Arago, où nous poursuivions comme chaque année notre chantier de fouilles préhistoriques. Ils souhaitaient nous montrer une mandibule d'hominidé découverte quelques mois auparavant dans le désert de Djourad au nord du Tchad. Michel lui avait donné le nom d'*Australopithecus barelghazali*. Pour la première fois, un australopithèque était découvert à l'ouest de la Rift Valley, ce qui faisait tomber le mythe de l'East Side Story. Michel nous fit connaître quelques années plus tard le crâne découvert le 19 janvier 2001 dans un site proche. Il attribuait ce nouveau fossile à un hominidé très ancien, l'un des plus anciens connus, qui pouvait être daté de 7 millions d'années.

Or, quelques mois auparavant, une polémique avait éclaté autour de cette découverte. Certains chercheurs reprochaient à Michel Brunet d'avoir mal placé un fragment de molaire, découvert isolé, dans un alvéole de la mandibule. Certaines caractéristiques anatomiques pouvaient le rapprocher d'un ancêtre des chimpanzés plutôt que de l'homme.

C'est sur la place du village, autour d'une chope de bière, que Michel Brunet nous montra ces précieux fossiles et que nous pûmes constater que le fameux fragment de dent, objet du débat, se raccordait bien à un fragment de racine resté en place au fond de l'alvéole. Le remontage proposé par Michel Brunet était donc exact.

Dans le théâtre de verdure, tel un amphithéâtre grec, qui domine le village, à proximité du Centre de recherches préhistoriques de Tautavel, Michel Brunet a aussi présenté cette fameuse découverte à un public venu nombreux de chercheurs, d'étudiants, de villageois et de touristes. Ce fut une belle soirée pour la diffusion de la culture scientifique. Plusieurs journalistes locaux se déplacèrent même à cette occasion et la conférence de Michel Brunet eut un retentissement dans la presse locale, notamment dans *L'Indépendant* et dans *Le Midi libre*, sous la plume de Philippe Dagneaux.

En raison de ses caractéristiques anatomiques, le crâne du désert de Djourad, dénommé *Sahelanthropus tchadensis* par son inventeur, Toumaï pour les intimes, « espoir de vie », paraît être le plus ancien primate bipède connu actuellement. Il permet de faire remonter dans l'arbre généalogique des primates la divergence entre l'homme et les grands singes à 7 millions d'années environ. Cette datation avait déjà été proposée par les biologistes moléculaires, en s'appuyant sur la distance génétique entre l'homme et le chimpanzé. Elle est désormais confirmée.

Si ce fossile semble très archaïque par certains caractères anatomiques (petite capacité crânienne d'environ 350 cm^3, donc comparable à celle des plus grands singes), par d'autres, il peut déjà être considéré comme celui d'un hominidé : le *foramen magnum* (trou occipital), situé sous le crâne, atteste l'existence d'une station érigée bipède ; on note aussi la petite taille de la canine et l'absence de diastème entre canine et incisive (espace libre sur l'arcade dentaire qui permet d'engréner les canines).

De nombreux ossements de grands mammifères fossiles, attribués à l'époque du miocène, ont été découverts associés à ce crâne : carnivores, proboscidiens, équidés tridactyles, hippopotamidés, suidés, giraffidés, bovidés, indiquant que le climat était humide et le paysage forestier.

La découverte de *Sahelanthropus tchadensis* permet donc de faire remonter l'origine des hominidés, nos très lointains ancêtres, à une époque bien plus ancienne que celle admise jusqu'alors par les paléoanthropologues. C'est vers 7 millions d'années que peut être situé l'aiguillage entre la lignée des grands singes et celle de l'homme[1]. Depuis cette date, que d'acquisitions nouvelles dans l'évolution anatomique et surtout dans l'évolution culturelle !

Il y a 4,5 millions d'années *Ardipithecus ramidus*

En octobre 1998, en route pour le sud de l'Éthiopie, où nous allions reprendre nos fouilles sur le site de Fejej, au Musée national éthiopien d'Addis-Abeba, nous avons rencontré Tim White, professeur à l'Université de Berkeley. Il nous conduisit dans la salle forte du laboratoire où il travaillait, ouvrit les tiroirs et sortit les restes d'un hominidé très ancien, qu'il avait découvert en 1992 dans la moyenne vallée de l'Awash, et qui date de 4,4 millions d'années.

Si le crâne est brisé en petits fragments, le reste du squelette est presque complet. Il correspond à un petit bonhomme de 80 centimètres de haut environ, qui devait déjà marcher debout. Son inventeur l'a baptisé *Ardipithecus ramidus*. Ce précieux fossile peut être placé sur l'un des rameaux à la base de l'arbre généalogique des hominidés.

Néanmoins, ses membres antérieurs relativement longs indiquent que, s'il avait bien acquis la station érigée bipède, il pouvait occasionnellement les utiliser pour se déplacer dans les arbres. C'était à la fois un bipède et un arboricole.

Les études des pollens, des sédiments qui ont livré ce fossile, témoignent d'un paysage forestier et non pas d'une savane, au

1. Datation récemment confirmée par des isotopes cosmogéniques $^{26}Al/^{10}Be$.

sein de laquelle il était admis jusqu'alors qu'étaient apparus les premiers hominidés.

Les premiers hominidés n'étaient donc point les fruits de la sécheresse, comme on l'a souvent cru. À leur origine, ils vivaient dans un environnement forestier.

CHAPITRE 4

Les australopithèques

En 1925, Raymond Dart, professeur à l'Université du Witwatersrand à Johannesbourg, en Afrique du Sud, décrit le crâne d'un primate qu'il attribue à un jeune individu qui, selon lui, marchait debout, en raison de la position de son trou occipital sous le crâne, et qu'il considère comme un ancêtre de l'homme. Il donne à ce fossile le nom d'*Australopithecus africanus*. Ce crâne avait été mis au jour dans la grotte de Taung, associé à des crânes de babouins dans des dépôts très anciens datés du pliocène, à la fin de l'ère tertiaire. Depuis, de nombreux fossiles retrouvés non seulement en Afrique du Sud, mais aussi en Tanzanie, au Kenya et même au Tchad ont pu être rattachés au genre australopithèque : *Australopithecus anamensis*, *Australopithecus afarensis* en Éthiopie, *Kenyanthropus platyops*, *Australopithecus garhi* au Kenya, *Australopithecus bahrelghazali* au Tchad, *Australopithecus africanus* et *Australopithecus sediba* en Afrique du Sud.

De passage à Nice, en 1967, pour visiter la grotte du Vallonnet, à Roquebrune-Cap-Martin, dans laquelle nous avions mis au jour une industrie archaïque associée à des ossements de faune portant de grands enlèvements, Raymond Dart souhaitait comparer les enlèvements qu'il avait décrits sur les ossements de Makapansgat sous le terme d'« industrie ostéodontokératique » (culture de l'os, des dents et de la corne).

Descendu à l'hôtel *Negresco* sur la promenade des Anglais à Nice, il nous invita au restaurant de l'hôtel *Chanteclerc* avec son épouse. Pendant le repas, il nous raconta un incident intervenu au cours d'un voyage à Londres alors qu'il transportait dans une mallette le fossile original de l'enfant de Taung. À l'issue d'un trajet en taxi, il s'aperçut qu'il avait oublié la mallette dans la voiture. Il ne put la récupérer que le lendemain après des appels par radio. Le fossile éponyme original de genre *Australopithecus* aurait ainsi pu disparaître à jamais. Depuis cet instant de distraction, les préhistoriens hésitent à transporter les fossiles originaux témoins de l'évolution humaine.

Néanmoins, dans des cas exceptionnels, de grandes expositions ont été organisées à travers le monde pour réunir des fossiles originaux. Ainsi, le précieux fossile de l'enfant de Taung a failli disparaître une seconde fois, quand le professeur Phillip Tobias le transporta d'Afrique du Sud à New York, en avril 1984. Lors d'une escale à Francfort, il échappa de justesse avec son « accompagnateur » à un attentat dans les couloirs de l'aéroport. À partir de cette date, Phillip Tobias jura de ne plus jamais transporter de fossiles originaux.

Les plus anciens australopithèques *Australopithecus anamensis*

Au cours d'une expédition dans la région de Fejej, en mars 2005, aux côtés d'une équipe de chercheurs avec lesquels nous avions entrepris un chantier de fouilles sur le site préoldowayen de FJ-1, nous avons décidé de faire des prospections sur des sites beaucoup plus anciens datés entre 4,5 et 3 millions d'années. C'est à cette occasion que nous avons trouvé des restes d'hominidés fossiles dont un fragment de mandibule et de nombreuses dents d'*Australopithecus anamensis* datés d'environ 4,5 millions d'années et qui seraient contemporains d'*Ardipithecus ramidus*. Nous avons pu les comparer aux découvertes effectuées par Meave Leakey en 1994 au Kenya, à Kanapoi et Allia Bay, et par Tim White en 2004 à Asa Assie, toutes attribuées à *Australopithecus anamensis*.

L'étude de ces restes a permis de mettre en évidence qu'ils appartiennent au groupe des *Australopithecus anamensis,* contemporains d'*Ardipithecus ramidus* et qu'ils constituent deux lignées indépendantes. *Australopithecus anamensis* avait acquis la station érigée bipède et restait encore occasionnellement arboricole.

Une jeune fille nommée Lucy et les autres *Australopithecus afarensis*

Au cours d'une mission, en 1974, effectuée dans l'Hadar, territoire des Afars, au nord-est de l'Éthiopie, dans la corne de l'Afrique, Donald Johanson, Yves Coppens et Maurice Taieb mirent au jour les ossements épars d'un squelette de jeune fille qu'ils appelèrent Lucy, dans des dépôts datant de 3,2 millions d'années environ.

Impossible d'oublier la mémorable conférence donnée dans le cadre du sixième colloque par Donald Johanson et Yves Coppens en septembre 1976, à Nice, à l'occasion du neuvième congrès de l'Union internationale des sciences préhistoriques et protohistoriques (UISPP), qui rassembla plus de 3 300 participants venus de nombreux pays. Ils y présentèrent le squelette de Lucy devant des congressistes ébahis et de nombreux journalistes. Cette jeune fille noyée dans un lac trouva une renommée internationale grâce à eux. Ce squelette pratiquement complet retrouvé dans des dépôts très anciens pouvait-il être considéré comme l'un des premiers représentants de l'humanité ? Avait-on découvert Ève ?

Par la suite, Mary Leakey découvrit à Laetoli en Tanzanie des restes d'hominidés fossiles, en particulier des mandibules.

À Bofors, en Suède, lors du Nobel Symposium organisé en mai 1978 sous le patronage de l'Académie royale des sciences de Suède, intitulé « Current Argument on Early Man » et auquel nous avions été invités, Donald et Yves firent part de leurs découvertes dans l'Hadar. C'est à cette occasion qu'ils proposèrent de créer une nouvelle espèce : *Australopithecus afarensis* et de lui rattacher les restes d'hominidés de Laetoli en Tanzanie, découverts par Mary Leakey, datant de 3,7 millions d'années.

Le lendemain, Phillip Tobias et Mary Leakey, de leur côté, présentèrent les restes humains et les empreintes de pied de Laetoli en suggérant de les attribuer à une nouvelle espèce : *Australopithecus tanzaniensis*.

Tous les chercheurs étant convaincus que les deux sites avaient livré des restes d'hominidés appartenant à la même espèce, il fut convenu de retenir le nom d'*Australopithecus afarensis*, la communication de Donald Johanson et Yves Coppens ayant priorité car elle avait été présentée vingt-quatre heures avant celle de Phillip Tobias et Mary Leakey. Très déçue, cette dernière se retira dans sa chambre d'hôtel, qu'elle ne quitta plus jusqu'à la fin du colloque. Marie-Antoinette la rejoignit pour la raisonner et tenter de la faire revenir avec nous tous pour participer au débat, mais, tenace, elle refusa de participer à la soirée de clôture.

Pour les paléoanthropologues, il est important de regrouper sous un nom d'espèce les fossiles qui présentent des caractères communs les distinguant d'autres fossiles. Actuellement, dans la nature, deux espèces différentes ne sont pas interfécondes, mais ce critère ne peut être utilisé pour les formes anciennes.

À son tour, William Kimbel mit au jour plusieurs crânes complets dans la moyenne vallée de l'Awash, qu'il rattacha à *Australopithecus afarensis*.

Australopithecus afarensis, dont l'un des plus célèbres représentants est Lucy, paraît dériver d'*Australopithecus anamensis* par une évolution graduelle qui s'est déroulée pendant plus de 1 million d'années. Sa taille, estimée grâce à une relative bonne conservation du squelette, devait être de 1 mètre de haut environ. Sa capacité crânienne a pu être évaluée, grâce à la découverte de plusieurs crânes, entre 400 et 500 cm^3. Le dimorphisme sexuel est marqué, les crânes des individus masculins sont plus robustes que ceux des féminins. Très marqué chez les hominidés les plus anciens, il s'atténue progressivement au cours de leur évolution.

L'étude des membres postérieurs des australopithèques et de leur bassin montre qu'ils utilisaient un mode de déplacement bipède, ce qui est confirmé par les pistes de multiples empreintes de pieds à Laetoli en Tanzanie. Néanmoins, la longueur de leurs membres supérieurs indique une capacité d'arboricolisme, vraisemblablement occasionnelle.

Les empreintes de pieds d'hominidés de Laetoli, en Tanzanie

À la suite d'une visite dans les gorges d'Olduvaï en 1977, Mary Leakey nous conduisit sur le site de Laetoli, à l'ouest du Kilimandjaro dans le nord de la Tanzanie. Elle venait de mettre au jour une piste d'empreintes de pieds d'hominidés fossiles, que Marie-Antoinette put examiner afin de les comparer avec l'empreinte de pied de Terra Amata que nous avions découverte auparavant à Nice en 1966.

Sur ce site, en enlevant des petites plaquettes de cendres volcaniques litées, Mary avait mis au jour de très nombreuses empreintes d'animaux, d'éléphants, d'antilopes, etc., et même d'hominidés. Grâce à la méthode du potassium-argon, ces cendres ont été datées de 3,7 millions d'années.

Deux pistes d'empreintes d'individus bipèdes sont bien repérables. L'une qui comprend plus de soixante-quinze empreintes correspond à trois individus : deux adultes et un enfant, qui marchaient debout dans la savane arborée de l'Est africain. Elles montrent qu'il y a 3,7 millions d'années, des hominidés avaient bien acquis la station bipède.

En examinant ces pistes, Marie-Antoinette a pu constater que les individus marchaient en équilibre instable et qu'ils avançaient en croisant légèrement leurs pieds : l'empreinte du pied droit était disposée légèrement à gauche du pied gauche et celle du pied gauche à droite du pied droit. Leur démarche bipède n'était pas encore assurée. Néanmoins, actuellement, les mannequins au cours de défilés de mode ont réactualisé ce type de déambulation, qui est aujourd'hui évidemment artificiel.

Les australopithèques d'Afrique du Sud, il y a 2 à 3 millions d'années

Invités en 1975 par Phillip Tobias, professeur d'anatomie à l'Université du Witwatersrand à Johannesbourg, nous nous sommes rendus en Afrique du Sud, pour participer à Cape Town à un colloque sur les plus anciens hominidés et visiter les célèbres grottes du Transvaal qui ont livré des restes d'australopithèques : Sterkfontein, Swartkrans, Kromdraï et Makapansgat.

Rappelons que c'est en 1924, dans une carrière située près de Taung, qu'un crâne d'enfant âgé de 3 ans fut découvert constitué de la face, de la mandibule et d'une empreinte cérébrale fossilisée. La datation de ce fossile est estimée à un peu plus de 2 millions d'années. Cette découverte fut publiée par Raymond Dart dans la revue *Nature* l'année suivante. Pour la première fois dans l'histoire de la paléoanthropologie, un hominidé très ancien était reconnu.

Le chantier de fouilles de Sterkfontein était alors en pleine activité et, à la suite des anciens chercheurs tels que Robert Broom, Phillip Tobias avait repris des fouilles dans cette immense cavité. Il venait de découvrir des poches karstiques dans les niveaux supérieurs, à l'entrée d'une ancienne caverne effondrée (Sterkfontein Extension) qui renfermait une industrie très archaïque, attribuée déjà à l'oldowayen.

Le site de Sterkfontein avait un intérêt exceptionnel. Comme celui des cavernes voisines, Swartkrans et Kromdraï, il a livré dans les couches les plus anciennes des restes d'hominidés dont l'âge est compris entre 3 et 2 millions d'années et qui ont été attribués à deux groupes d'hominidés : les australopithèques robustes (*Australopithecus robustus*) et une forme d'australopithèques plus graciles (*Australopithecus africanus*).

Plusieurs centaines de fragments osseux d'australopithèques ont été découvertes sur ce site, dont un crâne complet baptisé Mrs Ples (*Plesianthropus africanus*) daté de 2 millions d'années environ et aujourd'hui assimilé au groupe *Australopithecus africanus*.

Récemment, un squelette presque complet d'*Australopithecus africanus,* surnommé Little Foot, mis au jour par Ron Clark dans la grotte de Sterkfontein et datant de 3 millions d'années environ, a apporté une connaissance plus complète de son anatomie.

L'*Australopithecus africanus* de Sterkfontein mesurait 1,20 mètre de haut environ. Il avait une capacité crânienne de 430 à 550 cm^3, identique à celle des plus grands gorilles, et se déplaçait debout. Le dimorphisme sexuel était important : le crâne de Mrs Ples, une femelle, était beaucoup plus gracile que celui d'un mâle.

L'*Australopithecus robustus* découvert dans les grottes de Swartkrans et de Kromdraï était plus massif et présentait un très important dimorphisme sexuel : les mâles avaient sur le crâne une crête sagittale beaucoup plus marquée que les femelles. Leurs dents étaient robustes ; l'émail de leur couronne était épais et possédait des reliefs complexes. Ils appartenaient évidemment à une autre espèce, qui pouvait être plus ou moins contemporaine.

Les couches inférieures de la grotte de Sterkfontein dans lesquelles ont été recueillis les restes d'*Australopithecus africanus* n'ont pas livré d'outils de pierre taillés, alors qu'ils sont présents dans les couches supérieures beaucoup plus récentes.

Dans la grotte de Swartkrans, située à quelques centaines de mètres de Sterkfontein, au milieu de dépôts datant de moins de 2 millions d'années, ont été mis au jour plus de cent restes osseux d'hominidés attribués à *Australopithecus robustus* et peut-être à une forme plus évoluée, qui serait déjà un *Homo erectus* archaïque (*Telanthropus*), avec de nombreux outils : choppers, éclats, etc.

Au cours de cette excursion, nous nous sommes rendus ensuite sur le site de Kromdraï, proche de Sterkfontein et de Swartkrans. Cette cavité connue depuis 1938 a livré plus de vingt restes osseux et dentaires d'*Australopithecus robustus*, d'une ancienneté inférieure à 2 millions d'années.

Deux jours plus tard, conduits par Phillip Tobias, nous avons visité les grottes de Makapansgat, où ont été découverts des vestiges de toutes les séquences de l'évolution humaine, depuis des restes osseux d'*Australopithecus africanus*, préalablement dénommé *Australopithecus prometheus*, d'un âge estimé à

2,6 millions d'années, jusqu'aux périodes historiques, en passant par des niveaux riches en outillages lithiques acheuléens.

En 2011, Lee Berger, chercheur à l'Université du Witwatersrand à Johannesbourg, est venu présenter d'abord à l'Institut de paléontologie humaine à Paris, puis au Centre européen de recherches préhistoriques de Tautavel, les deux nouveaux squelettes presque complets qu'il avait mis récemment au jour sur le site de Malapa, une nouvelle espèce d'australopithèque datée de 2 millions d'années et dénommée *Australopithecus sediba*, contemporaine des premiers *Homo habilis*.

Les deux spécimens correspondent à une femme adulte et un enfant mâle d'une dizaine d'années. Les divers éléments des squelettes sont bien conservés et permettent d'estimer la taille à 1,27 mètre environ et le poids à une trentaine de kilos. La capacité crânienne est faible, 420 à 450 cm^3. Ils présentent des caractères qui indiqueraient la transition entre les australopithèques et le genre *Homo*. Ils étaient aptes à la bipédie, mais pouvaient encore grimper aux arbres. *A. sediba* serait l'un des témoins anciens de la mise en place progressive du genre *Homo*.

Avant de rentrer dans son pays, Lee Berger nous laissa les moulages des fossiles qui sont venus enrichir la collection de moulages d'hominidés fossiles de notre laboratoire, riche de plus de 5 500 spécimens. Cette collection essentiellement constituée par échanges et par moulages *in situ* des originaux par notre équipe de mouleurs est un matériel précieux pour effectuer des analyses comparées des fossiles humains. Même l'usage actuellement fréquent d'images numérisées, à partir de scans, ne remplace pas l'utilisation d'objets réels : originaux ou moulages.

CHAPITRE 5

En Afrique, les premiers hommes : des fabricants d'outils

Les travaux effectués par Louis et Mary Leakey dans les gorges d'Olduvaï en Tanzanie ont démontré depuis les années 1950 que des industries lithiques taillées de main d'homme étaient très anciennes et pouvaient remonter à près de 2 millions d'années.

C'est en effet en 1958 que des datations des formations volcaniques des gorges d'Olduvaï effectuées grâce à la méthode du potassium-argon par Curtis avaient situé les plus anciennes couches de ces gorges qui livraient des outils taillés il y a 1,8 million d'années environ. À quand remontent les plus anciennes industries taillées, témoins de l'émergence de la pensée conceptuelle dans l'histoire des hominidés ? Pour répondre à cette interrogation fondamentale, de nombreuses expéditions ont été organisées par la suite en Tanzanie, au Kenya et en Éthiopie à la recherche des premiers hominidés.

Dans l'état actuel des découvertes, ce sont les sites de Kada Gona, au nord-est de l'Éthiopie, dans la corne de l'Afrique, qui ont livré les plus anciens outils taillés. Mis au jour dans des dépôts interstratifiés entre deux niveaux de cendres volcaniques, l'un au-dessous daté de 2,6 millions d'années, l'autre au-dessus daté de 2,5 millions d'années, l'âge de ces industries peut être évalué à 2,55 millions d'années. C'est dans l'état actuel des découvertes les plus anciens outils taillés de l'histoire de l'humanité. Invités par le professeur Sileshi Semaw, préhistorien éthiopien, nous avons pu effectuer en 2000 une étude de cette industrie conservée au Musée national éthiopien d'Addis-Abeba.

Les plus anciens outils aménagés de l'histoire de l'humanité retrouvés en Afrique de l'Est et en Afrique du Sud datent de 2,5 à 1,8 million d'années : ce sont des outillages archaïques, associés à un nouveau type d'hominidés : les *Homo habilis*, parfois appelés *Early Homo*. Avec eux débute le groupe dénommé homininés.

Alors que les australopithèques, qui avaient acquis la station bipède, étaient déjà des hominidés mais pas encore des hommes, les *Homo habilis*, qui fabriquaient des outils et qui disposaient vraisemblablement d'un langage articulé, peuvent être considérés comme tels.

L'outil manufacturé qui témoigne de l'émergence de la pensée conceptuelle introduit dans l'histoire de l'univers et de la vie une nouvelle dimension : la dimension culturelle.

Contrairement à leurs prédécesseurs australopithèques, qui étaient essentiellement végétariens et qui consommaient des fruits, des racines, des graminées, ce qu'on peut déduire de l'usure de leurs dents, les homininés deviennent mangeurs de viande.

L'outil aménagé est une caractéristique de l'homme. À la différence des objets utilisés par les grands singes pour une action immédiate, comme casser un fruit ou récupérer des termites au fond d'un trou, l'outil aménagé s'inscrit dans une chaîne opératoire en fonction d'un projet éloigné dans le temps.

Pour fabriquer l'outil, *Homo habilis* conçoit un modèle à réaliser pour une action ultérieure, en l'occurrence récupérer de la viande sur une carcasse abandonnée par de grands carnivores. Dans ce but, il ramasse dans une rivière proche des galets en les choisissant en fonction de leur nature et de leur forme et, par une stratégie de débitage élaborée qui implique un certain savoir-faire, réalise le modèle conçu précédemment.

En effet, c'est grâce à des enlèvements successifs unifaciaux ou bifaciaux, unipolaires, bipolaires ou multipolaires, au moyen d'un galet servant de percuteur sur un autre galet et en évaluant entre chaque enlèvement l'orientation du choc à donner et le plan de frappe à percuter qu'*Homo habilis* réalise l'outil, conçu au préalable, nécessaire pour désarticuler une carcasse de grand herbivore et récupérer la viande ou casser des os longs pour en extraire la moelle.

L'étude des ossements répartis sur les sols d'occupation de ces premiers hommes, comme à Fejej en Éthiopie ou à Lokalelei au Kenya, met en évidence que les carcasses d'animaux rapportées dans le campement appartiennent à des individus d'âges variés, des individus âgés, des adultes jeunes et de jeunes individus. Ces proportions ne représentent pas les proportions relatives correspondant à des déchets alimentaires qu'on observe chez les peuples chasseurs, où les ossements d'adultes jeunes sont en proportions dominantes, comme dans un troupeau. Ainsi, il est permis de penser que les premiers hommes pratiquaient le charognage plutôt que la chasse.

À cette époque, le climat de l'Afrique de l'Est s'est asséché, la savane s'est développée aux dépens des espaces boisés et les troupeaux de grands herbivores tels que les antilopes, les gazelles, les équidés, les girafes sont devenus beaucoup plus nombreux, ce qui a entraîné le développement de prédateurs comme la panthère géante, *Megantereon megantereon,* ou le tigre à dents de sabre, *Homotherium crenatidens.*

Les carcasses de grands herbivores abandonnées par ces carnivores repus au bord d'un lac, d'un fleuve ou d'une rivière étaient convoitées par *Homo habilis,* mais aussi par la hyène géante, *Crocuta brevirostris*. Tous deux étaient en compétition pour accéder aux carcasses.

Il est fréquent de trouver autour d'un squelette de grand herbivore, resté souvent en connexion anatomique, de petits éclats de taille abandonnés par les *Homo habilis* associés à des coprolithes de hyène.

Des missions en Éthiopie, berceau de l'humanité

Dès 1990, nous avons décidé d'effectuer des fouilles sur le territoire éthiopien, l'Afrique de l'Est étant alors considérée comme le berceau de l'humanité. Notre but était d'ouvrir un grand chantier de fouilles sur un site en place, très ancien, qui permettrait de comprendre le comportement et le mode de vie des premiers hommes. Ainsi, avec François Anfray, le directeur du Centre français des études éthiopiennes, et l'un de nos étudiants éthiopiens, Yonas Beyene, nous avons organisé une grande expédition en Éthiopie pour repérer les sites préhistoriques où nous pourrions entreprendre des fouilles.

Alors que nous sillonnions la moyenne vallée de l'Awash à proximité de la Somalie, un soir, un peu avant la tombée de la nuit, nous nous sommes arrêtés pour installer jusqu'au lendemain matin nos tentes au bord de la piste. Pendant notre installation, un homme grand, vêtu d'une djellaba blanche et venu de nulle part, nous a interpellés et fait connaître qu'il ne fallait pas stationner à cet emplacement, à cause de la présence de lions. Il était préférable d'aller plus loin. Henry rétorqua que, si les lions étaient présents en ce lieu, ils devaient l'être aussi un peu plus loin. Yonas nous fit comprendre qu'il ne fallait pas discuter et nous sommes partis plus loin à quelques centaines de mètres de la piste.

Tôt, le lendemain matin à l'aube, nous avons repris notre route et rejoint la piste. C'est alors qu'une longue caravane de dromadaires nous a croisés, chargée de matériel électronique et peut-être d'armes, conduite par des hommes vêtus de djellabas blanches et armés de kalachnikov. C'étaient les prétendus lions ! Yonas nous a interdit de prendre des photographies et sans rien dire nous avons continué notre route.

À la suite de cette expédition, nous avons choisi d'entreprendre des prospections systématiques dans la région de Fejej, au Sud Omo, non loin du lac Turkana, dans le but de repérer un site préhistorique en place, sous le tuf volcanique de 1,7 million d'années, afin d'ouvrir un chantier de fouilles. En effet, si un site préhistorique en place pouvait être découvert sous cette formation volcanique, il serait évidemment très ancien et permettrait de percevoir les comportements et le mode de vie des tout premiers hommes.

Les gorges d'Olduvaï, avec Mary Leakey

En septembre 1977, à l'occasion du Congrès panafricain de préhistoire, Mary Leakey nous proposa de venir visiter ses chantiers de fouilles des gorges d'Olduvaï et de Laetoli en Tanzanie.

Un matin très tôt, nous quittâmes Nairobi dans une 404 Peugeot et, à la tombée de la nuit, nous franchîmes la frontière sur la route de Namenga. Puis ce fut une lente progression dans le Serengeti et le cirque du Ngorongoro, où nous pûmes apercevoir à la lumière des phares un groupe d'éléphants à la queue leu leu qui accompagnait la voiture en suivant une piste parallèle, légèrement en surplomb de notre route. Nous étions tous inquiets, car si l'un d'eux descendait, il pouvait écraser le véhicule avec ses occupants.

Un peu plus loin nous aperçûmes, toujours à la lueur des phares, une famille de lions : un mâle à la grande crinière, une lionne et trois lionceaux, groupés et paisibles. Le conducteur s'arrêta et Henry faillit ouvrir la portière pour aller les caresser. Marie-Antoinette, effrayée, l'en empêcha. La lionne se releva et fit calmement le tour de sa famille. Nous repartîmes. Encore plus loin, le chauffeur éclata subitement de rire en apercevant un porc-épic qui courait devant nous sur la route.

Arrivés à Olduvaï, nous nous installâmes pendant quelques jours au campement de Mary Leakey, sobrement composé de plusieurs tentes. C'est là que nous vivions, que nous prenions nos repas essentiellement constitués de corned-beef accompagné de thé et où nous dormions, reliés au reste du monde par radio.

Quel séjour inoubliable ! Le camp était soigneusement entouré d'une couronne d'épineux pour nous protéger des grands fauves et le matin, à notre réveil, Mary Leakey nous montrait les empreintes du lion venu rôder autour du camp au cours de la nuit.

Au cours de notre séjour, elle nous fit visiter dans les profondes gorges d'Olduvaï les principaux sites préhistoriques. Elles constituent un long canyon, de plus de 100 mètres de hauteur, creusé dans les formations sédimentaires du quaternaire ancien. À la base, le site DK1, daté d'environ 1,9 million d'années, fut mis au jour dans le Bed I, structure aménagée par les premiers hommes fabricants d'outils. C'est à ce niveau que fut découvert un crâne assez bien conservé d'*Homo habilis* (0H24) associé à une industrie oldowayenne constituée de galets aménagés, de polyèdres, de nucléus, d'une très grande quantité d'éclats de taille et déjà de petits outils retouchés sur éclat : racloirs, denticulés, grattoirs.

Un peu plus loin, à quelques centaines de mètres, sur le site FLK-NN1, daté de 1,75 million d'années, Mary Leakey avait découvert quelques années auparavant, à quelques mètres de distance l'un de l'autre, un crâne complet d'un australopithèque robuste *Zinjanthropus boisei* et les pariétaux d'un individu plus gracile et au volume crânien plus important, nommé par Phillip Tobias *Homo habilis* (0H7). Ainsi fut-il démontré que plusieurs espèces d'hominidés pouvaient se côtoyer dans un même environnement : la savane arborée. Le plus gracile, déjà un homme, était l'auteur de la culture oldowayenne.

Depuis, de nombreux autres restes attribués à *Homo habilis* ont été découverts en Afrique de l'Est : en Tanzanie, au Kenya, en Éthiopie et même en Afrique du Sud. S'ils présentent encore beaucoup de traits anatomiques analogues à ceux des australopithèques notamment dans leur architecture faciale, ils s'en différencient par une capacité crânienne beaucoup plus importante et qui peut varier de 510 cm^3 à 750 cm^3. Le groupe des *Homo habilis* ne paraît pas homogène. Les *Homo habilis* classiques, représentés par 0H24 daté de 1,87 million d'années et familièrement appelé Twiggy, ont une capacité crânienne de 594 cm^3, un front peu développé et une face projetée en avant ; les *Homo rudolfensis,* représentés par ER1470, daté de 1,85 million d'années et appelé Rudolf, ont une capacité crânienne de 750 cm^3, une face large et un prognathisme moins marqué. Pour de nombreux chercheurs, on peut les associer sous le terme de groupe *Homo habilis-rudolfensis*.

De nombreuses expéditions ont été effectuées en Afrique de l'Est, en Éthiopie et au Kenya en particulier, à la recherche des plus anciens outils taillés, par Sileshi Semaw dans la vallée du Gona, affluent de l'Awash au nord-est de l'Éthiopie, où il a découvert des industries datées de 2,55 millions d'années, par Hélène Roche, à Lokalelei à l'ouest du lac Turkana au Kenya, où elle a mis au jour des industries datées de 2,3 millions d'années et par nous-mêmes à Fejej dans le sud de l'Éthiopie à 5 kilomètres au nord de la frontière du Kenya, où nous avons mis au jour des sites à industries très anciens datés d'environ 1,96 million d'années.

Un campement d'*Homo habilis* à Fejej

Pour mieux comprendre le comportement et le mode de vie de ces premiers hommes, nous avons recherché un site bien en place où leurs sols d'occupation auraient été bien conservés. C'est ainsi qu'après plusieurs campagnes de prospection, en décembre 1992, nous entreprîmes le grand chantier de fouilles FJ-1, en collaboration avec notre ancien élève et collègue éthiopien Yonas Beyene.

La fouille fut conduite sur une surface de 82 m^2. Elle a permis de mettre au jour un sol d'occupation bien conservé, riche en industries lithiques archaïques et en faune de grands mammifères, daté d'environ 1,96 million d'années, sous un dépôt de cendres volcaniques de 1,8 million d'années.

Les hommes s'étaient installés en contrebas d'un bourrelet de sable fluviatile de 50 centimètres de hauteur, à proximité de la berge d'une rivière, pendant une période d'étiage et au cœur d'une plaine d'inondation. La présence d'un gibier abondant et varié, non loin des matières premières lithiques (galets) nécessaires à la fabrication d'outils pour le traitement des carcasses, et un sol bien drainé en bordure d'une rivière ont certainement été des facteurs décisifs pour choisir ce site. L'association de pièces lithiques taillées sur place et d'ossements de grands herbivores d'espèces variées, en particulier des antilopes, des impalas et des koudous, ainsi que des os de gnous, fracturés sur le site, témoignent d'une occupation de l'espace, de l'installation d'un lieu de vie, d'un « campement de base » stable et apprécié où les hommes se retrouvaient pour y effectuer les activités nécessaires de la vie quotidienne.

La découverte de restes humains a permis de savoir que ce campement avait été occupé par *Homo habilis*.

Au cours de la fouille, nous reçûmes souvent la visite de Dassanetchs, ethnie qui occupe le delta de l'Omo, peuple de pasteurs semi-nomades vivant de l'élevage de chèvres et de zébus, de la pêche et de l'agriculture, principalement du sorgho. Seuls les hommes nous rendaient visite, armés d'une kalachnikov en bandoulière, pour troquer une chèvre ou une petite antilope contre quelques lames de rasoir.

Deux millions d'années après l'abandon du site de Fejej par les *Homo habilis*, sur le même emplacement, nous eûmes l'honneur d'accueillir au cours de nos chantiers de fouilles de nombreuses personnalités venues s'installer avec nous sous la tente pour mieux connaître les exploits de ces premiers hommes : les ministres successifs de la Culture du gouvernement éthiopien, les ambassadeurs de France en Éthiopie et d'Éthiopie en France et, en janvier 2006, le prince souverain Albert II de Monaco qui passa avec nous une longue soirée autour du feu, face au lac Turkana.

Ces industries lithiques archaïques qui peuvent être attribuées aux premiers hommes, les *Homo habilis* et dont l'âge est compris entre 2,55 et 1,5 million d'années en Afrique de l'Est, peuvent être subdivisées en deux ensembles successifs :

• Les industries lithiques préoldowayennes ou oldowayennes archaïques, dont l'âge est compris entre 2,5 et 1,8 million d'années, contiennent essentiellement des éclats bruts de taille, jamais retouchés, des nucléus qui servent à leur production, des percuteurs et quelques galets aménagés. Ces derniers devaient servir à désarticuler les carcasses de grands herbivores, alors que les éclats de taille, coupants, servaient à découper la viande.

• Les industries lithiques oldowayennes ou oldowayennes classiques, dans lesquelles apparaissent à partir de 1,8 million d'années des petits outils retouchés sur éclat : racloirs, denticulés, encoches non standardisés et des polyèdres.

Ces industries préoldowayennes (oldowayen archaïque) et oldowayennes (oldowayen classique) sont souvent désignées par le terme de Mode 1.

Alors que leurs prédécesseurs australopithèques étaient végétariens, les *Homo habilis* étaient consommateurs de viande. Est-ce parce que les hommes ont inventé l'outil qu'ils pouvaient consommer de la viande ou bien parce qu'ils voulaient manger de la viande qu'ils ont inventé l'outil ?

En tout cas, l'évolution est considérable dans la technologie entre les éclats et les choppers abandonnés à Gona par les premiers hommes, il y a 2,5 millions d'années, et les outils de l'homme moderne ! Les plus importantes inventions de l'humanité ont été, il y a 2,5 millions d'années environ, l'éclat et le chopper, qui attestent de l'émergence de la pensée conceptuelle et où toutes les inventions de l'histoire de l'humanité étaient déjà inscrites. S'il n'y avait pas eu un premier outil, puis un deuxième, etc., il n'existerait pas aujourd'hui d'accélérateur de particules, de superordinateurs ni de vaisseaux interplanétaires. Il est évident que le chopper et le biface ne sont pas les ancêtres de la roue, mais ils ponctuent l'évolution des capacités cognitives de l'homme.

L'outil manufacturé le caractérise et permet de le définir. À la différence des simples objets utilisés par les grands singes, il s'inscrit dans une chaîne opératoire. En fonction d'un modèle conçu à l'avance pour réaliser un projet, l'homme choisit la matière première selon ses qualités pétrographiques et morphologiques, puis, en utilisant des stratégies élaborées, il la débite ou la façonne et l'utilise ensuite non point pour une action immédiate mais pour réaliser une action future prédéterminée.

CHAPITRE 6

Out of Africa

Les premières industries humaines apparues dès 2,5 millions d'années en Afrique de l'Est, dénommées préoldowayennes ou oldowayennes et correspondant à deux stades successifs de la cognition des premiers hommes, portées par les *Homo habilis*, se sont répandues très tôt sur le continent africain, comme à Sterkfontein en Afrique du Sud ou à Aïn Hanech en Algérie.

Sorties d'Afrique, les cultures préoldowayennes ont diffusé progressivement au Proche-Orient, où on les retrouve à Yiron vers 2,3 millions d'années, en Transcaucasie à Dmanissi vers 1,81 million d'années, sur les rivages méridionaux de l'Europe à Pirro Nord en Italie vers 1,55 million d'années, dans la Sima del Elefante dans la Sierra d'Atapuerca, province de Castille-León en Espagne, il y a 1,3 million d'années, dans le bassin d'Orce à Barranco León et Fuente Nueva 3 en Andalousie vers 1,2 million d'années, dans la grotte du Vallonnet, dans les Alpes-Maritimes, et à Lézignan-la-Cèbe dans l'Hérault il y a 1,05 million d'années et même plus au nord, à Pont-de-Lavaud, dans la vallée de la Creuse, il y a 1 million d'années environ.

Les premiers hommes qui occupaient de petits territoires ont peuplé progressivement la planète. À chaque nouvelle génération, quand le nombre d'individus devenait trop important, certains d'entre eux pouvaient aller s'installer à côté. Ainsi, à chaque génération, le front d'hominisation pouvait s'avancer d'une soixantaine de kilomètres, ce qui correspondait approximativement aux aires de circulation de ces hommes. Cinq générations par siècle donnaient une progression de 300 kilomètres et de 3 000 kilomètres en 1 000 ans. L'homme s'est avancé sans bruit.

C'est ainsi que l'outillage de peuples charognards qui n'étaient pas encore chasseurs a été introduit à Dmanissi en Géorgie par les *Homo georgicus*, proches du groupe *Homo habilis-rudolfensis* de l'Afrique de l'Est. Cette très lente diffusion du front d'hominisation correspondait à des convergences de comportement liées à des capacités cognitives permettant de s'adapter aux aléas pour survivre. Mangeurs de viande, mais non chasseurs, ces peuples étaient réduits à récupérer les éléments charnus des carcasses abandonnées par de grands carnivores repus. De l'Afrique de l'Est à l'Europe méditerranéenne, ils se sont en effet toujours trouvés en compétition avec la hyène géante.

L'outillage de ces premiers habitants de l'Europe, porté par les *Homo georgicus*, que nous appelons préoldowayen ou oldowayen archaïque, comprend essentiellement des éclats de petite taille, jamais retouchés, qui devaient servir à récupérer la viande sur les carcasses de grands herbivores, des pierres avec des retouches d'utilisation et quelques galets aménagés utilisés pour désarticuler les carcasses et fracturer les ossements. Cette industrie archaïque peut être comparée à celle du site de Dmanissi en Géorgie (1,81 million d'années), à celle de Fejej (1,96 million d'années), à celle de Lokalelei (2,35 millions d'années) ou à celle de Gona (2,55 millions d'années).

Dmanissi, aux portes de l'Europe, il y a 1,8 million d'années

En 1962, invités en URSS par le professeur Guerassimov et par Andreï Velichko pour réfléchir sur des programmes de coopération franco-soviétique dans le domaine des sciences préhistoriques portant sur la dynamique des interactions entre l'homme et son environnement préhistorique, nous nous sommes rendus à Tbilissi au congrès qui rassemblait tous les archéologues d'Union soviétique, en Géorgie. Marie-Antoinette était enthousiaste d'aller rencontrer des chercheurs russes et de retrouver le pays de ses ancêtres. Originaires de Russie et officiers de la marine impériale sous Nicolas II, son père et son grand-père avaient été contraints de quitter leur patrie au moment de la révolution bolchevique. À l'occasion de ce séjour, nous avons assisté à un très grand banquet qui réunissait plusieurs centaines de personnes au cours duquel la vodka coulait à flots au rythme des chants caucasiens.

Nous avons fait la connaissance de nombreux chercheurs géorgiens : Otar Lordkipanidze, Alexandre Kalandaze, David Touchabramichvili, Giorgui Nioradze et Léo Gabounia, éminent paléontologue. Tous étaient très heureux de rencontrer des chercheurs français venus de l'autre côté du Rideau de fer, curieux de connaître leurs travaux, très intéressés par leurs découvertes, alors que les autorités de Léningrad et de Moscou, les seigneurs de l'époque, minimisaient l'importance de leurs travaux.

Lors d'une visite du Musée national géorgien, pour admirer les trésors des Scythes, avec Kalandaze, Touchabramichvili, Nioradze et Gabounia, on nous fit passer par une porte dérobée pour que nous puissions échapper à nos chaperons russes et visiter durant une journée des sites préhistoriques et des églises paléochrétiennes dans la campagne de Cachétie. « Enfin libres », s'exclama Léo Gabounia. De retour à l'hôtel, tard dans la soirée, nos collègues russes, très inquiets, furent soulagés de nous revoir et d'échapper ainsi aux foudres de leur hiérarchie pour n'avoir pas su empêcher notre évasion.

Depuis cette aventure datant de 1962, nous avons toujours conservé des liens privilégiés avec les chercheurs géorgiens. C'est ainsi que, en 1991, nous fûmes informés de la découverte d'une mandibule très ancienne sur le site de Dmanissi, au sud de Tbilissi, dans des dépôts quaternaires sur lesquels s'était installée au XIVe siècle une cité médiévale actuellement en ruine.

Cette mandibule avait été mise au jour le 24 septembre 1991 au cours d'une campagne de fouilles conduite par le professeur Djumber Kopoliani avec des chercheurs allemands de l'Université de Mayence : Gerhard Bosinski et Antje Justus.

Quelques années plus tard, alors que la Géorgie avait été libérée du joug soviétique et avait acquis son indépendance, nous invitâmes le professeur Léo Gabounia, devenu membre de l'Académie des sciences de Géorgie, avec la précieuse mandibule pour effectuer une étude comparée dans nos laboratoires à Marseille et à Tautavel.

Ultérieurement, l'un de ses élèves, David Lordkipanidze, qui avait effectué plusieurs stages dans notre laboratoire pour s'initier aux méthodes de recherche interdisciplinaires dans le domaine des sciences préhistoriques, mit au jour deux crânes d'hommes fossiles en mai et juillet 1999. Invités par Léo Gabounia et David Lordkipanidze, nous avons examiné ces deux crânes D 2280 et D 2282 le mois suivant, en août 1999. C'est ainsi que le 14 août 1999 il organisa une grande fête dans son palais-musée pour célébrer à la fois les découvertes et l'anniversaire d'Henry.

La découverte des deux crânes et d'une mandibule dans des dépôts très anciens, datés par l'association des faunes de l'extrême début du quaternaire, permettait de reculer considérablement la date de l'arrivée des premiers hommes aux portes de l'Europe.

Invités par David Lordkipanidze, nous entreprîmes en septembre 2000 avec une équipe de chercheurs français et géorgiens une étude stratigraphique et sédimentologique du site ; c'est au cours de cette campagne que fut découverte, le 26 septembre 2000, une nouvelle mandibule humaine d'un individu robuste et âgé, D 2600. Par la suite, trois autres crânes ont été mis au jour en 2001, 2002 et 2005, ainsi que deux autres mandibules en 2001 et en 2005 et de nombreux ossements post-crâniens. Cet ensemble de restes humains appartient à un groupe d'hominidés qui s'était installé il y a 1,81 million d'années sur les pentes septentrionales du Petit Caucase, dans le sud de la Géorgie.

Les premiers hommes sortis d'Afrique avaient, de génération en génération, atteint les portes de l'Europe en passant par le couloir levantin. C'étaient des individus de petite taille, d'environ 1,50 mètre de hauteur, avec une petite capacité crânienne de 600 à 700 cm^3 comparable à celle des *Homo habilis*.

Ils présentaient un important dimorphisme sexuel, les hommes étant nettement plus robustes que les femmes.

Leur crâne se caractérise par une très petite taille, une voûte basse, allongée, un front fuyant et une face avec de puissants piliers maxillaires qui traduisent une puissante mastication. Intermédiaire entre les formes d'*Homo habilis-rudolfensis* et celles des *Homo erectus* archaïques, appelés *H. ergaster*, ils ont été attribués en 2002 à une nouvelle espèce dénommée par Marie-Antoinette et Léo Gabounia *Homo georgicus*.

Ils vivaient dans un paysage découvert, occupé par une savane arborée et fréquentée par des espèces variées composées essentiellement de cerfs et de petits bovidés. Quelques grands carnivores, comme le lion, le tigre à dents de sabre et le *Megantereon* sont sans doute responsables de la mort des animaux dont on retrouve les ossements sur le site, parfois encore en connexion anatomique. Il est vraisemblable que les hommes, en compétition avec la grande hyène, venaient charogner les carcasses des grands herbivores abandonnées par les grands carnivores repus. Ces hommes ont abandonné sur le site, parmi une multitude d'ossements, une industrie lithique très archaïque, où dominent les éclats bruts de taille dont les tranchants, qui présentent des esquilles d'utilisation, étaient utilisés pour découper la viande.

Quelques galets aménagés sur lesquels une arête tranchante avait été aménagée par des enlèvements sur une seule face (chopper) et d'autres sur lesquels une arête tranchante avait été aménagée sur deux faces (chopping tool) devaient servir à désarticuler les carcasses de grands herbivores. De nombreux galets avec des stigmates d'écrasement ou un enlèvement dû à un choc violent (galet à enlèvement isolé convexe) ont servi d'outils de percussion pour fracturer des ossements de grands herbivores afin de récupérer la moelle.

L'absence ou l'extrême rareté de petits outils retouchés sur éclat ou sur débris permet de rattacher cette industrie à la phase la plus ancienne dénommée préoldowayenne ou oldowayenne archaïque.

Ultérieurement, dans les cultures oldowayennes, les hommes aménageront le bord des éclats par des petites retouches secondaires qui modifient le tranchant, dans le but de façonner des outils spécifiques pour des usages variés. Cet aménagement est en relation avec le développement de la cognition.

L'outillage lithique de Dmanissi est tout à fait comparable à celui des plus anciennes industries découvertes en Afrique comme celles de Gona EG10 et EG12 (2,55 millions d'années) et de Lokalelei au Kenya (2,35 millions d'années) et celle de Fejej, FJ-1 (1,96 million d'années) appelées préoldowayennes.

Les restes osseux découverts d'au moins cinq individus associés – un vieillard, deux adultes, homme et femme, un adolescent et un enfant – représentent vraisemblablement une famille qui a été décimée brutalement par un événement catastrophique.

Ces hommes vivaient dans un environnement volcanique. Un jour, ils ont été surpris par une nouvelle éruption qui a projeté de grandes quantités de cendres. Un petit groupe s'est alors réfugié dans une cuvette naturelle en surface d'une coulée de basalte et les cendres inhalées mêlées aux sécrétions bucco-pharyngiennes ont entraîné la mort des individus par asphyxie. Leurs ossements, éparpillés ultérieurement sur le sol, ont été recouverts par la suite par des dépôts de sables et de limons fluviatiles.

Ce petit groupe d'*Homo georgicus* a bien été décimé par un événement catastrophique, car il représente tous les âges d'une population vivante : jeunes, adultes, vieillards, tous ont été retrouvés sur un espace limité au fond d'une cuvette de basalte, totalement environnés de cendres volcaniques. Les os sont entiers et bien conservés. Il s'agit d'individus surpris ensemble par la mort.

Les découvertes importantes effectuées à Dmanissi montrent que les premiers hommes, après avoir quitté le berceau africain de l'humanité, étaient déjà installés en Géorgie, aux portes de l'Europe et de l'Asie, il y a plus de 1,81 million d'années.

La création d'une nouvelle espèce, *Homo georgicus* (2002), a surpris certains paléoanthropologues qui rattachaient les restes humains de Dmanissi à des *Homo erectus* et ne pouvaient admettre qu'une population plus ancienne, celle du groupe *habilis-rudolfensis*, soit sortie d'Afrique pour peupler l'Eurasie à une époque aussi ancienne.

Le scénario classique était ébranlé et à revoir. L'attribution à une nouvelle espèce, *Homo georgicus*, s'impose du fait de différences mineures mais significatives avec le groupe *habilis-rudolfensis* – une capacité crânienne légèrement plus importante dans la région moyenne, pariétale, un appareil masticateur plus puissant – et des différences plus marquées avec le groupe *ergaster*, plus récent – une capacité crânienne plus faible, inférieure à 800 cm^3, un appareil masticateur très puissant, comportant des piliers canins, lié à un fonctionnement important des canines, des prémolaires aux couronnes archaïques avec un développement de la cuspide distale et des racines multiples.

Depuis, les découvertes se sont multipliées et les nouvelles études sont venues conforter l'attribution des restes de Dmanissi à un groupe plus archaïque que celui des *H. erectus* y compris *H. ergaster*, proche des premiers *Homo*, en particulier des *H. rudolfensis*. Une nouvelle découverte est rarement acceptée immédiatement, il faut lui laisser le temps de s'adapter à un nouveau paradigme et qui plus est, dans le cas du site de Dmanissi, à un scénario nouveau de peuplement de l'Eurasie plus ancien que celui qu'on connaissait classiquement.

Pirro Nord

À Apricena (Foggia District, Apulia), au nord du promontoire de Gargano sur la côte adriatique en Italie, Marta Arzarello a repéré en 2005, dans les fissures d'un karst, quelques pièces taillées associées à des faunes quaternaires très anciennes d'environ 1,4 million d'années, comprenant *Equus altidens, Bison, Canis mosbachensis, Ursus etruscus, Megantereon withei, Homotherium latidens, Acinonyx pardinensis* et la hyène géante *Pachycrocuta brevirostris, Hystrix refossa, Allophaiomys ruffoi*. L'homme était déjà présent dans la péninsule italienne à une époque très ancienne du quaternaire, ce qui avait déjà été démontré par Aldo Segre et Italo Bidittu sur les sites de Colle Marino, Arce et Fontana Liri dans le Latium.

Au mois de juin 2007, au cours du colloque intitulé « Les cultures à bifaces du pléistocène inférieur et moyen dans le monde » et organisé à Tautavel, Marta Arzarello, qui était venue présenter une communication sur les cultures à bifaces du bassin d'Isernia, annonça cette découverte extraordinaire d'outils taillés associés aux faunes du pléistocène inférieur de Pirro Nord.

Afin de comparer les pièces découvertes avec les outillages du Vallonnet, elle apporta le matériel de Pirro Nord au laboratoire départemental de préhistoire du Lazaret à Nice et nous pûmes les examiner. Il s'agissait de petits éclats bruts de taille jamais retouchés et d'un nucléus à enlèvements orthogonaux dont les caractéristiques techniques et typologiques évoquaient celles des plus anciennes industries découvertes en Europe. Nous avions la preuve qu'à une époque très ancienne, beaucoup plus reculée que celle admise jusqu'à présent, des populations étaient arrivées sur les rivages méridionaux de l'Europe méditerranéenne.

Bien que l'outillage lithique et les faunes associées dans les dépôts de ce karst ne soient pas en position primaire et qu'il s'agisse de pièces infiltrées dans des fissures, les caractères de l'industrie présente là – éclats bruts de taille dominant, débitage des éclats sur enclume, nucléus à enlèvements orthogonaux – correspondent à un assemblage lithique de type préoldowayen. Ce qui est en cohérence avec la biochronologie donnée par la faune.

Sima del Elefante

C'est également au cours de ce congrès que le professeur Robert Sala, de l'Université de Tarragone en Catalogne, venu présenter une communication sur les cultures acheuléennes des sites de la Sierra d'Atapuerca, reçut au cours du déjeuner, le mercredi 26 juin 2007, un appel téléphonique de ses collègues restés à Atapuerca qui lui annonçaient qu'une dent humaine encore enfouie dans le sédiment venait d'être découverte dans la Sima del Elefante où des fouilles avaient été entreprises depuis quelques années par le professeur Eudald Carbonell et où avaient été découvertes quelques pièces taillées, associées à une faune archaïque dans des niveaux datés de 1,3 million d'années.

À l'issue du repas, il annonça cette découverte à tous les membres du colloque présents, auxquels il montra les images envoyées sur son mobile, et reçut une grande ovation.

Après l'extraction du fossile, il s'agissait d'une portion antérieure d'une mandibule humaine gracile, qui présentait de nombreuses ressemblances avec les mandibules de Dmanissi. *Homo georgicus* associé à une industrie préoldowayenne était donc déjà présent en Espagne il y a 1,3 million d'années.

Au cours d'une récente visite à Atapuerca, en juillet 2013, Eudald Carbonell, enthousiaste, nous mena sur le site où venaient d'être découverts de nouveaux éclats de taille dans la couche 8, située à environ 1 mètre de profondeur au-dessous de la mandibule. La présence de l'homme dans la Sima del Elefante était donc encore plus ancienne.

Dans le bassin d'Orce, des peuples charognards, il y a 1,2 million d'années

En août 1983, après une longue et épuisante route en voiture sur la côte méditerranéenne de l'Espagne, nous sommes arrivés à 3 heures du matin dans le village d'Orce en Andalousie. Tous les hôtels étaient fermés et il fallut attendre 9 heures pour rencontrer Josep Gibert, chercheur à l'Université de Sabadell, avec qui nous avions rendez-vous pour visiter les sites paléontologiques du bassin de Guadix-Baza et le musée d'Archéologie d'Orce.

Il venait de nous informer de sa découverte d'un fragment crânien d'un homme fossile à une époque très ancienne du quaternaire.

Une fête locale se terminait et tous les participants, souvent éméchés, rentraient chez eux. En attendant l'heure de notre rendez-vous, nous avons décidé d'achever la nuit dans notre voiture.

Plus tard, après notre rencontre avec Gibert et ses collaborateurs, nous nous rendîmes sur le terrain pour visiter les sites de Fuenta Nueva, Barranco León et de Venta Micena, d'où provenait le fragment crânien attribué à un *Homo*.

Après avoir visité les sites et discuté de leur stratigraphie et de leur place dans la biochronologie du quaternaire à partir de l'évolution des faunes de grands mammifères et de microvertébrés, nous nous rendîmes au musée d'Orce pour examiner le fragment de crâne attribué à l'homme.

Il était présenté en vitrine, de très petite taille, 7 centimètres de côté. Seule la face exocrânienne était visible, la face endocrânienne était encore recouverte de sédiments fortement concrétionnés.

Dans cet état de conservation, Marie-Antoinette estima qu'il n'était pas possible d'attribuer ce fragment avec certitude au genre humain. L'achèvement du dégagement était indispensable pour pouvoir l'étudier. Il fut alors décidé que l'équipe des chercheurs espagnols viendrait à Marseille au laboratoire d'anthropologie pour examiner la collection de référence et commencer l'étude. La face endocrânienne, une fois dégagée, a remis en question le diagnostic initial d'hominidé. Les reliefs endocrâniens ne correspondaient pas à ceux d'un *Homo*, mais se rapprochaient de ceux d'un équidé de petite taille. La déception de nos collègues espagnols et en particulier de Josep Gibert fut indescriptible. Ce fut, nous dit-il, la journée la plus dramatique de sa vie. Néanmoins, il lui fut impossible par la suite d'admettre le nouveau diagnostic.

À partir de 2001, sous la direction du docteur Isidro Torro, des fouilles systématiques furent entreprises sur les sites paléontologiques de Fuenta Nueva 3 et de Barranco León où furent découverts des outils taillés très anciens datés d'environ 1,2 million d'années. Ces deux sites étaient reconnus parmi les plus anciens d'Europe et témoignaient de la présence de l'homme dans les régions méditerranéennes depuis plus de 1 million d'années.

Sur ces deux sites une faune archaïque était présente composée de *Homotherium* sp. le tigre à dents de sabre, *Pachycrocuta brevirostris* la hyène géante, *Ursus* sp. l'ours, *Canis mosbachensis* un loup archaïque, *Vulpes* sp. (cf. *Vulpes praeglacialis*) le renard polaire, *Meles* sp. le blaireau, *Mammuthus meridionalis* l'éléphant méridional, *Hippopotamus antiquus* l'hippopotame, *Megaceroides aff. obscurus* un grand cervidé, *Pseudodama* sp. un daim archaïque, *Bison* sp. le bison, *Hemitragus* cf. *albus* un tahr, *Equus altidens* un cheval archaïque, *Equus* sp. (cf. *Equus bressanus*) un cheval de forte taille, *Stephanorhinus hundsheimensis* un rhinocéros, *Hystrix* sp. le porc-épic, *Oryctologus* cf. *lacosti* un lapin archaïque et des rongeurs : *Allophaiomys* aff. *lavocati*, *Allophaiomys* sp., *Castillomys crusafonti* sp., *Apodemus* aff. *mystacinus*.

Une industrie archaïque de type préoldowayen, sans petits outils retouchés sur éclat ou sur débris, permet d'appréhender le comportement et le mode de vie des premiers habitants de l'Europe. Des groupes humains venaient récupérer, dans les marécages qui s'étendaient entre le grand lac de Guadix Baza, aujourd'hui asséché, et un massif de calcaire jurassique riche en silex, des charognes de grands herbivores abandonnées au bord du lac par les grands carnivores, comme le tigre à dents de sabre ou la panthère géante.

Ainsi, à Fuenta Nueva 3, autour d'un squelette d'éléphant méridional pratiquement complet resté en connexion anatomique, les fouilles ont mis au jour seize éclats de silex qui devaient être utilisés par les *Homo georgicus* pour récupérer de la viande sur les os et les coprolithes laissés par les hyènes qui venaient prendre une part du butin.

Ici encore, les homininés étaient en compétition avec la hyène géante pour avoir accès aux carcasses résiduelles, comme le prouve l'association des coprolithes de hyènes à des pièces taillées.

Par la suite, à l'occasion de fouilles menées sur le site de Barranco León, une dent de lait d'enfant a pu être attribuée à un homininé archaïque, proche des *Homo habilis*.

Lézignan-la-Cèbe

Au cours des années 1990, Jean Rouvier, amateur de paléontologie, découvre dans une carrière de basalte à Lézignan-la-Cèbe, près de Pézenas dans l'Hérault, de nombreux ossements de grands mammifères et de nombreux coprolithes de hyène. Il les montre quelques années plus tard, en juillet 2008, à Jérôme Ivorra, qui informe à son tour Jean-Yves Crochet, professeur à l'université des sciences et techniques de Montpellier. Ce dernier se rend sur place, entreprend des fouilles et met au jour une grande faune comprenant surtout des cervidés (*Eucladoceros ctenoides vireti*), des chevaux (*Equus altidens*), des bovidés (*Leptobos [Smeritobos] et etruscus)*, des éléphants *(Mammuthus meridionalis*), des félins

(*Homotherium crenatidens*) et la hyène géante (*Pachycrocuta brevirostris)* associée à des pièces lithiques taillées.

Les dépôts qui renferment le matériel archéologique se sont infiltrés dans les fissures d'une coulée de basalte, datée d'environ 1,57 million d'années. L'association des faunes permet de leur attribuer un âge d'environ 1 million d'années.

Cette découverte a un intérêt exceptionnel : elle permet de confirmer qu'après s'être trouvés à Dmanissi en Géorgie vers 1,81 million d'années, les hommes étaient présents sur les rivages de l'Europe méditerranéenne il y a plus de 1 million d'années.

Dans l'état actuel des découvertes, Lézignan-la-Cèbe est l'un des plus anciens sites préhistoriques connus en Europe. Comme la plupart des découvertes inattendues, l'attribution de pièces taillées de ce site et même leur contemporanéité avec les faunes fossiles ont été par la suite mises en doute par de nombreux archéologues. Avec quelques collaborateurs, nous nous sommes rendus sur le site le 26 juillet 2011 et nous avons pu observer un dépôt riche en ossements de grands mammifères dont de nombreux os cassés avec des fractures en biseau et spiroïdales, ce qui traduit une origine anthropique.

D'autre part, des outils incontestablement taillés, comme un chopper de bonne facture découvert *in situ* et de nombreux galets portant des traces d'utilisation, confirment bien qu'il s'agit d'un site occupé par l'homme.

Comme dans beaucoup d'autres sites très anciens, la présence de coprolithes fossilisés de hyène associés à ce matériel archéologique et paléontologique montre que l'homme était alors en compétition avec la hyène géante pour avoir accès aux carcasses de grands herbivores et pratiquer le charognage.

Le Vallonnet

Dans la baie de Menton, à Roquebrune-Cap-Martin, dans les Alpes-Maritimes, c'est en 1958 que fut découverte la grotte du Vallonnet, anciennement appelée grotte du Tachou ou grotte du Blaireau, dans laquelle a été mis en évidence l'un des premiers peuplements des bords septentrionaux de la Méditerranée.

Marianne Poire, âgée de 13 ans, allait récupérer au fond de cette petite caverne des cristaux de calcite, véritable trésor qu'elle détachait d'un plancher stalagmite barrant le fond de la caverne. À l'entrée de la grotte, elle ramassa également une mandibule de rhinocéros, exhumée par un blaireau. Elle montra ses découvertes à René Pascal, croupier du casino de Monaco, amateur de préhistoire, sans lui signaler où était située la grotte afin de garder pour elle son trésor : les pierres qui brillaient. Après négociation, il fut convenu que si elle indiquait l'emplacement de la grotte, toutes les pierres qui brillaient lui seraient réservées et les ossements reviendraient à René Pascal. C'est ainsi que ce dernier put entreprendre une première fouille dans le Vallonnet et mettre en évidence des dépôts riches en faune quaternaire. Avec l'accord de René Pascal et à la demande du directeur des antiquités préhistoriques de Provence-Alpes-Côte d'Azur, nous entreprîmes des fouilles dans cette grotte à partir de 1962 et jusqu'en 1973 parallèlement aux fouilles effectuées dans la grotte du Lazaret.

Dès nos premières recherches furent mis au jour plusieurs niveaux très riches en faunes de grands mammifères quaternaires, en particulier des cerfs, des aurochs, des rhinocéros, mais aussi de grands carnivores archaïques, ce qui permit de dater le site du pléistocène inférieur, soit d'environ 1 million d'années.

Par la suite, l'étude du paléomagnétisme et les datations par la résonance électronique de spin (ESR) permirent d'attribuer à ces niveaux un âge compris entre 1,07 million d'années et 1 million d'années. La grotte du Vallonnet était donc un site paléontologique quaternaire très ancien.

En septembre 1962, un éclat de taille en silex, incontestablement taillé, était mis au jour bien en place au milieu des faunes quaternaires. Le site paléontologique du Vallonnet devint ce jour-là un site préhistorique. Par la suite, une centaine de pièces taillées furent dégagées.

À cette époque, l'idée que le peuplement humain pouvait être aussi ancien était inconcevable en Europe. Pour certains archéologues sceptiques, les pièces taillées n'étaient que des géofracts, des pièces cassées naturellement. Il s'agissait sans doute de l'ours de Deninger (*Ursus deningeri*) ou de la hyène géante (*Pachycrocuta brevirostris*), qui étaient capables d'aménager des choppers, des galets aménagés avec des tranchants à bord convexe ou de débiter des éclats avec un talon et un bulbe !

La découverte d'outils taillés dans la grotte du Vallonnet dans un contexte stratigraphique bien daté nous a obligés à repenser le scénario classique du premier peuplement de l'Europe. Depuis, bien d'autres sites préhistoriques européens ont livré des outils taillés encore plus anciens, tels que Pirro Nord sur la côte adriatique de l'Italie (1,55 million d'années), Sima del Elefante dans la province de Castille-León en Espagne (1,3 million d'années), Barranco León et Fuenta Nueva 3 en Andalousie (1,2 million d'années) et Lézignan-la-Cèbe dans l'Hérault (1,05 million d'années).

En raison de l'intérêt exceptionnel des découvertes effectuées dans la grotte du Vallonnet, nous avons voulu faire visiter ce site et présenter les nombreux ossements de mammifères en place sur les sols d'occupation aux participants du neuvième congrès de l'Union internationale des sciences préhistoriques et protohistoriques, le jeudi 16 septembre 1976.

Au cours de cette mémorable journée, plus de 1 100 personnes au rythme de 15 visiteurs toutes les 10 minutes, soit 90 visiteurs par heure pendant 10 heures, de 9 heures du matin à 21 heures, ont eu accès à la caverne, où Josette Renault-Miskovsky assurait les commentaires. C'est Aimé Bocquet qui a géré avec une grande efficacité l'organisation de cette excursion et la rotation des visiteurs.

La grotte du Vallonnet est située dans les Alpes-Maritimes sur le territoire de la commune de Roquebrune-Cap-Martin, à 110 mètres d'altitude, sur la rive droite d'un petit vallon au fond duquel en temps de pluie s'écoule un ruisseau qui dévale vers la baie de Menton.

À l'époque, il y a 1 million d'années, le massif dans lequel elle s'ouvre était situé plus bas que de nos jours et cette région localisée à l'extrémité méridionale de la chaîne alpine s'est élevée de plus d'une centaine de mètres. Il y a un peu plus de 1 million d'années, la mer pénétrait dans la caverne. Après avoir sculpté les parois de la grotte, elle y a abandonné une plage de sable marin riche en coquilles marines, en ossements de poisson et même en ossements de phoque, qui habitaient cette grotte littorale. La présence d'ossements de poisson-globe (*Chilomicterus*), espèce qui vit actuellement dans les mers tropicales, met en évidence qu'à l'époque, le climat était beaucoup plus chaud que de nos jours. La température moyenne annuelle de la mer était sur le littoral d'environ 26 °C alors qu'elle n'est que de 16 °C aujourd'hui.

Un peu plus tard, aux environs de 1,07 million d'années, le climat s'est refroidi, la mer régressive a abandonné la grotte qui s'est remplie de dépôts argileux transportés par le ruissellement. Elle est devenue le repaire de grands carnivores, tels que le tigre à dents de sabre, le lion, la panthère et aussi l'ours qui venait y hiberner. Ces animaux charriaient des carcasses de grands herbivores : cerfs, bisons. En l'absence de ces grands carnivores, des groupes humains, premiers habitants de la Côte d'Azur, venaient habiter la caverne, quelques outils taillés témoignent de leur passage.

Les fouilles conduites dans la grotte du Vallonnet ont mis en évidence plusieurs sols d'occupation préhistorique interstratifiés entre ceux occupés par les grands carnivores.

Les hommes et la hyène géante (*Pachycrocuta brevirostris*), tous deux charognards, étaient en compétition pour avoir accès aux carcasses abandonnées dans la grotte par les carnivores. Les hommes, outre les outils lithiques taillés abandonnés, ont laissé des stries de décarnisation sur les ossements et des os fracturés intentionnellement pour en extraire la moelle. Malheureusement, après leur départ, la hyène géante, avec ses puissantes mandibules, a broyé de nombreux ossements et les porcs-épics qui devaient habiter la grotte, ont laissé avec leurs incisives de larges entailles sur les os, ce qui rend beaucoup plus difficile l'étude archéozoologique du site conduite avec une grande maîtrise par Anna Échassoux.

Ces premiers habitants de l'Europe qui ont occupé la grotte du Vallonnet étaient des mangeurs de viande, mais ce n'étaient pas encore des chasseurs, ils restaient des charognards. Ils n'avaient pas encore domestiqué le feu et n'aménageaient pas leur habitat. Leur industrie lithique très archaïque était composée de galets aménagés destinés à désarticuler les carcasses des grands herbivores, de petits éclats bruts de taille pour racler la viande sur les os et de percuteurs pour casser les os et en extraire la moelle.

Les premiers Catalans sur les terrasses du Roussillon

Au cours de l'année 1959, en collaboration avec Louis Méroc et Guy Maurin, nous avons entrepris dans le cadre de la préparation d'une grande synthèse sur les cultures du pléistocène inférieur et moyen dans le midi de la France une prospection systématique des terrasses alluviales de la plaine du Roussillon. Il s'agissait de rechercher des sites préhistoriques de surface présentant des outils archaïques sur galets. Sur l'ancienne route qui reliait Narbonne à Perpignan et sur toutes les voies adjacentes lorsqu'elles franchissaient une petite élévation, le sol se composait d'une terrasse alluviale ancienne dont la surface était recouverte de galets patinés et éolisés. Il suffisait de quelques minutes de prospection à proximité de la voiture pour ramasser de nombreux galets aménagés patinés et éolisés.

Ces prospections systématiques ont été poursuivies au cours de plusieurs années, en collaboration avec Jean Abelanet, Jean Barrière et Jean-Claude Miskovsky. Ces industries archaïques des hautes terrasses du Roussillon sont actuellement conservées au musée de Préhistoire de Tautavel.

Dans la plaine du Roussillon, entre la chaîne des Pyrénées au sud et le massif des Corbières au nord, trois fleuves côtiers, le Tech, la Têt et l'Agly, sont bordés par une remarquable série de terrasses quaternaires étagées, inscrites dans des argiles jaunes du pliocène. Les terrasses les plus hautes, donc les plus anciennes, ont livré une riche industrie archaïque sur galets aménagés, qui se caractérise par l'abondance de choppers, la présence de chopping tools, de polyèdres et plus rarement d'éclats. Ces terrasses quaternaires peuvent être attribuées au pléistocène inférieur et attestent la présence de l'homme du Roussillon à une époque très ancienne du quaternaire.

José Canal Roquet, un amateur catalan, avait lui-même ramassé sur les terrasses du Rio Ter et du Rio Llobregat, en Catalogne du Sud, quelques galets avec enlèvements, qu'il considérait comme des outils archaïques. Or ces premières découvertes n'ont pas été prises au sérieux par les préhistoriens espagnols ; ils estimaient que l'inventeur était un illuminé et qu'il s'agissait de « pierres des dieux », parfois appelées « pierres de foudre », c'est-à-dire d'origine naturelle. Au fait de nos découvertes en Roussillon, il prit contact avec nous et, avec la collaboration du jeune étudiant catalan Eudald Carbonell i Roura, devenu un éminent préhistorien, ils entreprirent à leur tour des prospections systématiques sur les terrasses quaternaires de Catalogne du Sud. C'est ainsi qu'ils recueillirent sur les terrasses les plus anciennes des fleuves côtiers de Catalogne au sud des Pyrénées des outillages archaïques comparables à ceux des terrasses du Roussillon.

La grande analogie de ces outillages de part et d'autre des Pyrénées et leur localisation mettent en évidence l'homogénéité culturelle du pays catalan depuis plusieurs centaines de milliers d'années. Les premiers habitants de l'Europe, une fois arrivés sur les rivages méditerranéens, s'installaient au bord des fleuves côtiers et des rivières, aménageaient des campements localisés et taillaient des outils sur galets recueillis sur place pour désarticuler les carcasses de grands herbivores.

Des outillages à galets aménagés comparables ont également été mis au jour au cours des dernières années sur d'autres alluvions fluviatiles du quaternaire, dans le bassin de l'Hérault, sur les costières nîmoises, sur les terrasses du Rhône et bien d'autres.

Une incursion des premiers habitants de l'Europe au nord du 45e parallèle

En 1985, invités par Jackie Despriée, l'un de nos collaborateurs qui avait participé au chantier de fouilles de la caune de l'Arago et mis au jour le 27 juillet 1979 le pariétal gauche (Arago 47) du crâne de l'homme de Tautavel, nous avons visité le site de Pont-de-Lavaud, qu'il avait découvert quelques années auparavant dans la vallée de la Creuse, à Éguzon-Chantôme, dans l'Indre.

Il avait alors ouvert un chantier de fouilles au niveau d'une ancienne terrasse alluviale située à une centaine de mètres au-dessus du lit actuel de la Creuse et mis au jour des empierrements intentionnels de blocs de quartz et de micaschiste qui s'étendaient sur une assez grande surface et qui contenaient une industrie lithique archaïque, notamment des galets aménagés, des éclats bruts et quelques petits outils retouchés, en particulier des denticulés. Compte tenu de l'altitude très élevée de la terrasse alluviale, il était évident qu'il s'agissait d'un site préhistorique très ancien. Plusieurs archéologues qui faisaient partie du Conseil supérieur de l'archéologie auprès du ministère de la Culture et de la Communication avaient alors remis en question l'origine authentique des empierrements et doutaient de la présence des outils taillés. La haute antiquité de l'homme en Europe n'était pas alors généralement admise et les outils taillés découverts dans la grotte du Vallonnet, datés d'un peu plus de 1 million d'années, étaient mis en doute.

Les nouvelles découvertes contredisant les scénarios sont généralement admises avec beaucoup de difficultés par la communauté scientifique. Ainsi, dans le domaine de la recherche préhistorique, ces dernières années, bien des sites importants ont été mis en doute au moment de leur découverte, avant de pouvoir s'imposer. À Pont-de-Lavaud, c'est grâce à l'exceptionnelle énergie de Jackie Despriée et à son investissement personnel que les fouilles ont été menées et que le site a pu être étudié selon une démarche interdisciplinaire.

La première visite d'Henry sur le site, en 1985, l'avait convaincu immédiatement de sa réalité, de son importance et de sa haute antiquité.

Entre 90 et 105 mètres d'altitude au-dessus du lit actuel de la Creuse, des alluvions fluviatiles constitués de galets de quartz pris dans une matrice sablo-argileuse reposent sur un substratum de micachiste. L'altitude élevée de cette terrasse par rapport au lit actuel de la rivière permet de l'attribuer à un âge très ancien du quaternaire, ce qui est confirmé par les études des pollens qui ont mis en évidence des espèces de plantes telles que *Caria* et *Pterocarya*, caractéristiques du pliocène et du pléistocène inférieur. Des datations de grains de quartz grâce à la méthode de la résonance électronique de spin (ESR), effectuées par Christophe Falguères et ses collaborateurs, ont permis d'attribuer à cette terrasse un âge allant de 1,05 à 0,5 million d'années.

Au cours de ses fouilles, en surface de la terrasse, Jackie Despriée a mis en évidence des empierrements réalisés avec des galets et des blocs de quartz qui s'étendent sur d'assez grandes surfaces. Des structures de calage permettent de penser que des piquets devaient soutenir un auvent.

L'industrie lithique retrouvée là est très abondante et comprend de nombreux galets aménagés, notamment des choppers, de nombreux petits éclats qui ont été débités le plus souvent par percussion sur enclume et quelques petits outils retouchés sur éclat ou sur débris : des encoches, des denticulés et des racloirs peu standardisés.

Le site de Pont-de-Lavaud, daté d'un peu plus de 1 million d'années, correspond à une incursion des premiers habitants de l'Europe au nord du 45e parallèle, au cours d'une période tempérée du pléistocène inférieur, ce qui est confirmé par l'étude mettant en évidence un paysage forestier à essences thermophiles.

Ce site est un peu plus récent que ceux de Pirro Nord sur la côte adriatique (1,4 million d'années), de Lézignan-la-Cèbe, près de Pézenas dans l'Hérault, de Sima del Elefante dans la Sierra d'Atapuerca, en Castille-León, de Barranco León et de Fuente Nueva 3 en Andalousie (1,2 million d'années). Il est contemporain de celui de la grotte du Vallonnet, à Roquebrune-Cap-Martin, qui date de 1 million d'années. C'est l'un des témoins des plus anciens habitants de l'Europe.

L'*Homo antecessor* de Gran Dolina à Atapuerca

À partir de 1993, Eudald Carbonell et ses collaborateurs ont entrepris des fouilles dans l'une des cavités de la Trinchera del Ferrocarril de la Sierra d'Atapuerca : Gran Dolina. Les dépôts quaternaires retrouvés dans cette cavité de plus d'une dizaine de mètres d'épaisseur, quoique en partie détruits par la construction d'une ancienne voie ferrée, ont livré plusieurs niveaux archéologiques. L'un des niveaux les plus anciens, TD6, situé sous la période au cours de laquelle le champ magnétique terrestre est passé d'une période inverse à une période directe comme actuellement, appelée limite Matuyama-Brunhes, datée de 780 000 ans, a livré une industrie lithique de type oldowayen contenant, outre des galets aménagés, de très nombreux éclats et quelques petits outils retouchés sur éclat ou débris.

Plus d'une centaine de restes humains appartenant à des enfants ou de jeunes adolescents, dont une face partielle d'un enfant gracile, ont été baptisés *Homo antecessor* par le triumvirat espagnol Eudald Carbonell, José Maria Bermudez de Castro et Juan Luis Arsuaga en 1997.

Ces restes humains très graciles attribués à *Homo antecessor* présentent de grandes affinités avec la mandibule humaine de la Sima del Elefante d'Atapuerca et avec celles de Dmanissi en Géorgie et correspondent vraisemblablement à *Homo georgicus*, déterminé par Marie-Antoinette et première nappe d'hominidés sortie d'Afrique.

La plupart des restes retrouvés dans la couche TD6, datée d'environ 800 000 ans, brisés, présentent des stries de découpage qui témoignent d'un cannibalisme alimentaire. Les hommes consommaient essentiellement des enfants et de jeunes adolescents.

La Pineta, à Isernia

Le site de la Pineta à Isernia, dans la province de Molise en Italie centrale, a été fouillé par le professeur Carlo Peretto, à partir de 1979. C'est un site de plein air qui comprend plusieurs niveaux archéologiques superposés s'étendant sur de grandes surfaces. Il est extrêmement riche en faune quaternaire et en industrie lithique.

Nous avons pris connaissance de la découverte de ce site en 1981, à l'occasion de l'exposition que nous avions organisée au musée de l'Homme sur les premiers peuplements de l'Europe, qui fut inaugurée par le président de la République François Mitterrand.

Carlo Peretto et ses collaborateurs, que nous avions invités à présenter leur découverte, apportèrent au musée de l'Homme un immense moulage d'un sol d'occupation qu'ils venaient de réaliser et qui fut l'une des vedettes de l'exposition.

La faune comprend essentiellement des ossements d'éléphant, de bison, de rhinocéros, de cervidés, de daim, de chevreuil, de tahr, de sanglier mais aussi d'ours et de lion.

L'industrie lithique, très abondante, est constituée de galets aménagés, notamment de choppers, et d'un abondant outillage de petites dimensions sur éclat et sur débris aménagé par des encoches clactoniennes et des retouches surélevées.

L'absence de bifaces parmi des milliers d'outils permet d'attribuer cette industrie à une phase antérieure à l'acheuléen correspondant à un oldowayen évolué.

Les datations obtenues permettent d'attribuer à ce site un âge d'un peu plus de 600 000 ans.

Le site de la Pineta correspond à l'une des phases les plus récentes de l'occupation de l'Europe méridionale par les peuples charognards de l'oldowayen, avant l'arrivée des peuples chasseurs acheuléens, porteurs des industries à bifaces.

CHAPITRE 7

Les premiers peuples chasseurs, les cultures à bifaces

Les cultures à bifaces, généralement appelées acheuléennes, sont celles des premiers peuples chasseurs. Succédant à l'oldowayen, elles apparaissent très tôt en Afrique à Konso en Éthiopie, par exemple, dès 1,6 million d'années, elles sont un peu plus récentes en Asie orientale à partir de 930 000 ans, à Yunxian en Chine, et encore plus récentes en Europe à partir de 600 000 ans, à la caune de l'Arago.

Le biface est un outil aménagé sur galet ou sur éclat par des enlèvements plus ou moins envahissants sur les deux faces. Il possède deux bords latéraux tranchants et son extrémité, le plus souvent pointue, peut être aussi arrondie ou tranchante. Sa base, plus épaisse, peut être aménagée ou brute de taille.

Ces bifaces présentent souvent une parfaite symétrie bilatérale et bifaciale, ce qui implique une certaine application dans leur réalisation, la recherche de la beauté et l'émergence du sens de l'harmonie. C'est une nouvelle étape majeure dans l'évolution cognitive des hominidés.

Devenus chasseurs, les peuples acheuléens ont besoin de grands couteaux pour dépecer les carcasses des animaux abattus à la chasse et pour découper la viande. Dans ce but, ils débitent de grands éclats, à long tranchant, souvent restés bruts de taille et ils aménagent des bifaces à deux longs tranchants latéraux. Leur pointe devait être bien pratique pour perforer la peau des animaux abattus et les tranchants pour les découper.

Associés à ces bifaces, les galets aménagés, choppers, chopping tools, déjà présents dans les industries archaïques préoldowayennes et oldowayennes, destinés à désarticuler les carcasses des grands herbivores et à briser les ossements pour extraire la moelle, restent toujours abondants.

Au cours de l'évolution des cultures acheuléennes, le petit outillage associé aux bifaces et aux galets aménagés – pointes retouchées, racloirs, denticulés, encoches – devient progressivement de plus en plus standardisé et stéréotypé. À partir de 330 000 ans, comme à Orgnac 3, en Ardèche, une nouvelle technique de débitage de la pierre fait son apparition : c'est le débitage levallois. Elle permet d'obtenir de grands éclats très plats et tranchants sur toute la périphérie.

Le terme « acheuléen » a été créé en 1872 par Gabriel de Mortillet pour désigner les industries à bifaces découvertes dans les terrasses de la Somme par Jacques Boucher de Crèvecœur de Perthes dès 1838, M. Dutilleux en 1853, Albert Gaudry en 1859. Plus tard, d'autres chercheurs ont poursuivi des recherches sur certains grands sites acheuléens des terrasses de la Somme, en particulier de la moyenne terrasse, comme Victor Commont, André Vayson de Pradenne, l'abbé Henri Breuil et aujourd'hui Alain Tuffreau.

Ce terme a été étendu à l'ensemble des cultures à bifaces du reste de l'Europe, puis de l'Afrique et de l'Inde et même aujourd'hui à celles de la Chine et de la Corée. Les industries lithiques à bifaces du bassin de la Somme peuvent être assignées à un acheuléen au sens strict et celles du reste du monde peuvent être reconnues comme un acheuléen au sens large, ce qui désigne les cultures à bifaces parfois appelées Mode 2 et ultérieurement lorsque apparaît le débitage levallois Mode 3.

Les cultures à bifaces à travers le monde sont portées par les *Homo erectus*, peuples de chasseurs robustes dotés d'un squelette osseux massif bien différent de celui des peuples charognards *Homo habilis-rudolfensis* et *Homo georgicus*, plus graciles.

Alors que les peuples charognards n'avaient pas accès aux viscères consommés en priorité par les grands carnivores, les chasseurs qui avaient abattu leurs proies avaient accès à la totalité des viscères et en particulier au foie, ce qui a pu favoriser le développement du squelette par un apport enrichi en vitamines A et D.

Le squelette des *Homo erectus* se caractérise par des os épais, massifs aux superstructures développées. Ces chasseurs avaient besoin de grands couteaux pour ouvrir le poitrail de leurs proies et pour découper les parties charnues, ce qui a nécessité la fabrication de grands éclats bruts de taille à long tranchant et le façonnage de bifaces qui avait pour but de perforer et d'ouvrir au moyen de leurs pointes les poitrails et au moyen de leurs deux tranchants de les découper.

Leurs prédécesseurs *Homo habilis-rudolfensis* et *Homo georgicus* se contentaient de petits éclats, suffisants pour racler la viande résiduelle d'un squelette abandonné et de choppers pour désarticuler la carcasse et briser les os pour en extraire la moelle.

Konso : les premiers bifaces

Au cours des dernières années, Yonas Beyene a entrepris des fouilles dans la région de Konso à l'est de la vallée de l'Omo en Éthiopie. Dans cette région d'importants dépôts quaternaires lacustres et fluviatiles, datés de 1,7 à 0,7 million d'années par la méthode du potassium-argon, ont une épaisseur de plus de 180 mètres. Ils renferment de nombreux sites archéologiques, riches en faune de grands mammifères et en industrie lithique.

Dès 1,7 million d'années, dans ces sites, apparaissent les premiers pics, galets aménagés en pointe par des enlèvements unifaces et à section triédrique associés à de grands éclats à long tranchant. Des bifaces archaïques sont présents dans les niveaux de 1,6 million d'années environ. Ce sont, dans l'état actuel des découvertes, les plus anciennes industries à bifaces de l'histoire de l'humanité. Ces bifaces permettent d'attribuer les industries à bifaces de Konso à la culture acheuléenne portée par les premiers peuples chasseurs. En effet, les associations de faunes découvertes sur les sites de Konso mettent en évidence qu'il s'agit de déchets alimentaires de peuples chasseurs.

Les grands éclats à long tranchant et les bifaces leur permettaient d'ouvrir le poitrail des grands herbivores abattus à la chasse et de découper la viande.

Ces cultures à bifaces, qui témoignent de l'acquisition de la notion de symétrie et du sens de l'harmonie chez l'homme, sont présentes en Afrique dès 1,6 million d'années. L'émergence de la notion de l'esthétique est-elle également née en Afrique, comme l'invention du premier outil ?

Au retour d'une mission sur le site de Fejej en janvier 2006 en Éthiopie, à laquelle nous avait accompagnés le prince souverain Albert II de Monaco, nous nous sommes rendus en hélicoptère à Konso où nous avons été accueillis par le roi du Konso et une foule locale enthousiaste venue danser autour de l'hélicoptère. Au cours de la visite, le roi konso, avec sa suite, a fait visiter au prince de Monaco son palais construit en partie avec des tôles ondulées et le « bois sacré », espace symbolique et rituel où étaient plantés plus d'une dizaine de totems, évocation des ancêtres.

Nariokotomé, à l'ouest du lac Turkana : *Homo ergaster*

En 1977, à l'occasion du Congrès panafricain de préhistoire, sous la conduite de Richard Leakey à Koobi Fora, nous avons séjourné et avons été hébergés dans une grande maison en bois construite à proximité de la rive orientale du lac Turkana. Au cours de ce séjour, nous avons pu visiter sous la conduite de Desmond Clark, Glynn Isaac, Jack Harris et Richard Leakey de nombreux sites à industries lithiques archaïques mis au jour par les chercheurs kenyans et américains.

C'est ainsi que nous avons visité le site KNM-ER3733 découvert par Kay Berensmeyer, qui nous a raconté les conditions de la découverte.

Au cours d'une expédition de prospection, elle avait quitté le camp sans Richard Leakey, resté au camp pour se reposer un peu. Ce jour-là, elle aperçut quelques dents d'hominidés qui affleuraient en surface et elle put constater qu'elles étaient encore en place dans le crâne d'un hominidé fossile.

Elle retourna au campement, enthousiaste, pour raconter sa découverte à Richard qui, ne sentant plus sa fatigue, monta immédiatement dans un 4 x 4 pour rejoindre le site de la découverte. Ils exhumèrent le crâne pratiquement complet d'un *Homo erectus* archaïque : KNM-ER3733.

Pour nos expéditions, nous partions au lever du jour sur des terres arides, parsemées de loin en loin de quelques acacias. Nous emportions des vaches à eau en toile remplies d'eau légèrement acidulée pour nous désaltérer régulièrement, la chaleur étant intense et le soleil brûlant. Richard veillait à ce que nous buvions régulièrement. Marie-Antoinette n'éprouvait aucune soif et ne jugeait pas utile de boire.

Or ce qui devait arriver arriva. Durant une prospection, elle dit à Henry : « Regarde ce beau lac entouré de palmiers. » C'est alors que Richard et toute l'équipe qui nous accompagnait se précipitèrent sur Marie-Antoinette pour la forcer à se désaltérer. Après le mirage, elle revint à la réalité : l'environnement n'était que steppe désolée...

Pendant la même expédition, dans le petit avion de Richard, nous avons traversé le lac Turkana pour atteindre la rive ouest et visiter le site de Nariokotomé où avait été découvert le squelette presque complet du grand enfant de Nariokotomé, KNM-WT15000. Ce fossile, daté d'environ 1,5 million d'années, peut être comparé aux fossiles ER3733 et ER3883 (légèrement plus anciens, soit 1,78 million d'années), réunis sous le nom d'*Homo ergaster*. Ils se caractérisent par une augmentation de la capacité crânienne entre 800 et 850 cm^3, un front fuyant avec un bourrelet sus-orbitaire peu marqué. Ce sont les premiers chasseurs porteurs des industries à bifaces.

De retour au camp de base, le soir, pour se détendre, malgré les crocodiles, toute l'équipe se baignait dans le lac Turkana, ce qui était fort agréable après la chaleur écrasante de la journée. Il suffisait de ratisser le lac avec un grand filet pour ramener sur la rive une grande quantité de poissons tilapias.

Le séjour s'est cependant mal terminé pour Henry. En raison de la grande chaleur, il eut la mauvaise idée d'emprunter un short à Glynn Isaac. C'est ainsi qu'il fut brûlé au deuxième degré par le soleil sur les deux membres inférieurs et incapable de marcher. Le retour fut très difficile.

L'homme acheuléen de Saldanha, à Elandsfontein

En 1975, à l'occasion d'un congrès à Cape Town, en Afrique du Sud, nous nous sommes rendus sur le site d'Elandsfontein, au sud-ouest d'Hopefield, à environ 25 kilomètres au sud-est de la baie de Saldanha, dans la province du Cap. Nous étions accompagnés par Janette et Hilary Deacon, et par le professeur Phillip Tobias. Ensemble nous avions envisagé de reprendre les fouilles sur ce site. Malheureusement, ce travail n'a pu être entrepris, faute de temps et en raison d'autres programmes de recherche en France, en particulier sur les sites de la caune de l'Arago et de la grotte du Lazaret, qui prenaient chacun une grande importance.

Des surfaces d'occupation acheuléennes riches en faune quaternaire et en outils préhistoriques étaient en partie recouvertes par des dunes qui se déplaçaient sous la poussée du vent. De nombreux ossements, souvent en connexion anatomique, ce qui témoigne que les sols n'ont pas été perturbés et sont bien en place, comportaient une dominance de grands bovidés et d'antilopes, quelques équidés (le zèbre du Cap), des éléphants, des rhinocéros et des hippopotames. L'industrie lithique, abondante, comprenait de nombreux bifaces, des galets aménagés, des polyèdres et des petits outils retouchés. C'est sur cette surface d'occupation acheuléenne que Keith Jolly et Ronald Singer ont découvert en 1953 une calotte crânienne avec un fort torus sus-orbitaire caractéristique des *Homo erectus*, dénommée *Homo saldanhensis*.

L'étude biostratigraphique récente permet d'attribuer ce site à la fin du pléistocène inférieur, à un âge compris entre 1,2 million d'années et 780 000 ans.

Olorgesailie, au Kenya

À l'occasion d'une visite au Kenya, en 1977, avec Glynn Isaac et Jack Harris, nous nous sommes rendus sur le site d'Olorgesailie découvert par Mary Leakey en 1942. C'est là qu'avait été mis au jour, sur une vaste surface, un outillage acheuléen exceptionnellement riche en bifaces, associés à des hachereaux, à des galets aménagés et à quelques outils retouchés. Les pièces bifaciales présentent une excellente symétrie bilatérale et bifaciale qui témoigne d'un soin tout particulier au cours de leur façonnage par les hommes acheuléens.

Des fouilles ont été reprises par Glynn L. Isaac en 1961. La faune très riche a livré des restes d'éléphants, de rhinocéros, d'équidés, d'hippopotames, d'antilopes.

De très bonne facture, l'outillage est une bonne représentation de la culture acheuléenne et peut être comparé à celui du Bed IV d'Olduvaï daté entre 0,8 et 0,6 million d'années.

Des sols d'occupation acheuléens dans le désert mauritanien

Au cours des années 2005 à 2007, nous avons entrepris un grand programme de recherche en Mauritanie dans l'Atar près de Shengetti, où étaient connues depuis longtemps de riches industries acheuléennes, notamment sur le site d'El Beyed. Pour effectuer ces missions, la société Point Afrique mit généreusement à disposition des billets d'avion de Paris à Atar pour chaque membre de l'équipe, et la Société mauritanienne d'exploitation des minerais de fer nous fournit quatre véhicules 4 x 4 avec leur chauffeur. Nous avons pu organiser des prospections à travers les dunes de l'Atar à la recherche de sites paléolithiques. Ainsi avons-nous pu repérer plusieurs sols d'occupation acheuléens, en plein air, riches en bifaces et en hachereaux, installés au bord d'anciens lacs actuellement asséchés. Ces études ont mis en évidence que, au cours du quaternaire, le désert saharien a été alternativement extrêmement sec et humide selon des rythmes de 100 000 ans environ. Pendant les périodes sèches, qui occupaient la majorité du temps, la végétation disparaissait totalement et d'importantes dunes de sable envahissaient le paysage, comme actuellement. Pendant les périodes humides, relativement courtes et contemporaines du passage d'une période glaciaire à une période interglaciaire dans les régions tempérées, les dépressions se remplissaient d'eau pour former des lacs, la savane occupait les paysages et des troupeaux de grands mammifères arrivaient de l'Afrique subsaharienne et de l'Afrique de l'Est.

Les hommes suivaient. Sur leur campement au bord des lacs, ils ont façonné dans des blocs de quartzite de magnifiques bifaces et des hachereaux. Ces bifaces très nombreux, parfaitement symétriques et standardisés permettent de penser qu'ils n'étaient pas seulement fonctionnels et qu'ils avaient vraisemblablement une dimension symbolique.

Les variations climatiques sont liées au déplacement des zones de haute pression et de basse pression, à la limite des périodes glaciaire et interglaciaire. Les basses pressions aujourd'hui centrées sur les Açores devaient alors se déplacer sur le Sahara.

Le soir, après les longues journées de fouilles dans les dunes sous un soleil ardent, nous étions accueillis sur le campement du chef du village, constitué de trois tentes autour d'un puits. Commençait alors la cérémonie des trois thés : le premier amer comme la mort, le deuxième doux comme la vie et le troisième succulent comme l'amour. Nous terminions la soirée en nous désaltérant avec un peu d'eau mêlée à du lait de chamelle dans une écuelle commune en cuir de chameau.

À la fin d'un de nos séjours, Henry décida d'organiser un méchoui. Nous nous sommes procuré un mouton, mais on trouvait peu de bois pour le faire cuire. Après l'avoir dépecé, l'un de nos guides creusa donc une fosse dans la dune où il le déposa après l'avoir recouvert de sable. Puis, il alluma un feu au-dessus avec les quelques brindilles qu'il avait pu réunir. Au bout de deux heures, il estima que le mouton était cuit. Et nous l'avons consommé à moitié cru...

CHAPITRE 8

Une nouvelle vague d'occupation de l'Europe

L'homme de Denizli, en Anatolie

En 2002, le professeur Mehmet Cihat Alcicek, géologue à l'Université Pamukkale à Denizli, en Anatolie centrale, a recueilli à Kocabaş une calotte crânienne d'*Homo erectus* découverte par un carrier en découpant des dalles de travertin.

En novembre 2008, à la demande de l'ambassade de France en Turquie, nous avons organisé au musée des Civilisations anatoliennes d'Ankara, avec le concours de l'Institut de paléontologie humaine, une exposition consacrée aux premiers habitants de la Turquie. Pour la première fois a été présentée la calotte crânienne de Kocabaş.

À la suite de cette présentation, Mehmet Cihat Alcicek nous a proposé de nous rendre en Turquie pour étudier sur place ce fossile et faire l'étude du site dont il provenait. Plusieurs missions ont ainsi été organisées pour en établir la stratigraphie et prélever des échantillons afin d'effectuer des études sédimentologique, paléomagnétique, géochronologique et palynologique. Ces travaux ont été conduits à l'Institut de paléontologie humaine, au Centre européen de recherches préhistoriques de Tautavel (CERP) et au Cerege à Aix-en-Provence. Au laboratoire de géologie de Denizli et au musée d'Izmir, la faune quaternaire provenant du site a été étudiée. Un scanner de la calotte crânienne a été réalisé dans un hôpital de Denizli. La restitution du crâne en 3D a été effectuée à l'Institut de paléontologie humaine et dans son antenne au technopôle de L'Arbois, à Aix-en-Provence.

Le site de Kocabaş se trouve au centre du bassin de Denizli. Son soubassement est composé de roches métamorphiques ; c'est un fossé d'effondrement plio-quaternaire formé par l'activation de la faille tectonique de Pamukkale dans sa partie nord. Il est en partie comblé par des masses travertineuses de plus de 100 mètres d'épaisseur déposées le long des failles au pléistocène inférieur moyen.

L'étude magnétostratigraphique a mis en évidence que les travertins, renfermant la calotte crânienne, sont de polarité inverse, ce qui permet de leur attribuer un âge plus ancien que la limite Matuyama-Brunhes, c'est-à-dire l'inversion du champ magnétique terrestre passant d'une période de polarité géomagnétique inverse à une période de polarité normale, datée de 780 000 ans. La faune associée, qui contient *Archidiskodon meridionalis, Equus (Allohippus)* ex gr. *major-suessenbornensis, Equus* cf. *altidens, Stephanorhinus* cf. *estruscus, Metacervoceros rhenanus, Cervalces (Libralces)* ex gr. *minor-gallicus, Palaeotragus* sp., *Bovinae* gen. *(Leptobos/Bison)*, permet de préciser l'âge de ces travertins.

La présence d'*Archidiskodon meridionalis* et de *Stephanorhinus estruscus*, qui disparaissent en Eurasie avec le début de la période paléomagnétique normale de Brunhes, datée de 780 000 ans, confirme que l'association des faunes des travertins de Kocabaş correspond bien au pléistocène inférieur. La présence d'*Equus* cf. *altidens* et d'*Equus suessenbornensis*, qui apparaissent en Europe vers 1,5 million d'années et disparaissent au début du pléistocène moyen, permet d'attribuer l'association des faunes à la deuxième partie du pléistocène inférieur. La persistance de *Metacervoceros rhenanus*, de *Cervalces* et de *Palaeotragus* sp. qui ont disparu autour de 1,2 million d'années permettent de dater l'association de faunes d'un âge antérieur à l'épisode paléomagnétique normal de Coob Mountain daté de 1 194 000 ans.

L'association faunique permet d'attribuer au site un âge de 1,2 million d'années environ, ce qui est confirmé par l'étude du paléomagnétisme et les datations par les isotopes cosmogéniques $^{10}Be/^{26}Al$. Elle confirme une attribution au pléistocène inférieur de la calotte crânienne de Kocabaş.

La calotte crânienne relativement gracile, de faible capacité, peut être rapprochée de celles des *Homo ergaster* comme ER3733 (1,78 million d'années), ER3883 (1,6 million d'années), KNM-WT15000 (1,5 million d'années) et éventuellement de Daka-Bouri datée de 1 million d'années environ.

La calotte crânienne d'*Homo erectus* archaïque de Kocabaş, l'homme de Denizli, plus évoluée que les calottes crâniennes des Dmanissi (1,8 million d'années), témoigne que les *Homo erectus* étaient déjà présents en Anatolie, au carrefour de l'Afrique, de l'Asie et de l'Europe aux portes de l'Eurasie, il y a un peu plus de 1,2 million d'années. L'homme de Denizli découvert à Kocabaş est contemporain des cultures acheuléennes à bifaces mises au jour en Anatolie, sur les sites de Kaletepe Deresi 3 et Dursunlu, datés de 1,3 et 1,2 million d'années.

Les *Homo erectus* européens

C'est avec un important décalage dans le temps que les *Homo erectus*, porteurs des cultures acheuléennes, caractérisées par la présence de bifaces, sont présents sur les rivages de la Méditerranée en Europe. Ces cultures, présentes en Afrique de l'Est, à Konso, dès 1,6 million d'années, au Proche-Orient à Ubeidiya il y a 1,5 million d'années, en Anatolie vers 1,3 million d'années, sont connues en Europe à partir de 0,6 million d'années comme dans la caune de l'Arago à Tautavel.

Pendant les périodes chaudes du quaternaire, les cultures acheuléennes ont été reconnues dans de nombreuses régions de l'Europe jusqu'au 57e parallèle, notamment en Italie, en Espagne, en France, en Belgique, en Angleterre. En revanche pendant les grandes périodes glaciaires, les hommes se replient au sud dans les régions méditerranéennes de l'Europe, dans le sud de la France, l'Italie et l'Espagne.

Curieusement, elles sont absentes en Allemagne et en Europe centrale, où les sites préhistoriques renferment des industries proches mais sans bifaces.

Dès 600 000 ans, une nouvelle intrusion humaine est reconnue en Europe. Ce sont les *Homo erectus* européens venus d'Afrique, du Proche-Orient et d'Anatolie porteurs de cultures des bifaces. Ils sont présents dans la caune de l'Arago à Tautavel, dans plusieurs niveaux bien datés dont l'âge est compris entre 600 000 et 400 000 ans, à Mauer vers 600 000 ans, à Boxgrove en Angleterre vers 500 000 ans, à Vertesszöllös en Hongrie et à Ceprano en Italie vers 400 000 ans, et dans la Sima de los Huesos en Espagne il y a 300 000 ans.

Six cent mille ans séparent l'*Homo georgicus* de Dmanissi (1,8 million d'années) de l'*Homo erectus* archaïque de Denizli (1,2 million d'années) et plus de 1 million d'années des plus anciens *Homo erectus* européens (0,6 million d'années). Ces derniers représentent une nouvelle nappe de peuplement de l'Europe venue d'Afrique, qui a remplacé, aux environs de 0,6 million d'années, les populations graciles d'*Homo georgicus*, dont le dernier serait celui de Grand Dolina TD6 daté d'environ 800 000 ans.

Comme les *Homo erectus* d'Afrique et d'Asie, ils se caractérisent par une calotte crânienne massive, une voûte crânienne basse, un puissant torus sus-orbitaire discontinu, une face prognathe et sans fosse canine et un puissant appareil masticateur. Le squelette est robuste dans son ensemble. Ils s'en différencient par une ébauche d'expansion de la portion moyenne de la voûte crânienne, qui augmente légèrement leur capacité crânienne sans atteindre celle des néandertaliens. Chez ces derniers, on observe aussi un allégement du squelette, et une rétraction de l'ensemble du massif facial.

Au cours de nombreuses réunions scientifiques des colloques, des symposiums, des séminaires, la position phylétique de ces Européens a été âprement discutée, en particulier au premier congrès international de paléontologie humaine de Nice en 1982 et au colloque sur les cultures à bifaces du pléistocène inférieur et moyen dans le monde, à Tautavel en 2007. Fallait-il conserver le nom d'*Homo erectus* ou créer une autre espèce indépendante ? C'est ainsi que l'appellation d'*Homo heidelbergensis*, proposée par Shoetensak en 1908, pour la mandibule de Mauer est sortie des oubliettes et a souvent été utilisée par les paléoanthropologues pour désigner les fossiles européens et les individualiser.

Étant donné les différences observées sur l'ensemble de ces fossiles du pléistocène moyen, la question reste ouverte et nous proposons de conserver l'appellation d'*Homo erectus* européen qui présente une diversité certaine, géographique et non phylétique. Cette diversité morphologique des hommes du pléistocène moyen est d'ailleurs moins marquée que celle observée chez les hommes modernes réunis sous le nom d'*Homo sapiens*.

La caune de l'Arago : des *Homo erectus* européens, il y a 450 000 ans

Dans le cadre d'un grand programme de recherche consacré au plus ancien peuplement préhistorique du midi méditerranéen de la France, depuis la Ligurie jusqu'à la Catalogne, entrepris dès 1958, conduits par Jean Abelanet et Lucien Rigaud, nous avons pénétré pour la première fois dans la caune[1] de l'Arago à Tautavel, en mai 1963, en compagnie de deux de nos collaborateurs, Henri Puech et Robert Brandi.

Avant de monter à la grotte, comme il était midi, nous nous sommes installés au bord d'un petit ruisseau affluent du Verdouble pour pique-niquer. Un vigneron qui nous accompagnait avait apporté une gourde en peau remplie de vin doux naturel local que nous avons bu à la régalade. Le repas terminé, à l'aide de deux fauxons[2], nous avons dégagé un chemin à travers le maquis pour atteindre la grotte située au sommet d'un talus à forte pente, à 80 mètres au-dessus de la rivière Verdouble.

Le sol de la caverne était jonché d'une multitude d'outils préhistoriques archaïques et d'ossements de grands mammifères avec des dents de rhinocéros, de chevaux, de cerfs, de mouflons, appartenant à des espèces disparues, mis au jour par l'érosion naturelle et sans doute par quelques fouilles clandestines. Nous avons constaté alors que, compte tenu de l'inclinaison des strates calcaires vers le fond de la grotte et du seuil rocheux situé en

1. *Caune* signifie « grotte » en catalan.
2. « Petite faux » en provençal, servant à débroussailler.

surface à l'entrée, les dépôts quaternaires pouvaient être très épais et la caverne pouvait contenir un potentiel archéologique exceptionnel. Nous avons décidé d'entreprendre un grand chantier de fouilles qui a débuté le mercredi 1er avril 1964.

Au cours du premier chantier de fouilles en avril 1964, nous étions logés dans le village de Tautavel, grâce à deux demoiselles qui nous prêtaient leur maison. En rentrant le soir, nous trouvions devant notre porte des pots de confiture, du vin doux et du vinaigre. À midi, nous déjeunions dans la grotte où Josette Renault-Miskovsky a même réussi à préparer sur un feu de bois des rognons au vin doux de Rivesaltes. Par la suite, à partir de 1965, le camp de base du chantier de fouilles a été installé au pied de la grotte, au bord du Verdouble. Un vieux moulin à huile en ruine a été restauré pour installer la cuisine et le laboratoire du chantier.

Face à la richesse des dépôts, nous avons organisé des chantiers d'un mois de 1964 à 1977 puis de deux mois et de trois mois de 1978 à 1994 et enfin de cinq mois depuis 1994.

Nous avons préparé cet ouvrage à l'occasion du cinquantième anniversaire de l'ouverture du chantier de fouilles préhistoriques, sur lequel près de 4 500 fouilleurs de 59 pays du monde sont venus nous aider. Beaucoup d'entre eux sont aujourd'hui professeurs d'université, directeurs de centres de recherche, conservateurs de musées.

Les fouilles sont conduites chaque année avec l'autorisation du ministère de la Culture et de la Communication (ex-ministère des Affaires culturelles) avec une subvention annuelle, à l'exception d'une année lorsque la commission spécialisée n'a pas jugé utile d'autoriser et de subventionner les fouilles. Cette année-là, Jean Autin, directeur de l'administration générale au ministère des Affaires culturelles, et Jean Chabert, chef du bureau du service de l'archéologie, sont venus néanmoins nous apporter leur soutien moral sur le chantier ouvert sans autorisation et sans financement ! Ils ont pu examiner sur place les nouveaux restes humains d'*Homo erectus* que nous venions de découvrir.

Le 22 juillet 1971, à 15 h 30, apparaît sous le pinceau de Robert Brandi et de John Pohl, dans le carré C15, couche C7c, l'émail dentaire d'une deuxième molaire supérieure gauche humaine, puis quelques minutes plus tard, celui de la première molaire contiguë dans une couche très concrétionnée, aussi dure que du béton. Marie-Antoinette et Robert Brandi poursuivent la fouille à l'aide d'une fraise, des outils de dentiste et des petits burins d'électriciens. Les jours suivants apparaissent successivement la deuxième et la troisième molaires droites, le palais et le maxillaire, Arago 21, soit le vingt et unième reste humain découvert dans la grotte. Après une quinzaine de jours, le sol est dégagé sur 1 m^2.

La face et le frontal d'un *Homo erectus* européen reposent sur la voûte, le maxillaire supérieur en l'air, sur un sol jonché d'ossements de bison, de cheval, de rhinocéros, de bœuf musqué, de mouflon et d'outils lithiques préhistoriques. Un petit biface est mis au jour à 30 centimètres du crâne. Une mandibule de lion est curieusement placée à une vingtaine de centimètres du crâne. Alors que les os de lion sont extrêmement rares dans ce site, il est étonnant de constater la présence de cette mandibule à proximité du crâne humain. Faut-il y voir une association volontaire ?

Cette portion crânienne a appartenu à un individu âgé d'une vingtaine d'années, de sexe masculin. Son crâne a été ouvert au niveau de la suture fronto-pariétale, sans doute pour consommer le cerveau. Un éclat brut de taille en cornéenne était abandonné dans la cavité crânienne.

Après l'achèvement de la mise au jour du sol sur lequel reposait le crâne, le plan dessiné du sol a été effectué par Béatrice Olivieri et Jacques Richir a réalisé un moulage de l'ensemble. Celui-ci est actuellement exposé au musée de Préhistoire de Tautavel. Le 13 août, le crâne était extrait de son sol et présenté au professeur Jean Piveteau, membre de l'Académie des sciences, venu spécialement à Tautavel pour être témoin de cette importante découverte.

Après la découverte le 22 juillet, le dégagement du sol, son dessin et son moulage ont nécessité trois semaines, pendant lesquelles le crâne a été gardé jour et nuit dans la caverne par les fouilleurs.

Pour fêter cet événement, un méchoui a été organisé pour toute l'équipe de fouilles, à l'exception des deux volontaires désignés qui ont gardé le crâne.

Au cours de la campagne de juillet 1979, dans le carré E17, l'os pariétal droit d'un hominidé, Arago 47, est apparu à moins de 3 mètres du crâne Arago 21 et dans la même couche. Une fois totalement dégagé, et le sol sur lequel il reposait dessiné et moulé, le pariétal a été enlevé. En le rapprochant du crâne Arago 21, découvert quelques années plus tôt, en 1971, nous avons pu constater qu'il se raccordait parfaitement par les indentations de la suture fronto-pariétale. Il s'agit du même individu. Il a été possible de reconstituer complètement le crâne de l'homme de Tautavel, un *Homo erectus* européen, appelé actuellement *Homo heidelbergensis*.

Alors que le dégagement de ce pariétal était en cours, Mme Anne-Aymone Giscard d'Estaing est venue à Tautavel inaugurer le musée de Préhistoire de Tautavel le 21 juillet 1979. Elle a eu le privilège de voir le crâne en place en cours de dégagement sous le petit poinçon de Jacky Despriée et d'Alain Charpentier. Occasion d'une nouvelle fête sur le chantier !

Alors que le territoire de chasse de l'homme de Tautavel était limité à environ 30 kilomètres de rayon autour de la grotte, son crâne a eu le privilège, 450 000 ans plus tard, de traverser les océans et d'être exposé dans divers pays du monde.

Faire voyager un si précieux fossile n'est pas une affaire simple. Cela nécessite des conditions de sécurité exceptionnelles. Pour son voyage aux États-Unis, en avril 1984, dans le cadre de l'exposition « Ancestors », qui ne présentait que des fossiles originaux, il a fallu négocier les conditions de transport et d'assurance. Dans un premier temps, compte tenu de l'extrême fragilité de ce fossile, nous avions refusé de le prêter pour l'exposition. Or le directeur a tellement insisté qu'Henry a fini par accepter, sachant que d'autres collègues d'Allemagne, d'Éthiopie ou d'Indonésie avaient donné leur accord. Il fallait absolument que le crâne soit assuré pour le voyage, et nous devions pour cela en effectuer une estimation. « C'est impossible, a-t-il protesté. Si nous le perdons, il n'y a aucun moyen d'en acheter un autre. Il faut que vous vous engagiez à financer des fouilles jusqu'à ce que j'en trouve un autre ! » Ils ont évidemment refusé. Le crâne a finalement été évalué à 15 millions de francs : 2,3 millions d'euros.

Toutes les précautions ont été prises pour le transporter de Paris à New York. Nous avions trois billets : un pour Henry, un pour Marie-Antoinette, et le troisième pour le crâne, qui a voyagé entre nous deux. Arrivés à l'aéroport JFK de New York, Marie-Antoinette est sortie la première avec la mallette. En bas de la passerelle, deux hommes en imperméable gris aux poches gonflées et en chapeau nous attendaient. Ils l'ont encadrée et nous ont emmenés directement aux bagages, sans même passer par le contrôle des passeports ; arrivés dans le hall, ils ont fait grésiller leur talkie-walkie, et une grande limousine aux vitres teintées est venue nous chercher. Dès que nous sommes montés, les portières se sont verrouillées et nous avons foncé, suivis par une voiture à gyrophare, jusqu'au sous-sol du musée d'Histoire naturelle de New York. Des conservateurs sont arrivés avec un coffre-fort monté sur roulettes, dans lequel ils ont placé le crâne, puis nous sommes montés au troisième étage, où le coffre a été déposé dans une salle sécurisée. Le crâne trônait le lendemain dans une vitrine blindée.

Après cette visite mémorable, l'homme de Tautavel fit d'autres voyages : en mai 1989 à l'invitation du journal japonais *Shibushishinbum* au Nagoya Municipal Sciences Museum ; au musée de l'Homme à Paris, en 1987, dans le cadre de l'exposition « Trésors du musée de l'Homme » ; en 1990 au palais des Beaux-Arts de Bruxelles et en 1985 au palais des Doges, à Venise. Depuis, tout déplacement lui est interdit et il est soigneusement conservé dans une armoire forte au sein d'une chambre blindée, dans la réserve des collections du Centre européen de recherches préhistoriques de Tautavel.

En effet, un fossile aussi rare étant un élément essentiel pour reconstituer l'arbre généalogique de l'humanité, son transport est toujours dangereux. Outre les risques d'accident, les manipulations diverses, les variations de température ou d'humidité peuvent l'endommager. Dès lors, la majorité des paléoanthropologues internationaux est aujourd'hui réticente à la présentation d'originaux en vitrine. Elle préfère qu'ils soient conservés en salle forte, où ils peuvent être consultés exceptionnellement par des chercheurs pour répondre à une problématique précise. D'excellents moulages, de grande qualité, remplacent donc les originaux dans les vitrines des musées et, pour la recherche, des collections de moulages de fossiles d'origines variées, réunies dans un même laboratoire, permettent d'effectuer des études anatomiques et des comparaisons efficaces. Par exemple, lorsque nous reprenons l'étude d'un des cent quarante-sept restes humains de l'Arago, nous utilisons essentiellement leurs moulages.

La caune de l'Arago, située sur la commune de Tautavel, à environ 30 kilomètres au nord de Perpignan, s'ouvre sur une corniche escarpée à 80 mètres au-dessus du lit du Verdouble, un affluent de l'Agly, l'un des trois fleuves côtiers de la plaine du Roussillon. Creusée dans un massif de calcaire urgonien, cette caverne renferme un dépôt de sédiments quaternaires de plus de 15 mètres d'épaisseur et dont l'âge est compris entre 700 000 et 100 000 ans.

L'étude sédimentologique, micromorphologique, géochimique, magnétostratigraphique, géochronologique, palynologique et paléontologique des dépôts de cette grotte permet de suivre l'évolution des paléoenvironnements, des paléoclimats et de la paléobiodiversité sur le littoral méditerranéen pendant 600 000 années.

Les résultats de ces travaux mettent en évidence une succession de cycles climatiques d'environ 100 000 ans au cours desquels alternent des périodes tempérées d'une durée d'environ 20 000 ans suivies de périodes plus froides que de nos jours d'une durée d'environ 80 000 ans. Ces grandes variations climatiques sont à mettre en relation avec la forme de l'ellipse de la gravitation de la Terre autour du Soleil, plus ou moins elliptique en fonction de la position réciproque des planètes qui tournent autour du Soleil.

À la caune de l'Arago, le remplissage de la caverne a débuté par la formation d'un plancher stalagmitique, daté d'environ 700 000 ans, stade isotopique 17, avec un paysage tempéré humide mis en évidence par l'analyse des pollens conservés dans la calcite, qui correspondent à une chênaie mixte.

Au-dessus de ce plancher, des argiles sableuses rouges, apportées du plateau par ruissellement, datées d'environ 650 000 ans, stade isotopique 16, correspondent à une période fraîche et humide. L'étude des pollens met en évidence un paysage forestier avec des hêtres, des sapins et des bouleaux, arbres disparus actuellement dans la plaine de Tautavel.

Des niveaux argileux bruns, toujours apportés par ruissellement, recouvrent les dépôts. Ils renferment des pollens qui évoquent une forêt tempérée et ils sont datés d'environ 600 000 ans, stade isotopique 15.

Un important dépôt de sables, arrachés aux alluvions fluviatiles de la plaine de Tautavel et transportés par le vent dans la caune de l'Arago, est daté de 550 000 ans, stade isotopique 14. Ils évoquent une forte tramontane qui soufflait à plus de 120 kilomètres par heure en moyenne. L'étude des pollens met en évidence une steppe désolée à graminées et à composées avec quelques bouquets d'arbres, occupée par des chevaux, des rennes, des bisons et même des bœufs musqués.

Vers 500 000 ans, stade isotopique 13, le climat redevient humide et le ruissellement apporte des argiles dans la grotte, arrachées au plateau et transportées à travers les fissures du karst. L'étude des pollens met en évidence la présence d'une chênaie mixte, occupée essentiellement par des cerfs et des daims, dont les ossements ont été retrouvés nombreux sur les sols d'habitat.

Au-dessus, un dépôt de 2 à 3 mètres d'épaisseur, constitué de sables éoliens, datés entre 480 000 et 420 000 ans, stade isotopique 12, correspond à un climat assez froid et sec. L'étude des pollens indique le retour des espaces découverts, la forêt est en régression et la steppe envahit le paysage. La faune est essentiellement constituée par une grande abondance de chevaux et aussi par des bisons, des rhinocéros, des rennes, des bœufs musqués et des cerfs. Le daim a disparu. L'association du renne, du bœuf musqué et du renard polaire installés sur le littoral méditerranéen indique un climat nettement plus froid que celui de nos jours.

Parmi les rongeurs, la présence du lemming à collier, qui vit à ce jour dans les îles de l'Arctique, et de son prédateur, parmi les oiseaux, la chouette harfang des neiges montre qu'il y a 450 000 ans, cet écosystème fonctionnait alors dans la plaine de Tautavel comme aujourd'hui dans le Grand Nord.

Au sommet du remplissage, alors que le plateau situé au-dessus de la caverne avait été lavé de tous ses sédiments et que l'entrée de la grotte était presque obstruée, pendant chaque période tempérée se sont formés des planchers stalagmitiques, témoins de périodes humides, vers 400 000 ans, stade isotopique 11, vers 320 000 ans, stade isotopique 9, vers 220 000 ans, stade isotopique 7, et entre 120 000 et 95 000 ans, stade isotopique 5. Ils sont séparés par de minces lits de limons sableux apportés par le ruissellement pendant des périodes moins clémentes.

Cette grotte a été occupée à intervalles plus ou moins réguliers pendant 600 000 années. Des groupes humains pouvaient rarement y installer des campements de quelques années (sol G daté de 450 000 ans ou sol Q daté de 490 000 ans). C'étaient le plus souvent des campements saisonniers temporaires de quelques mois ou bien de simples haltes de chasse (sol L, daté de 550 000 ans) et des bivouacs.

En l'absence de l'homme, alors que la grotte restait inoccupée pendant de longues périodes, l'ours de Deninger, ancêtre de l'ours des cavernes, venait y hiberner. Au cours de nos fouilles, nous avons mis au jour plusieurs squelettes d'ours morts dans leur sommeil, dont les ossements sont restés en connexion anatomique.

Dans l'état actuel des fouilles, les niveaux les plus anciens, antérieurs à 600 000 ans, sont encore mal connus car ils n'ont été atteints que par des carottages.

Dans les dépôts de 580 000 à 500 000 ans, plusieurs sols d'occupation de chasseurs acheuléens de chevaux ou de rennes, occasionnellement de bisons, de cerfs, de rhinocéros, ont livré de beaux bifaces, tel Durandal, qui présente une parfaite symétrie bilatérale et bifaciale. Certains d'entre eux ont été taillés sur des roches d'excellente qualité, des cornéennes de couleur gris argenté à l'origine ou de quartzite rosé. Ces pièces, les couteaux du chasseur, avaient pour but de perforer le poitrail des grands herbivores abattus à la chasse, de les dépecer et de couper la viande.

Les bifaces découverts dans les niveaux de 580 000 ans de la caune de l'Arago sont les plus anciens actuellement connus en Europe.

Alors que le biface apparaît en Afrique, à Konso en Éthiopie par exemple, dès 1,6 million d'années, témoignant du passage de l'activité de charognard à l'activité de chasseur, il apparaît plus tardivement en Europe, vers 600 000 ans. Au contraire, sur les rivages méditerranéens de l'Europe, les hommes sont restés charognards plus longtemps : Lézignan-la-Cèbe (1,05 million d'années), Sima del Elefante, Barranco León, Fuenta Nueva 3 (1,2 million d'années), le Vallonnet (1,07 et 1 million d'années) la Pineta à Isernia (0,62 million d'années). Ils ont été remplacés par des chasseurs à partir de 600 000 ans.

Ce n'est pas parce que ces bifaces sont parfaitement symétriques et taillés dans des roches de belle couleur qu'ils sont plus fonctionnels. Ils correspondent à une recherche de beauté et sont les témoins de l'émergence du sens de l'harmonie.

Dans les niveaux plus récents entre 500 000 et 400 000 ans, les cultures acheuléennes sont toujours présentes et les bifaces, outils qui en sont caractéristiques, sont en pourcentage plus ou moins important selon les sols d'occupation. Ils paraissent liés à des activités spécifiques.

Tous les niveaux dont l'âge est plus ancien que 400 000 ans n'ont jamais livré d'os brûlés, de charbons de bois, de cendres ou de pierres éclatées par le feu. Il est donc évident qu'à la caune de l'Arago, avant cette date, l'homme n'avait pas domestiqué le feu.

C'est dans le sol C, situé au-dessus du plancher stalagmitique daté de 400 000 ans, qu'apparaissent pour la première fois quelques rares os brûlés et des charbons de bois. L'homme sait domestiquer le feu, mais il ne l'utilise qu'occasionnellement.

Aux niveaux supérieurs, le complexe sommital légèrement plus récent que 100 000 ans, l'industrie lithique est différente : il s'agit cette fois d'une industrie moustérienne avec présence de débitage levallois. Grâce à cette technique, l'homme est capable de fabriquer des éclats minces et tranchants sur toute la périphérie. Les os brûlés sont abondants, les charbons de bois nombreux, le feu est omniprésent dans l'univers humain.

Les hommes occupaient un territoire de chasse d'environ 30 kilomètres autour de leur habitat. L'étude pétrographique des roches utilisées pour la fabrication des outils a montré qu'ils allaient chercher un silex de bonne qualité à 30 kilomètres au nord-est dans la région de Roquefort-des-Corbières ou du jaspe à 30 kilomètres au sud-ouest dans la région de Vinça. Soit un parcours de 60 kilomètres aller-retour, ce qu'un bon marcheur peut effectuer dans une même journée. Au cours de leurs randonnées de chasse, ils pouvaient abattre dans les plaines des animaux aussi puissants que le cheval, le bison ou même le rhinocéros, aussi agiles que le mouflon ou le tahr et peut-être même aussi redoutables que le loup et le lion.

Au pied même de la grotte, les hommes devaient guetter le passage des troupeaux de grands herbivores sur un gué du Verdouble à la sortie des gorges des Gouleyrous. C'était un lieu de chasse extrêmement propice. Les cerfs, rennes, mouflons et tahrs abattus étaient ensuite rapportés entiers dans la grotte, où on les dépeçait, alors que les chevaux, bisons et rhinocéros étaient transportés par quartier. Ils avaient été découpés sur les lieux de chasse.

Au cours de près de cinquante années de fouilles, nous avons mis au jour 147 restes humains dans la caune de l'Arago, appartenant à une trentaine d'individus minimum, adultes et enfants. Il s'agit de restes d'*Homo erectus* européens (*Homo heidelbergensis*). Leur étude anatomique permet de reconstituer la morphologie des premiers peuples chasseurs européens. Ils étaient assez proches des *Homo erectus* recueillis en Afrique et en Asie (Java, Chine). Grâce à eux, nous avons la possibilité de reconstituer l'aspect physique des premiers habitants de l'Europe.

Hauts de 1,65 mètre environ, ils étaient particulièrement robustes, larges d'épaules et de hanches. Leur crâne était bas, allongé, avec le front fuyant et la face projetée en avant. Un puissant bourrelet surmontait des orbites basses et rectangulaires. Leur face était massive et leur appareil masticateur extrêmement puissant. Leur capacité crânienne, évaluée à 1 100 cm^3 environ, était nettement inférieure à celle de l'homme de Neandertal et des hommes modernes.

L'âge des individus au décès fait apparaître une mortalité infantile entre 9 et 10 ans, tandis que la plupart des individus disparaissait entre 18 et 25 ans. Ce sont tous de jeunes individus à l'exception d'une femme plus âgée, décédée à environ 40 ans (Arago 2).

Dans la population, les deux sexes sont représentés et, parmi les enfants, deux cas se présentent : il s'agit d'enfants décédés ou bien représentés par des dents déciduales (de lait) tombées naturellement, ce qui témoigne qu'ils accompagnaient les chasseurs et ont vécu dans la grotte. Ces dents déciduales tombées naturellement et à la racine complètement résorbée sont les plus nombreuses dans les campements de longue durée (sol G) et les campements saisonniers temporaires (sol F). Toute la famille était présente dans la grotte. En revanche, au niveau des bivouacs et des courtes haltes de chasse, aucune dent déciduale à chute naturelle n'a été retrouvée jusqu'à présent. Seuls les chasseurs devaient donc occuper la grotte.

Les ossements humains sont toujours fragmentés. Il n'existe pas de sépulture. Les restes sont mêlés aux déchets alimentaires d'animaux.

Contrairement aux restes de faunes, les proportions relatives des différents éléments du squelette sont différentes selon qu'il s'agit de restes humains ou de restes fauniques.

Alors que pour les chevaux, les bisons, les cerfs, les rennes, les mouflons, les tahrs, tous les os du squelette sont représentés, notamment les vertèbres, les côtes, les os du carpe et du tarse, les phalanges, les phalangines et les sabots, ces os sont pratiquement absents parmi les restes humains. Chez ces derniers sont essentiellement présents des os du crâne et des mandibules et des os du squelette porteurs de muscles charnus : os coxal pour la fesse, fémur pour la cuisse, tibia et péroné pour le mollet, humérus pour le bras, radius et cubitus pour l'avant-bras.

La plupart de ces os humains présentent des fractures anthropiques volontaires, spiroïdales et lisses, et des traces de décarnisation. Ce sont manifestement des restes de cannibalisme : les groupes humains ont consommé les chairs et la moelle de leurs congénères.

Compte tenu des différentes proportions squelettiques prélevées chez les animaux et chez l'homme, il apparaît qu'il y a eu un choix spécifique des restes humains correspondant à un cannibalisme rituel et non alimentaire, ni de survie. Les excellents chasseurs avaient d'abondants animaux abattus à la chasse à leur disposition. En consommant leurs semblables, les chasseurs acheuléens de la caune de l'Arago devaient donc sans doute chercher à s'approprier la force physique et même les pouvoirs psychiques de leurs défunts.

Devant la richesse exceptionnelle du matériel archéologique recueilli au cours de chaque campagne de fouilles dans la caune de l'Arago, nous avons envisagé dès les premières années de fouilles de créer un musée pour conserver sur place ce patrimoine. En effet, le matériel archéologique très abondant découvert dans la caune de l'Arago, les faunes quaternaires, les outillages lithiques préhistoriques et les restes humains fossiles, patrimoine exceptionnel de l'humanité, méritaient d'être conservés dans de bonnes conditions. D'autre part, ces découvertes devaient être présentées au public, afin qu'il puisse s'approprier son plus lointain passé. Ces documents représentaient alors les témoignages des plus anciens peuplements non seulement du Languedoc-Roussillon, mais du territoire national et même de toute l'Europe. L'homme de Tautavel reste à ce jour le plus ancien fossile humain découvert en France.

En 1969, après la découverte d'une première mandibule humaine Arago 2, nous avons proposé la création d'un musée sur place à Tautavel. Le maire Albert Pla s'était engagé à donner le terrain et le président du conseil général des Pyrénées-Orientales Léon-Jean Grégory à participer au financement de la construction du musée, tout en nous demandant d'obtenir une subvention du ministère de la Culture. Le directeur des musées de France et l'inspecteur général des musées de province ont envoyé sur place un inspecteur pour évaluer la pertinence de ce projet.

La conclusion de son rapport peut se résumer ainsi : il est inutile de construire un musée de préhistoire à Tautavel, au sein d'un petit village du massif des Corbières où personne ne vient jamais, pour présenter des cailloux et une mandibule en plâtre. Après en avoir pris connaissance, le président du conseil général, Catalan passionné, considérant que les Parisiens n'y comprenaient rien, a pris la décision de financer tout de même la construction d'un musée, mais plus petit que celui prévu à l'origine.

C'est auprès de la direction générale de l'Aménagement du territoire, dirigée en ce temps par Jérôme Monod, que le financement a pu être dégagé sur la mission Racine pour l'aménagement muséographique.

Le premier musée de Préhistoire de Tautavel fut inauguré le 21 juillet 1979 par Mme Anne-Aymone Giscard d'Estaing. Mis en garde par un préfet suspicieux qui craignait des manifestations de viticulteurs, le président de la République a préféré déléguer à sa place la première dame de France pour le représenter. Elle a été reçue comme une reine !

Face à l'affluence des visiteurs et après la découverte de nouveaux restes humains, en particulier la mandibule Arago 13 et le crâne Arago 21, et après les visites de Jean Sallois, directeur des musées de France, et de Jean-Pierre Mohen, son directeur adjoint, il a été décidé, en concertation avec Guy Ilary, le nouveau maire de Tautavel, et son conseil municipal, de reprendre le dossier de construction d'un grand musée. Celui-ci a été réalisé avec le concours de la mairie de Tautavel, du conseil général des Pyrénées-Orientales, du conseil régional du Languedoc-Roussillon et cette fois-ci avec le ministère de la Culture et de la Communication. Plusieurs mécènes ont aussi participé à l'installation du programme muséographique : Rhône-Poulenc pour les moulages, IBM pour les consoles interactives, le Crédit agricole et Auchan pour les vitrines, ainsi que le Centre de la météorologie nationale pour la modélisation de l'action du vent dans le remplissage de la grotte.

L'inauguration officielle de ce musée avait été fixée au 17 juillet 1992. Quelques jours auparavant, Jordi Pujol, président de la généralité de Catalogne, qui, semble-t-il, avait oublié le traité des Pyrénées, est venu à Tautavel avec de nombreux collaborateurs et journalistes pour inaugurer ce nouveau musée consacré au premier Catalan, dans sa bonne province du Roussillon. À la suite de cette visite, Henry a subi une remontrance du préfet des Pyrénées-Orientales et le président de la République française François Mitterrand, qui devait venir à Tautavel le 17 juillet pour inaugurer ce musée, a annulé sa visite. L'inauguration a cependant eu lieu à la date prévue, en présence de Guy Ilary, le maire de Tautavel, de Jacques Blanc, le président du conseil régional, et de René Marquès, le président du conseil général, ainsi que de nombreuses personnalités et de chercheurs.

Depuis son ouverture, plusieurs centaines de milliers de personnes sont venues visiter ce musée, qui a pour but de présenter l'évolution de l'homme et de ses cultures au sein de ses paléoenvironnements depuis son arrivée sur les rivages méridionaux de l'Europe, il y a plus de 1 million d'années, avec des exemples locaux.

À l'occasion de l'inauguration de ce nouveau musée de préhistoire, l'artiste Raymond Moretti a installé devant le musée de Terra Amata une sculpture monumentale qui évoque la place de l'homme dans l'histoire de l'univers, du point alpha au point oméga. Plus récemment, la grande fresque sur l'histoire de l'écriture et de la musique, réalisée par ce même artiste pour le Forum des Halles de Paris, a été transférée à Tautavel, à proximité du musée de Préhistoire. Depuis 1976, date de l'inauguration de ce musée, Raymond Moretti nous a fidèlement accompagnés sur les chemins de la préhistoire en créant des affiches pour les expositions que nous avons réalisées et en particulier celles du musée de Préhistoire de Tautavel.

Le Centre européen de recherches préhistoriques de Tautavel (CERPT), auquel est lié le musée, est constitué d'une grande structure consacrée à la préhistoire et assume plusieurs vocations : la conservation des collections, la recherche, l'accueil et la formation des chercheurs, la diffusion de la culture scientifique. La salle des collections avec ses 20 000 tiroirs est un grand équipement scientifique, un instrument à la disposition des chercheurs et des étudiants, non seulement ceux qui travaillent dans le Centre de recherches de Tautavel, mais encore tous les spécialistes du monde entier.

Un ancien Européen, l'homme de Ceprano

Au premier congrès international de paléontologie humaine, à Nice, en 1982, le professeur Aldo Segre et Eugenia Naldini-Segre ont présenté les restes fragmentaires d'un crâne qu'ils venaient de découvrir avec Italo Biddittu sur le site de Ceprano à l'occasion de grands travaux pour l'aménagement d'une route.

Ils nous invitèrent à venir visiter le site et à les aider à restaurer le crâne à l'Institut de paléontologie humaine de Rome avec le professeur Antonio Ascenzi. Ainsi avons-nous pu reconstituer la place originelle de certains fragments.

Le site de Campo Grande de Ceprano où a été découvert ce fossile est situé en Italie centrale, dans le Latium, à environ 100 kilomètres au sud-est de Rome, dans une coulée d'argile qui recouvrait des formations de sables fluviatiles riches en mollusques d'eau douce. Daté en première analyse de plus de 780 000 ans, il a été rajeuni par la suite en prenant en compte la magnétostratigraphie et la biochronologie.

Cette calotte crânienne datée actuellement de 400 000 ans environ est massive, à voûte basse avec un torus sus-orbitaire et de forts reliefs au niveau des crêtes temporales, en particulier à leur extrémité postérieure : présence d'un *torus angularis* à l'angle postéro-inférieur du pariétal comme chez la plupart des *Homo erectus*.

La mandibule de Mauer : holotype d'*Homo heidelbergensis*

Dans le cadre de l'étude de l'homme de Tautavel représenté par des mandibules recueillies en 1969 et 1970 dans la caune de l'Arago, nous sommes allés, à l'invitation du professeur Reinhart Kraatz, qui participait régulièrement aux chantiers de fouilles, au laboratoire de paléontologie de l'Université d'Heidelberg, pour les comparer avec la célèbre mandibule découverte en 1907 à Mauer dans une carrière et attribuée à une nouvelle espèce, *Homo heidelbergensis*.

À la fin de nos journées de travail, Reinhart nous a initiés à la connaissance des vins du Rhin dans de sympathiques petits restaurants qui nous servaient des civets de cerf accompagnés de groseilles.

Cette mandibule, holotype d'*Homo heidelbergensis*, est particulièrement robuste avec une branche montante large et verticale, une branche horizontale haute et épaisse. En arrière de la symphyse, un planum alvéolaire est présent mais peu développé. L'arc antérieur de la mandibule avec un aplatissement frontal annonce la forme des mandibules néandertaliennes.

Au cours de notre séjour à l'Université d'Heidelberg, dans son laboratoire, Reinhart nous a apporté une caisse remplie de pierres qui en 1905 avaient été ramassées par Shoetensak dans les couches à graviers où avaient été découverts les fossiles des grands mammifères. C'est ainsi qu'au milieu de ces graviers, nous avons pu reconnaître quelques petits éclats à talon et bulbe de percussion incontestablement taillés. *Homo heidelbergensis* taillait donc des outils.

Le site de Belle-Roche à Sprimont, en Belgique

Découvert en 1981, ce site se trouve près de Liège, sur la rive droite de l'Amblève, à proximité du confluent de la rivière avec l'Ourthe. Il voisine et surplombe la carrière de la Belle-Roche, exploitation de calcaire à l'origine de sa découverte et dont l'exploitation représente toujours une menace pour lui.

Au cours des temps quaternaires, alors que les zones tempérées froides de l'Europe étaient inhabitables pendant les périodes glaciaires, durant les périodes interglaciaires, les hommes préhistoriques pouvaient s'aventurer dans le nord de l'Europe. C'est ainsi que ce site a été occupé pendant une période très ancienne du quaternaire par des hommes préhistoriques qui ont abandonné quelques outils taillés. Ils étaient associés à une faune très riche datée du début du pléistocène moyen comprenant *Ursus deningeri*, *Crocuta* cf. *brevirostris* (hyène géante), *Panthera leo fossilis* (lion des cavernes), *Panthera gombaszoegensis* (panthère de Gonbaszög), *Canis mosbachensis* (loup de Mosbach), *Equus mosbachensis* (cheval de Mosbach), *Dicerorhinus etruscus* (rhinocéros étrusque), *Cervus elaphus* (cerf acoronate), *Bison schoetensacki* (bison des steppes).

Une industrie lithique associée comprenait quelques galets aménagés en particulier des chopping tools, un polyèdre, des outils denticulés, des racloirs et une pièce foliacée.

La faune, plus archaïque que celle de Tautavel, permet d'attribuer cette industrie associée au début du pléistocène moyen et montre que pendant les périodes tempérées du quaternaire, les hommes préhistoriques, même en l'absence de maîtrise du feu, pouvaient s'aventurer très loin dans les hautes latitudes de l'Europe, alors que pendant les périodes glaciaires ils étaient contraints de se replier vers le sud.

Ce site situé au milieu d'une grande carrière pour l'exploitation du calcaire carbonifère devait être détruit. Pour le sauvegarder, des passionnés de préhistoire organisèrent une réunion les 27 et 28 mai 2000 avec la participation de nombreuses personnalités, dont le fils du roi lui-même, pour alerter l'opinion publique. À la suite de cette réunion de la dernière chance, il a été décidé de conserver le site comme monument préhistorique national.

CHAPITRE 9

Les cultures du paléolithique ancien en Europe après la domestication du feu

Il y a 400 000 ans, la domestication du feu

La domestication du feu, qui n'a été acquise par aucun animal, ne paraît pas avoir été maîtrisée par les hommes préhistoriques avant 400 000 ans. Dans l'état actuel des découvertes, il apparaît vraisemblable que les premiers hommes n'avaient pas la capacité de produire le feu à volonté. Néanmoins, sa domestication a pu être précédée par son utilisation ponctuelle et temporaire à partir de feux naturels. C'est ainsi que des traces de feu ont été signalées sur quelques sites très anciens.

Par exemple, sur le site FxJj20 de Koobi Fora, à l'est du lac Turkana, au Kenya, daté de 1,4 million d'années environ et appartenant à la formation KBS, Jack Harris a observé des limons argileux rubéfiés et quelques pièces lithiques brûlées, mais aucun foyer aménagé n'y a été découvert.

Sur le site de Chesowanja, à l'est du lac Baringo, au Kenya, John Gowlett et Jack Harris ont signalé des sédiments brûlés et quelques charbons de bois dans des dépôts datés d'environ 1,4 million d'années. L'analyse minéralogique des argiles brûlées indique que la température du feu a été portée à 400-600 °C. Aucun foyer localisé n'a cependant été découvert.

Dans la grotte de Swartkrans, en Afrique du Sud, à des niveaux également datés de 1,4 million d'années, quelques ossements brûlés ont été mis au jour par Charles K. Brain et Andrew Sillen, associés à une industrie lithique archaïque, oldowayenne ou acheuléenne. Des analyses par résonance de spin électronique (ESR) ont montré qu'ils auraient été brûlés à une température élevée (600 °C). Ici encore, aucun foyer localisé et aménagé n'a été mis au jour.

Dans le Bed II d'Olduvaï, en Tanzanie, dont l'âge est compris entre 1,88 et 1,2 million d'années, John Desmond Clark et Jack Harris ont signalé des sédiments brûlés. De même, sur le site de Gadeb, en Éthiopie (1,5 million d'années), ou de Bodo, au Kenya, quelques ossements isolés présentant des traces de feu ont parfois été signalés.

Au nord d'Israël, sur le site de Gesker Benot Ya'aqov, daté d'environ 700 000 ans, quelques graines, des charbons de bois et des silex brûlés, mis au jour par Naama Goren-Inbar, dans un niveau acheuléen, indiqueraient la présence du feu. Néanmoins, aucun ossement brûlé n'a été retrouvé sur le site et aucun foyer aménagé n'a été mis en évidence.

Sur le site de Prezletice, en Moravie (République tchèque), des témoignages de feu ont été signalés dans des dépôts dont l'âge est estimé à 650 000 ans.

Sur tous ces sites très anciens, aucune preuve indiscutable de foyer aménagé et de feux entretenus volontairement n'ont été mis en évidence jusqu'à présent.

La présence de foyers aménagés et entretenus est caractérisée par des aires de combustion localisées, sous lesquelles il est possible de mettre en évidence des modifications des caractéristiques minéralogiques des argiles (la kaolinite, par exemple, disparaît à 490 °C), l'augmentation de la susceptibilité magnétique, en raison de la transformation des oxydes de fer primaires en oxydes de fer secondaires, quelquefois par des structures aménagées et toujours, dans le foyer et tout autour du foyer, une grande quantité d'ossements brûlés, très souvent de très petits fragments. Les cendres, constituées de cristaux de carbonate de calcium, ne sont pas toujours conservées, s'il y a eu lessivage ou décarbonatation partielle des sédiments. La couleur secondaire acquise par certains ossements indique la température que pouvait atteindre le foyer : marron-gris et gris foncé à partir de 500 °C, gris clair à partir de 600 °C, bleu-blanc à partir de 650 °C, blanc à partir de 700 °C.

Dans tous les sites antérieurs à 400 000 ans, aucune preuve évidente témoignant de l'existence de foyer aménagé, volontairement allumé et entretenu, n'a pu être observée jusqu'à présent.

Ce n'est qu'à partir de 400 000 ans que des aires de combustion bien délimitées, et parfois même des foyers structurés, peuvent être reconnus comme sur les sites de Terra Amata à Nice, d'Orgnac III en Ardèche, de Menez Dregan dans le Finistère, de Beeches Pit dans le Suffolk en Angleterre, de Vertesszöllös en Hongrie ou de la localité I de Choukoutien en Chine.

Dans la caune de l'Arago, à Tautavel, les dépôts des complexes inférieur et moyen, dont l'âge est compris entre 700 000 et 400 000 ans, n'ont livré ni os brûlé, ni pierre brûlée, ni charbon de bois, ni cendre.

De même, dans la Sierra d'Atapuerca, province de Castille-León, en Espagne, les niveaux à industrie du paléolithique inférieur des sites de Gran Dolina (TD6 et TD10) et de Galeria, plus anciens que 400 000 ans, n'ont jamais livré de traces de feu.

En revanche, dans les dépôts du complexe supérieur de la caune de l'Arago, dont l'âge est compris entre 400 000 ans et 100 000 ans, quelques rares ossements brûlés et des charbons de bois ont été mis en évidence, attestant la présence du feu de manière occasionnelle. Dans les dépôts du complexe sommital, un peu plus récents que 100 000 ans, des ossements brûlés, des charbons de bois, des cendres, des silex brûlés abondants prouvent la généralisation de l'utilisation du feu dans l'univers humain.

De même, dans la grotte de la Baume Bonne, sur la rive droite du Verdon, à Quinson dans les Alpes-de-Haute-Provence, des cendres et des charbons de bois apparaissent dans des dépôts attribués au stade isotopique 10, dont l'âge est compris entre 390 000 ans et 340 000 ans.

À Terra Amata, près de Nice, plusieurs foyers aménagés ont été mis en évidence dans des dépôts du stade isotopique 11, daté d'environ 400 000 ans, et du début du stade isotopique 10, daté d'environ 380 000 ans, sur un sol d'occupation acheuléen. Ces foyers avaient été installés directement, soit sur une plage de galets, soit sur un petit dallage de galets, soit dans de petites fosses de 30 centimètres de diamètre et de 15 centimètres de profondeur creusées dans le sable. Ils étaient alors parfois protégés par une murette de galets.

À Orgnac III, en Ardèche, plusieurs foyers entourés de pierres ou d'un bourrelet de terre ont été mis au jour, par Jean Combier, sur des sols d'occupation acheuléens dont l'âge est compris entre 340 000 et 300 000 ans.

À Menez Dregan, près de Plouhinec, au sud de la pointe du Raz, dans le Finistère, des foyers, bien localisés, ont été mis au jour par Jean-Laurent Monnier. Comme ceux de Terra Amata, ils avaient été installés sur une plage marine correspondant à la mer transgressive du stade isotopique 11 et datés de 400 000 ans environ.

À Beeches Pit, dans le Suffolk, dans l'est de l'Angleterre, John Gowlett a observé, sur des sols d'occupation acheuléens datés d'environ 400 000 ans, plusieurs foyers qui contenaient des ossements brûlés et quelques silex rubéfiés. Selon Nick Debenham, la température de ces foyers aurait atteint 400 °C.

Sur le site de Vertesszöllös, à 60 kilomètres à l'ouest de Budapest, en Hongrie, Lazlo Vertes a mis au jour un foyer de petite taille, daté de 380 000 ans environ, installé dans une cuvette creusée dans le sol comme à Terra Amata, alimenté avec des ossements transformés en charbons.

Dans la localité I de Choukoutien, près de Pékin, dans des dépôts dont l'âge est compris entre 400 000 et 200 000 ans, la présence du feu est attestée dans plusieurs niveaux par d'importantes accumulations de cendres qui ont été observées par le père Pierre Teilhard de Chardin, l'abbé Henri Breuil, Davidson Black, Franz Weidenreich, ainsi que par des charbons de bois, de nombreux ossements brûlés et des pièces d'industrie lithique éclatées par le feu.

Le feu allumé et entretenu semble donc apparaître à partir de 400 000 ans, à la limite nord des zones tempérées de la planète. Sa domestication a eu une importance considérable dans l'histoire de l'humanité ; ce fut un formidable moteur d'hominisation. Il a en effet permis :

• D'allonger le jour aux dépens des nuits d'hiver et de prolonger le temps des activités diurnes, l'homme pouvant ainsi pénétrer au plus profond des cavernes.

• De prolonger l'été aux dépens de l'hiver ; l'homme a pu conquérir de nouveaux territoires en s'aventurant dans les zones tempérées froides de la planète.

• De maintenir à distance et même de repousser les prédateurs.

• De faire cuire la viande, permettant ainsi une mastication plus aisée, facilitant la digestion, lui donnant un goût plus agréable et, par-delà, faisant reculer les parasitoses.

• Dans certains cas, de fumer et de sécher la viande, ainsi que l'atteste la présence de composés aromatiques dans les matières organiques réparties tout autour du foyer d'un sol d'occupation acheuléen de la grotte du Lazaret, daté de 160 000 ans.

• Par leur cuisson, de rendre consommables des plantes toxiques naturellement.

• D'améliorer la fabrication des outils en faisant durcir au feu la pointe des épieux.

Dès 380 000 ans, à Terra Amata, à Nice, il a permis, en les chauffant, de modifier la coloration des ocres naturelles par oxydation ou réduction, afin d'obtenir une gamme plus variée de couleurs.

Il a surtout été un facteur de communication et de convivialité. C'est autour du foyer qui éclaire, qui réchauffe, qui réconforte que s'est organisée et développée la vie sociale. Il est propice au récit des chasseurs, et leurs histoires de chasse aux éléphants, aux rhinocéros, aux bisons, qui deviennent au cours du temps de plus en plus impressionnants, se transforment progressivement en mythes. Le chasseur qui les a abattus, qui a fait des chasses extraordinaires, devient un héros, puis un dieu. Autour des traditions de chasse d'une famille ou d'une tribu vont se cristalliser des cultures régionales qui soudent le groupe, lui donnent son unité. C'est à ce moment-là que l'histoire des cultures se diversifie en traditions régionales.

À partir de la domestication du feu, les préhistoriens peuvent individualiser de grands groupes culturels, fondés, par exemple, sur leur technologie lithique, qui témoigne de la soudure de familles ou de tribus. C'est ainsi qu'on pourra parler de culture acheuléenne du Bassin parisien, du bassin du Rhône, du sud-est de la France, ou de culture acheuléenne méditerranéenne, parce que palpable est l'émergence de traditions culturelles qui devaient donner à des groupes d'hommes les mêmes structures de pensée.

La vie sociale va également mieux s'organiser autour du foyer. C'est alors que commencent à apparaître des structures d'habitat élaborées. À Terra Amata, les fouilles ont mis en évidence des huttes construites autour du foyer, où l'aménagement de l'espace intérieur est progressivement apparu.

Allumer un feu et l'entretenir deviennent alors, dès la fin du pléistocène moyen, des actes essentiels dans l'habitat de l'homme préhistorique.

Ce n'est qu'au paléolithique supérieur, à partir de 30 000 ans, que l'homme installe des foyers plus complexes, remplis de pierres et de galets, qui servent de calorifères.

Avant la domestication du feu, c'est-à-dire pendant les périodes antérieures à 400 000 ans, l'homme n'occupait les régions septentrionales de l'Eurasie que pendant les périodes de réchauffement climatique, comme dans la vallée de la Somme, ou dans la grotte de Belle-Roche, près de Sprimont en Belgique. Pendant les périodes de refroidissement climatique, qui alternaient tous les 100 000 ans, les hommes se repliaient dans les zones les plus méridionales de l'Eurasie. À partir de 400 000 ans, au contraire, grâce à la domestication du feu, l'homme préhistorique peut occuper les zones tempérées froides, et sa présence devient alors permanente dans les régions septentrionales de l'Eurasie, comme à Choukoutien, en Chine.

Terra Amata : un campement de chasseurs acheuléens d'éléphants et de cerfs sur la Côte d'Azur

C'est un dimanche d'août 1965, au cours du chantier de fouilles préhistoriques de la grotte du Lazaret, que nous sommes allés étudier les grandes coupes stratigraphiques ouvertes pour construire un immeuble sur le site de Terra Amata sur le boulevard Carnot, à proximité du port de Nice. Au cours du relevé de ces coupes, nous avons constaté que, sur une plage marine quaternaire, située à 26 mètres d'altitude au-dessus du niveau actuel de la mer et dans les dépôts dunaires qui le surmontent, de nombreux outils taillés étaient associés à des ossements quaternaires, à des charbons de bois et à des os brûlés. Nous avons alors décidé d'entreprendre un grand chantier de sauvetage avec l'accord de Sylvain Gagnière, directeur des Antiquités préhistoriques, mais sans aucun budget. C'est sur nos fonds personnels que les fouilles commencèrent.

Ce chantier ouvert le 28 janvier se poursuivit jusqu'au 5 juillet 1966, tous les jours, soit 159 jours de fouille et, au cours des trois derniers mois, 24 heures sur 24, c'est-à-dire nuit et jour, durant un printemps frais et humide jusqu'à un été chaud et sec. Ce fut un travail considérable réalisé en un temps record : près de 210 m^3 de terre remués à la truelle, au crochet, au poinçon et au pinceau, sur une épaisseur de 2,50 mètres et sur une surface de 120 m^2, plus de 28 000 objets coordonnés en x, y, z, puis dessinés sur un plan à l'échelle 1/10, 90 m^2 de sols archéologiques moulés, 9 000 photographies et plus de 1 200 m^2 de coupes relevées.

Pour sustenter les nombreux fouilleurs qui participaient au chantier, tous les jours à midi était organisé un repas sur place : des pans-bagnats étaient préparés dans les seaux du chantier de fouilles. Il s'agit d'une grande salade composée : salade, œufs durs, tomates, concombres, poivrons, oignons, le tout disposé dans du pain trempé d'huile d'olive. Le soir, un repas chaud plus copieux était préparé et servi dans la grotte du Lazaret, située à quelques centaines de mètres de Terra Amata.

Ainsi, en un peu plus de cinq mois, plusieurs centaines d'étudiants-chercheurs et d'amateurs ont participé à la grande aventure culturelle et humaine de ce chantier de fouilles de sauvetage. Des liens se sont créés, dont certains concrétisés par des mariages. Ainsi, le professeur Jean Dorst, directeur du Muséum national d'histoire naturelle et membre récent de l'Académie des sciences, vint passer une journée avec nous pour visiter ce chantier. Il participa avec une jeune fouilleuse au dégagement d'un des carrés de fouille, où un bois de cerf venait d'être mis au jour. Le poinçon d'Éliane dérapa et une goutte de sang jaillit de son doigt. Jean Dorst perdit connaissance, il fut allongé sur les planches de la fouille et réanimé. Après toutes ces émotions, et après avoir repris ses esprits, Jean Dorst voulut inviter Éliane Gherardi à dîner en ville avant de reprendre son train le soir pour Paris. Elle refusa, ne voulant pas s'absenter du chantier. Le lendemain, elle reçut à l'aube un télégramme et nous rejoignit, tout excitée, pour solliciter l'autorisation de quitter le chantier : Jean Dorst la demandait en mariage et l'invitait à le rejoindre à Paris. Elle obtint bien sûr notre accord et partit pour une autre vie.

Les fouilles de sauvetage entreprises avec l'autorisation des deux promoteurs étaient prévues pour deux mois. Il apparut rapidement que la surface à fouiller, 120 m^2, l'épaisseur des dépôts archéologiques et la richesse des sols préhistoriques nécessiteraient une campagne beaucoup plus longue. Sous la pression des promoteurs qui exigeaient un achèvement rapide du chantier de sauvegarde stoppant l'avancement de leurs travaux, nous avons demandé l'aide de la presse pour les convaincre de nous laisser achever les fouilles. Michel Desclaux dans le journal *Nice-Matin* et Paul-Evan Ress dans *Time Magazine* ont annoncé la découverte et souligné son importance.

Les Niçois prirent alors la mesure de l'extraordinaire importance des fouilles de sauvetage du site de Terra Amata et beaucoup d'entre eux vinrent apporter leur concours à cette opération.

En mars 1966, alors que nous étions installés sur le chantier, ouvert depuis le 28 janvier, nous aperçûmes une voiture qui venait de s'arrêter sur le chantier de construction de l'immeuble du palais Carnot, à l'entrée de la basse corniche, à proximité du port de Nice. Deux personnes en descendirent, un homme grand et robuste correctement vêtu et une dame élégante à tailleur blanc et talons hauts. Ils empruntèrent la montée bourbeuse en ce jour de pluie qui conduisait au chantier et se présentèrent : c'était Jacques Médecin, qui venait tout juste d'être élu maire de Nice, et son épouse, ancien mannequin. Ils visitèrent longuement le chantier de fouilles dont les journaux s'étaient faits l'écho, interviewant les fouilleurs et s'intéressant tout particulièrement aux ossements d'éléphant et de cerf qui jonchaient le sol d'habitat et aux outils préhistoriques abandonnés sur place par les chasseurs acheuléens.

Jacques Médecin revint régulièrement pour suivre l'avancement des fouilles. C'est au cours de l'une de ces visites que, soucieux de conserver dans de bonnes conditions le patrimoine archéologique en cours de dégagement et de le faire connaître au grand public, il décida d'acheter le rez-de-chaussée de l'immeuble qui allait être construit pour y installer, sur les lieux mêmes de la découverte, le musée de Paléontologie humaine de Terra Amata : un campement de chasseurs d'éléphants et de cerfs, il y a 400 000 ans, dans la plaine de Nice.

Faire admettre par les services du ministère des Affaires culturelles le principe de création du musée de Paléontologie humaine de Terra Amata ne fut pas très facile, car pour l'inspecteur des musées de France venu sur place donner son avis, il était impensable de construire un musée pour présenter ce qu'il considérait comme de simples cailloux ! Jacques Médecin, présent lors de cette visite, saisit un chopper dans sa main droite et un chopping tool dans sa main gauche, et fit une démonstration magistrale et argumentée devant l'inspecteur ébahi de l'importance du site acheuléen de Terra Amata qui avait été occupé, il y a quelques centaines de milliers d'années (ce jour-là nous ne connaissions pas encore son âge), par des chasseurs d'éléphants et de cerfs, occasionnellement d'aurochs, de rhinocéros, de tahrs. Il fut alors décidé que le ministère des Affaires culturelles reconnaîtrait officiellement le musée de Terra Amata. Il devint le premier musée national de site.

Après quelques difficultés techniques dues aux travaux de terrassement contrariés par des éboulements et la présence d'une source active qui entraînait l'effondrement répété des coupes du terrain, la construction de l'immeuble fut retardée et le musée put être inauguré le vendredi 17 septembre 1976 à l'occasion du neuvième congrès de l'Union internationale des sciences préhistoriques et protohistoriques (UISPP), qui réunit à Nice, du 13 au 18 septembre 1976, 3 300 participants venant de 71 pays.

Quelques jours avant son inauguration, dans la nuit du lundi 13 septembre, Alice Saunier-Seïté, secrétaire d'État aux Universités, a visité ce musée qui venait d'être achevé, en présence de Jacques Médecin, secrétaire d'État au Tourisme, député-maire de Nice, de Bernard P. Gregory, délégué général de la recherche scientifique et technique, de Robert Chabal, directeur général du CNRS et de Pierre Creyssel, directeur administratif et financier du CNRS.

À l'occasion de l'inauguration de ce nouveau musée de préhistoire, une sculpture monumentale réalisée par l'artiste, sculpteur et peintre Raymond Moretti et évoquant l'histoire de l'univers et de la vie, ainsi que les grandes étapes de l'évolution culturelle de l'homme, a été installée devant la façade, en bordure de l'impasse Terra Amata.

Terra Amata est un site majeur pour la connaissance du paléolithique inférieur en Europe. Il a livré des dépôts quaternaires correspondant à une mer transgressive du pléistocène moyen, datés d'environ 400 000 ans (stade isotopique 11.3), surmontés de sables dunaires correspondant à une grande régression de la mer datés d'environ 380 000 ans (stade isotopique 11.24). Il était occupé par des chasseurs d'éléphants et de cerfs et occasionnellement d'aurochs, de rhinocéros, de tahrs et de sangliers.

Dans une crique abritée des vents dominants, sur les pentes du mont Boron, au débouché du delta du Paillon envahi à l'époque par des marécages, ils installaient leur campement à intervalles plus ou moins réguliers en bordure de la mer à côté d'un gros bloc de calcaire dolomitique, sorte de repère, et à proximité d'une petite source d'eau douce qui jaillissait au contact des marnes cénomaniennes imperméables et des calcaires sus-jacents perméables.

Ils aménageaient des huttes de forme ovale de 13 à 17 mètres de longueur sur 6 à 8 mètres de largeur immédiatement en arrière du cordon littoral. Un groupe de chasseurs qui avait installé son campement sur la plage de Terra Amata était accompagné d'un enfant d'environ 7 ans qui a perdu une incisive de lait au cours de son séjour. Très tôt, les enfants pouvaient accompagner leurs parents.

Les sols d'occupation étaient jonchés de nombreux ossements de grands mammifères et d'outils taillés : des percuteurs, des galets aménagés, des bifaces, des pics et quelques hachereaux, et une très grande abondance de petits outillages retouchés sur éclat, racloirs simples et convergents, denticulés, encoches. Pour confectionner ces outils, ils utilisaient essentiellement les galets calcaires déposés sur le cordon littoral et ils pouvaient aller jusqu'au col de Nice, à 15 kilomètres au nord, pour chercher du calcaire silicifié et du silex, à Mons dans le Var à 40 kilomètres à l'ouest pour chercher du silex jaune moutarde, à La Roque-Esclapon dans le Haut-Var à 55 kilomètres à l'ouest pour chercher du silex, dans l'Esterel à 30 kilomètres au sud-ouest pour chercher de la rhyolite et même dans la vallée de Taggia à 45 kilomètres à l'est pour récupérer des quartzites.

C'est à Terra Amata qu'ont été mis au jour les plus anciens foyers de l'histoire de l'humanité, comme ceux de Menez Dregan en Bretagne, de Beeches Pit en Angleterre, de Vertesszöllös en Hongrie et de Choukoutien en Chine.

C'est à la limite nord tempérée chaude de la planète que l'homme a domestiqué le feu, il y a environ 400 000 ans, invention qui représente un formidable moteur d'hominisation, première étape dans la maîtrise de l'énergie. Autour du feu qui éclaire et qui réchauffe s'est développé la vie sociale et sans doute sont nés des récits mythiques. Apparaissent alors les traditions culturelles régionales, certains groupes humains acquérant des techniques spécialisées et fabriquant des outils selon un certain design et une certaine mode.

La présence de minuscules débris de coquilles de moules et de grilles d'holothuries dans les terres du foyer démontre que le feu était entretenu avec des herbes marines provenant d'une vasière côtière.

La découverte de soixante-treize nodules d'ocre jaune (goethite) et d'ocre rouge (hématite) sur les sols d'occupation apporte des données sur le comportement et le degré de cognition de ces groupes humains de Terra Amata. Ces nodules de petite taille ont des surfaces lustrées qui traduisent leur frottement sur un support doux comme la peau. D'autre part, l'analyse des nodules d'hématite (rouge) par spectrométrie infrarouge et par diffraction aux rayons X indique qu'il ne s'agit pas d'hématite naturelle, mais d'une goethite qui par chauffage s'est transformée en hématite en perdant des molécules d'eau. Les individus de Terra Amata devaient utiliser cet ocre pour se peindre le corps pour affirmer leur personnalité. C'était entre 400 000 et 380 000 ans, à Terra Amata, sur une plage de Nice.

La Baume Bonne : 10 années d'aventures dans les gorges du Verdon

En décembre 1956, à l'occasion d'une rencontre avec l'abbé Henri Breuil, dans son bureau de l'avenue de La Motte-Piquet, encombré de livres et de dossiers, il nous informa que son cousin Bernard Bottet, ethnologue et amateur de préhistoire, avait entrepris des fouilles avec son fils Bertrand Bottet dans une grotte des gorges du Verdon à Quinson, dans les Basses-Alpes (Alpes-de-Haute-Provence). Il nous conseilla d'aller le voir et de reprendre les fouilles avec lui pour assurer l'étude stratigraphique du site et effectuer l'étude de l'outillage lithique.

Henry se rendit donc en avril 1957 à Quinson où il fut accueilli par la famille Bottet. Il visita la grotte de la Baume Bonne[1], située sur une corniche escarpée au-dessus du lit du Verdon, sur la rive droite des moyennes gorges.

Il s'agit d'une vaste caverne, renfermant de nombreux dépôts quaternaires, riche en industrie lithique : deux énormes blocs sont tombés en surface sous le porche d'entrée. Il est alors décidé d'y ouvrir un grand chantier de fouilles avec d'importantes équipes de chercheurs, de stagiaires et aussi d'amis. Les fouilles dureront dix années, jusqu'en 1967.

Nous entreprîmes immédiatement de dresser un plan précis de la caverne à l'aide d'un théodolite. Pour mesurer la hauteur du plafond et en particulier d'une cloche de près de 20 mètres de hauteur, l'une des collaboratrices d'Henry, Marie-Antoinette de Reyher, acheta sur le vieux port de Marseille, auprès d'un marchand ambulant, des ballons gonflés à l'hélium destinés aux jeux d'enfants, qu'elle transporta en autobus jusqu'à Quinson. Le soir même, un relevé précis du plafond était réalisé. Quelques années plus tard, Marie-Antoinette de Reyher est devenue Mme de Lumley. Depuis, un relevé très précis du plan de cette caverne a été réalisé avec le concours des élèves ingénieurs de l'École nationale des sciences géographiques (ENSG) de l'Institut

1. *Baume* signifie « grotte » en provençal.

géographique national (IGN). Soixante ans plus tard, les deux plans se sont révélés superposables.

Dans un second temps, il fut nécessaire d'enlever les deux blocs de l'entrée. Deux de nos amis, Raymond Palun et Jules Tardieu, qui participaient régulièrement à nos fouilles, entreprirent leur enlèvement ; à l'aide d'une barre à mine et d'une lourde masse, ils mirent plusieurs jours à perforer des trous dans la masse rocheuse. Marie-Antoinette fut chargée d'acheter des bâtons de cheddite et des détonateurs pour la faire exploser qu'elle transporta dans son sac tyrolien.

Après avoir bourré les deux trous, recouvert la surface du sol, sous le porche de la grotte, de cagettes et de branchages, Raymond, avec une simple pile Wonder, déclencha le détonateur. Une explosion, accompagnée d'un énorme nuage de poussière, et la masse totale des blocs fut projetée en dehors de la grotte sur les rives du Verdon. Les trous de mine avaient été bien placés et bien orientés. Avant de déclencher l'explosion, nous avions pris la précaution d'évacuer la grotte et d'arrêter la navigation des canoës sur la rivière.

Les fouilles entreprises se révélèrent très difficiles, en raison de la présence de nombreux terriers plus ou moins anciens de blaireaux et de marmottes. D'autre part, l'évolution géochimique du remplissage et la décarbonatation des dépôts de la plus grande partie du remplissage qui a fait disparaître les ossements ont rendu difficile la lecture de la stratigraphie.

La Baume Bonne porte bien son nom : c'est en effet une bonne grotte exposée au soleil levant sur une corniche au-dessus du Verdon à proximité de la plaine de Quinson. Dans les dépôts quaternaires qui se sont accumulés à l'intérieur de cette caverne, de nombreux niveaux archéologiques ont été mis au jour depuis 500 000 ans jusqu'aux époques historiques.

Les niveaux inférieurs dont l'âge est compris entre 500 000 et 400 000 ans ont livré des industries acheuléennes riches en bifaces, associés à un petit outillage sur éclat épais à retouches écailleuses scalariformes. Dans les zones où la faune est conservée, les ossements de cheval sont relativement abondants.

C'est dans des dépôts datés d'environ 400 000 ans qu'apparaissent les premières traces de feu.

Au-dessus, plusieurs niveaux ont livré des industries acheuléennes supérieures, riches en bifaces, le plus souvent lancéolés, associés à quelques galets aménagés et à de petits outils retouchés standardisés et stéréotypés, le plus souvent à retouches écailleuses scalariformes : racloirs, protolimaces, denticulés, encoches clactoniennes, becs aménagés par deux encoches clactoniennes, pointes de Tayac et pointes de Quinson.

Dans ces dépôts du paléolithique inférieur, plusieurs niveaux contenaient des empierrements de galets transportés par des groupes humains depuis le Verdon en contrebas jusque dans la grotte pour se protéger de l'humidité du sol.

Ces niveaux du paléolithique ancien étaient surmontés par des couches moustériennes, des couches du paléolithique supérieur et notamment une industrie lithique arénienne caractéristique (gravettien supérieur) et, au sommet des niveaux du néolithique, de l'âge du Bronze et de l'âge du Fer.

Nous avons même découvert, cachées dans une anfractuosité de la roche, des étoffes destinées au culte de la fin du XVIIIe siècle vraisemblablement utilisées pendant la Révolution française par des prêtres réfractaires qui venaient officier dans la grotte.

Afin de loger correctement les fouilleurs pendant les grandes campagnes de fouilles organisées chaque année dans la grotte de la Baume Bonne, nous avons aménagé une ancienne bergerie sur le plateau : le Meyas. Dans la plus grande pièce, nous avons édifié une immense cheminée devant laquelle, avec toute l'équipe, nous avons passé de nombreuses et conviviales soirées, au cours desquelles venaient souvent nous rejoindre quelques amis de Quinson.

Parallèlement aux fouilles entreprises dans la Baume Bonne, entre 1962 et 1966, Électricité de France ayant décidé de construire trois barrages hydrauliques sur le Verdon – le barrage de Gréoux, la surélévation de l'ancien barrage de Quinson, le barrage de Sainte-Croix –, nous avons entrepris une prospection systématique des moyennes et des basses gorges du Verdon pour y repérer les sites préhistoriques qui allaient être ennoyés. C'est en Zodiac, équipé d'un moteur Evinrude, et en canoë que ces prospections ont été montées.

Des expéditions de plusieurs jours ont été ainsi organisées régulièrement pour effectuer un inventaire de toutes les grottes et abris-sous-roche et procéder à des sondages pour repérer les habitats préhistoriques. Plus de 60 sites ont été reconnus dans les gorges, dont certains ont donné lieu à d'importants chantiers de fouilles, comme l'abri du Capitaine dans les gorges de Beaudinard par Charley Lagrand, la grotte de l'Église dans les mêmes gorges par Jean Courtin et la grotte murée par Henry de Lumley et Jean Courtin.

Tous les équipements nécessaires pour les sondages et les fouilles, pioches, pelles, crochets, pinceaux, seaux, tamis, mais aussi groupe électrogène, pompe étaient toujours transportés sur le Verdon, sur un radeau, en Zodiac et parfois en canoë.

En revanche, le matériel archéologique recueilli était transporté à dos d'homme à travers les drailles[1] du Verdon. Bien à propos, car une fois, le radeau transportant le matériel n'a pu être arrêté à temps en approchant de l'ancien barrage de Quinson et se retrouva en bas de la chute sous les yeux affolés de l'équipe qui devait l'accueillir. Heureusement, Gérard Sauzade qui conduisait le radeau eut le temps de plonger dans le Verdon et de rejoindre la rive à la nage.

Charley Lagrand déplora la perte de la montre en or offerte par son père qu'il avait rangée dans son sac sur le radeau, mais il se réjouit d'avoir transporté avec lui le matériel archéologique et en particulier les belles poteries peintes de l'âge du Fer découvertes dans l'abri du Capitaine.

Au cours de ces longues semaines de prospection dans les gorges du Verdon, des amis nous rendaient visite le week-end, Raymond et Yvette Palun, Jules Tardieu, Robert et Janine Vêque. Ils étaient les bienvenus, non seulement parce qu'ils nous aidaient à effectuer les sondages, mais parce qu'ils pensaient aussi à notre survie en apportant des provisions et même des plats mijotés pour la semaine : daube, soupe au pistou.

C'est chez notre ami quinsonnais Maurice Petit, qui nous accompagnait très souvent, que nous récupérions des œufs cassés, mais le menu quotidien se limitait le plus souvent à des pâtes à l'ail, à des omelettes de pâtes et à de la crème royale.

1. Chemins escarpés.

Lorsque nos amis nous rejoignaient en trop grand nombre, la cuisinière de service ajoutait une grosse dose de poivre pour restreindre les appétits. Quelques jours avant Noël de l'année 1964, aux aguets dans un fourré, Louis Cau, un bûcheron robuste que nous avions embauché pour nous aider sur nos chantiers, s'attaqua à un sanglier et le tua avec un fauxon. Ce fut la fête.

Très occupé par ces prospections et le chantier de fouilles dans la Baume Bonne, Henry, en 1961, estima qu'il n'avait pas le temps de descendre et de venir à Marseille pour faire la prise de sang prénuptiale exigée pour son mariage prévu le 22 avril 1961. Sa fiancée, Marie-Antoinette, heureusement médecin, est venue avec les tubes nécessaires effectuer la fameuse prise de sang dans la Baume Bonne.

Le musée de Préhistoire des gorges du Verdon, à Quinson

Afin de conserver dans de bonnes conditions et de valoriser le patrimoine archéologique découvert au cours de nos campagnes de prospection et de nos chantiers de fouilles dans plus de 60 sites des gorges du Verdon, avec Jean Courtin et Charley Lagrand, nous avons décidé en 1989 de bâtir un grand musée de préhistoire.

Jacques Espitalier, le maire de Quinson, s'engagea immédiatement à mettre un terrain à la disposition de ce projet. Il fallut ensuite convaincre le conseil général, puis le conseil régional et enfin le ministère de la Culture et de la Communication d'apporter les subventions nécessaires. C'est au cours d'une journée mémorable à Quinson, le 13 septembre 1995, autour d'une grande table de réunion dans le restaurant *Notre-Dame*, transformé en salle de conférence, qu'Hubert Blanc, le préfet de la région Provence-Alpes-Côte d'Azur, put entraîner l'adhésion de chaque partenaire.

Le conseil général des Alpes-de-Haute-Provence, maître d'ouvrage du projet, fit appel à un architecte réputé internationalement, Sir Norman Foster, devenu depuis Lord Foster. Le musée de Préhistoire des gorges du Verdon, construit à Quinson, fut inauguré le 1er juin 2001 par la ministre de la Culture et de la

Communication Michèle Tasca et par le président du conseil général Jean-Louis Bianco.

C'est par une lettre de la direction des musées de France, en date du 18 janvier 1996, qu'avait été communiquée la décision officielle de créer le musée de Préhistoire des gorges du Verdon et son plan de financement a été adopté par l'assemblée départementale du conseil général de Haute-Provence le 26 juillet 1996.

Le musée présente les grandes étapes de l'aventure culturelle de l'homme dans les gorges du Verdon depuis près de 1 million d'années. Ce fut possible grâce aux nombreuses années de recherches effectuées par d'importantes équipes de chercheurs qui ont consacré leurs travaux à l'étude des sites préhistoriques des gorges du Verdon. La diffusion de la culture scientifique est évidemment sous-tendue par les activités de recherche préalables. Ce grand musée de préhistoire, géré par le conseil général des Alpes-de-Haute-Provence, réunit et conserve dans de bonnes conditions le matériel archéologique provenant des nombreux sites des gorges du Verdon qui était initialement dispersé géographiquement dans divers locaux. Il constitue actuellement un grand équipement scientifique à la disposition des chercheurs du monde entier. En visitant les galeries publiques du musée, la population de Haute-Provence peut s'approprier son patrimoine le plus ancien. Enfin, en attirant des milliers de visiteurs, le musée départemental de Préhistoire des gorges du Verdon est devenu un moteur de développement économique.

Les cultures acheuléennes de la vallée du Largue, dans les Alpes-de-Haute-Provence

Au début des années 1960, dans le cadre d'une étude des industries acheuléennes de Provence, nous nous sommes rendus chez le comte André Vayson de Pradennes au château de Murs, au pied du Ventoux dans le Vaucluse. Nous souhaitions examiner les collections récoltées par son père dans la vallée du Largue et qui étaient entreposées dans les combles de son château. À notre arrivée avec deux collaborateurs, Robert Brandi et Henri Puech, notre hôte nous proposa de déjeuner et, chaussé de hautes bottes, d'un costume de chasse et armé d'une carabine, il se dirigea vers son pigeonnier et revint avec quelques pigeons. Ce fut un déjeuner mémorable dans une grande salle du château.

Nous restâmes quelques jours pour examiner ces collections, non seulement celles des cultures acheuléennes de Provence, mais aussi celles provenant de la vallée de la Somme, qui avaient été recueillies par Victor Commont et celles achetées par Vayson de Pradennes. Ce matériel est conservé à l'Institut de paléontologie humaine, au musée de l'Homme, au Musée national d'archéologie de Saint-Germain-en-Laye et en partie au château de Murs, dans le Vaucluse. Là, nous avons pu observer une riche collection de bifaces, sur lesquels avait été dessinée la coupe du site où la pièce avait été recueillie avec une croix pour indiquer sa position.

Ultérieurement, nous avons poursuivi des prospections dans la vallée du Largue, où les sites acheuléens étaient nombreux. Occupés par les grands chantiers de fouilles en été, les prospections se déroulaient en hiver, alors qu'il faisait très froid et nous n'avons pas oublié la nuit passée en compagnie de Jules Tardieu dans une borie[1] que nous avions tenté de chauffer préalablement par un grand feu de bois.

La Sima de los Huesos, un aven funéraire dans la Sierra d'Atapuerca, il y a 350 000 ans

Le professeur Emiliano Aguirre, directeur du Muséum national d'histoire naturelle de Madrid, nous apporta un jour, en 1977, au laboratoire d'anthropologie de l'université Aix-Marseille, une mandibule humaine qu'une jeune spéléologue, Ana Isabel Ortega, avait découverte associée à des ossements d'ours dans un aven de la Sima de los Huesos, au fond d'une galerie profonde de la Cueva Mayor de la Sierra d'Atapuerca. Marie-Antoinette entreprit en collaboration avec Emiliano Aguire une comparaison avec celles de Tautavel. Certains traits communs permettaient de les rapprocher.

1. Sorte de petite cabane en pierres sèches.

C'est alors qu'Emiliano Aguirre confia au jeune étudiant catalan Eudald Carbonell, qui préparait une thèse de doctorat dans notre laboratoire à l'Institut de paléontologie humaine, la fouille non seulement de la Sima de los Huesos, mais encore de l'ensemble des cavernes de la Sierra d'Atapuerca.

Par la suite, nous visitâmes plusieurs fois les grands chantiers de fouilles d'Eudald et de deux autres chercheurs espagnols, Jean Luis Arsuaga et José María Bermúdez de Castro, qui forment un triumvirat directorial. Au cours d'une de nos visites à la Sierra d'Atapuerca, en 1984, nous fûmes invités à descendre une nouvelle fois dans l'aven profond de 15 mètres, distant de 400 mètres de l'entrée actuelle de la caverne. La descente n'était pas facile, les parois de l'aven étant en surplomb, et l'accès se faisait avec une échelle de spéléologue. Quelle ne fut pas notre satisfaction en atteignant le fond de l'aven d'être chargés d'extraire du sol argileux un fémur humain juste dégagé de l'amas d'os humains accumulés ! L'événement fut célébré au cognac espagnol, précieusement conservé au frais au fond de l'aven pour fêter chaque nouvelle découverte importante.

L'*Homo erectus* européen de Swanscombe

En 1977, au cours du dixième congrès géologique international du quaternaire (INQUA) à Birmingham, en Angleterre, nous avons participé à une excursion sur le site de Swanscombe, pendant laquelle le professeur Wymer nous présenta ses découvertes. En 1955, il avait mis au jour un pariétal humain qui se raccordait à la portion pariéto-occipitale découverte précédemment en 1935 et 1936 par Alvan T. Marston. Ce fossile provenait d'une moyenne terrasse de graviers de la Tamise, associé à l'éléphant antique, au rhinocéros de Merck, à un cheval de forte taille, au *Dama dama*, au *Megaceros giganteus*, au cerf élaphe, au *Bos primigenius*. Il était lié à une riche industrie acheuléenne à bifaces.

Les os humains se raccordant entre eux, on put ainsi reconstituer la moitié postérieure du crâne d'un jeune individu d'une vingtaine d'années, dont les sutures étaient encore ouvertes. D'autre part, les proportions métriques et la faiblesse des impressions musculaires penchaient en faveur d'une appartenance au sexe féminin. Le bombement des pariétaux et de l'occipital traduisait un stade de développement du crâne bien marqué dans la portion postérieure, la seule qui puisse être étudiée. Un moulage endocrânien montre un système développé des circonvolutions du cerveau.

Nous ne pouvons oublier cette expédition en Angleterre avec nos quatre enfants, dont l'un eut la coqueluche au cours du voyage, ce qui compliqua notre séjour en nous obligeant à passer à l'hôpital. Nous en avons cependant profité pour faire un retour au château des ancêtres d'Henry à Lumley Castle, dans le nord de l'Angleterre, qui, après avoir accueilli un laboratoire de géologie, est actuellement transformé en hôtel.

Après ce séjour en Angleterre et une retraversée du Channel, nous avons apprécié d'abandonner les *fishes and chips* pour retrouver la cuisine française... contrairement à l'appréciation de nos enfants.

L'homme de Vertesszöllös

Au cours d'un voyage en Hongrie en 1966, invités par le professeur Lazlo Vertes, nous nous sommes rendus sur le site de Vertesszöllös à une soixantaine de kilomètres à l'ouest de Budapest. Il avait mis au jour dans des formations de travertins un site exceptionnel du paléolithique ancien associé à des foyers.

Au cours de cette visite, Lazlo Vertes nous montra l'un des foyers qu'il avait dégagé, daté de 400 000 ans, l'un des plus anciens de l'histoire de l'humanité avec ceux de Terra Amata, de Menez Dregan et de Beeches Pit. Il est creusé dans une petite fosse d'environ 30 centimètres de diamètre remplie de matières organiques et de fragments d'os brûlés. En l'absence de végétation arborée, c'était avec de la graisse animale que les foyers étaient entretenus.

Dans son laboratoire, nous avons pu examiner l'occipital humain qu'il avait découvert quelques années auparavant. Il se caractérise par des reliefs marqués et une faible convexité qui évoque un crâne à la capacité peu importante, évaluée à 1 100-1 200 cm^3. Ultérieurement, lorsque nous avons découvert la face, le frontal et le pariétal de l'homme de Tautavel, Arago 21 et 47, nous avons réalisé avec l'occipital de Vertesszöllös une reconstitution d'un crâne d'*Homo erectus* européen.

L'industrie de Vertesszöllös, d'un âge comparable à celle de certains niveaux de la caune de l'Arago et de Terra Amata, ne contient pas de biface. C'est une caractéristique des industries du pléistocène moyen d'Allemagne et d'Europe centrale. Alors que ces industries contiennent toutes de nombreux racloirs à retouches surélevées, des racloirs denticulés, des encoches clactoniennes, des becs, des pointes de Tayac et des pointes de Quinson, que leurs artisans chassaient de grands herbivores et souvent l'éléphant, pour quelle raison ceux de l'Europe centrale et de l'Allemagne n'ont-ils pas utilisé le biface ?

L'*Homo erectus* européen de Bilzingsleben

Au cours de l'année 1972, Dietrich Mania et son épouse mirent au jour dans les travertins du site de Bilzingsleben, près de Halle en Allemagne, les éléments d'un crâne humain associés à une faune de grands mammifères quaternaires très abondante et une riche industrie de paléolithique ancien. Ces dépôts ont été datés par la méthode du déséquilibre de l'uranium entre 350 000 et 220 000 ans.

À l'occasion d'une visite sur le chantier de fouilles préhistoriques de la caune de l'Arago à Tautavel, Dietrich Maria nous invita à venir visiter son site afin d'entreprendre une comparaison des restes humains qu'il avait découverts avec ceux de l'Arago. Nous nous rendîmes quelques jours sur ce site de plein air de Bilzingsleben.

Les couches archéologiques étaient interstratifiées dans des formations de travertin. La faune a livré des restes de rhinocéros, de cerf, d'éléphant, d'ours. Des macrorestes végétaux conservés dans les travertins renseignent sur le paysage végétal : paysage boisé de chênaie mixte avec de nombreuses espèces méditerranéennes témoignant d'un climat plus doux que le climat actuel.

Les traces très riches d'industrie découvertes là comprennent des éclats de débitage, choppers, chopping tools, couteaux à dos naturel, racloirs, pointes, enclumes et percuteurs.

Les éléments humains sont représentés par trois fragments d'os frontal, deux fragments d'occipital et une dent isolée M3d supérieure. Le front est aplati, avec un épais bourrelet au-dessus des orbites et en arrière l'occipital est lui aussi très robuste avec des reliefs destinés aux insertions des muscles très marqués (*torus occipitalis*). Il est difficile d'avoir une idée de la capacité crânienne de cet individu, elle paraît plus faible (environ 1 000 cm^3) que celle des hommes actuels.

Par certains caractères morphologiques et culturels, il est possible de comparer les hommes de Bilzingsleben (350 000 ans) avec ceux qui vivaient à Tautavel à une époque légèrement plus ancienne (450 000 ans). Ils appartiennent au groupe des *Homo erectus* européens encore appelés anténéandertaliens ou *Homo heidelbergensis*.

La dame de Steinheim

En 1972 et 1973, nous nous sommes rendus à Stuttgart pour étudier le crâne de la dame de Steinheim, conservé au laboratoire d'anthropologie du professeur Gieseler. Ce crâne est l'un des mieux conservés du pléistocène moyen européen et a été découvert en 1933 dans les alluvions de la Mur. C'est l'un des rares à avoir conservé sa face, comme l'homme de Tautavel. En effet, seuls huit crânes fossiles du pléistocène moyen (entre 800 000 et 120 000 ans) sont dans ce cas dans toute l'Eurasie. Le crâne de Steinheim reste toutefois une énigme, car il est le seul exemplaire dont la morphologie faciale présente une dépression canine comme celle qu'on connaît chez les hommes modernes.

La femme de Steinheim paraît plus évoluée que l'homme de Tautavel par le faible aplatissement de la voûte crânienne, la forme arrondie de la région occipitale pourvue d'un faible bourrelet transversal, le grand développement de l'écaille temporale. Enfin la projection de la face en avant est moins forte que sur Arago 21. Par sa capacité crânienne encore faible, environ 1 100 cm^3, le fossile de Steinheim peut être classé dans le groupe des anténéandertaliens.

Ce crâne est resté longtemps caché sous le lit de son inventeur, qui voulait s'en réserver l'étude exclusive.

La mandibule anténéandertalienne de Montmaurin

Lors d'une visite sur le chantier de fouilles de Louis Méroc à Montmaurin, en Haute-Garonne, Raoul Camas nous présenta la fissure remplie d'argile rouge baptisée la Niche, où, en allant satisfaire un besoin physiologique pressant, il aperçut un os qui affleurait. Il le tira et une mandibule complète apparut.

Cette mandibule fut achetée par la comtesse de Saint-Périer, qui l'offrit au musée de l'Homme. Elle est aujourd'hui conservée dans les collections de celui-ci, dont Henri Vallois fut en son temps le directeur.

En 1964, souhaitant comparer la mandibule néandertalienne que nous venions de découvrir à l'Hortus avec la mandibule anténéandertalienne de Montmaurin, nous nous rendîmes au laboratoire du professeur Vallois. Cette mandibule nous fut présentée pendant une heure environ sans autorisation de la mesurer, ni de la dessiner, ni de la photographier. Elle était en cours d'étude et Henri Vallois voulait se réserver l'exclusivité de la publication. Quelques mois plus tard, en mars 1965, nous eûmes la surprise de recevoir à Marseille un petit colis de la part du professeur Vallois qui contenait un excellent moulage de la mandibule de Montmaurin en cadeau pour la naissance de notre fils aîné Lionel. Nous fûmes très touchés par cette attention. Le moulage de Montmaurin fait actuellement partie de la collection de paléontologie humaine conservée au fort de la Drète, dans les Alpes-Maritimes, près de Nice.

Cette mandibule, attribuée à la fin du pléistocène moyen, présente de nombreuses ressemblances avec les mandibules de Mauer et de l'Arago ; il ne semble pas douteux d'après sa morphologie qu'elle se place dans le groupe des anténéandertaliens. Ses dimensions, moins importantes que celles des mandibules de Mauer et Arago 13, seraient en faveur de son appartenance au sexe féminin, comme Arago 2.

Elle présente une grande largeur comparable à la mandibule de Mauer. L'angle symphysien élevé traduit une importante fuite du menton, comme sur les mandibules Arago 2 et 13. Sur la face interne, la présence d'un planum alvéolaire paraît être un caractère propre aux mandibules anténéandertaliennes. Les empreintes d'insertion des muscles digastriques, situées entièrement sur le bord inférieur, sont très vastes et s'étendent jusqu'au niveau des premières molaires. Enfin, la disposition de la ligne oblique interne est assez particulière ; elle est très différente de celle des hommes modernes et de celle des néandertaliens. La branche montante est large et l'échancrure sigmoïde peu profonde.

Les molaires, peu usées, devaient appartenir à un jeune adulte.

La mandibule de Bañolas : l'homme ancien des travertins catalans

Pedro Alsius récupéra en 1887 une mandibule humaine dégagée par un carrier dans les travertins autour du lac de Bañolas, près de Gérone, en Catalogne. Alors qu'il taillait un bloc destiné à une marche d'escalier, il vit apparaître des dents. Intrigué, il apporta le fragment à un amateur de fossiles de la région, le docteur Pedro Alsius, pharmacien à Bañolas. Cette mandibule est toujours conservée dans l'armoire forte où sont entreposés les toxiques de la boutique.

Dans le cadre d'une étude des plus vieux fossiles humains de l'Europe méditerranéenne, nous nous rendîmes à Bañolas en novembre et décembre 1966, et c'est dans la salle à manger du pharmacien que nous entreprîmes avec Henri Puech, l'un de nos collaborateurs dessinateur, une étude détaillée de ce fossile. Dans nos bagages, nous avions prévu un appareil de radiographie portatif, nos instruments anthropométriques, une binoculaire, des appareils photo, des moulages de comparaisons, y compris un excellent moulage de Bañolas que nous avait offert le professeur Alcobé, de l'Université de Barcelone. Il avait d'ailleurs effectué lui-même un excellent dégagement du travertin qui remplissait l'espace buccal entre les branches horizontales. Pendant plus d'une semaine, nous avons totalement envahi la table de la salle à manger de la famille Alsius, qui fut contrainte de se replier dans la cuisine. À la fin de la journée, après avoir replacé le fossile original dans l'armoire à toxiques, nous rentrions à l'hôtel où nous poursuivions l'étude.

À la fin de notre mission d'étude, nous chargeâmes tout notre équipement avec l'intention de quitter Bañolas tôt le lendemain matin. Alors que nous étions rentrés à l'hôtel, très tard dans la soirée, le fils Alsius arriva affolé dans notre chambre, il venait de constater que nous avions déposé dans l'armoire à toxiques non point la mandibule originale, mais son moulage. En effet, le moulage du professeur Alcobé était si parfait que nous l'avions confondu avec le fossile original. Nous avons bien sûr immédiatement trouvé l'original dans nos bagages et l'avons remis à la famille Alsius, qui l'a aussitôt placé dans l'armoire forte de la pharmacie. Cette confusion cocasse a donné l'occasion d'une grande fête.

En raison de sa branche montante large et verticale, d'une symphyse mandibulaire verticale et de la présence d'une arcade alvéolaire à convexité antérieure nette, cette mandibule rappelle la morphologie de celles de l'Arago, plus anciennes, et de Montmaurin, attribuées à des *Homo erectus* européens, encore appelés *Homo heidelbergensis*. L'usure exceptionnelle de ses dents, obliques du côté vestibulaire (externe), évoque une activité artisanale comme chez les Esquimaux, qui mâchonnent les peaux avec leurs dents pour les assouplir.

La mandibule d'Azych : un *Homo erectus* au sud du Petit Caucase

Après la découverte des mandibules d'*Homo erectus* européens Arago 2 en 1969 et Arago 13 en 1970, nous avons voulu les comparer avec leurs homologues à travers le monde. Nous nous sommes alors rendus en URSS en 1974 pour examiner celle qui avait été découverte par le professeur Gadjiev dans la caverne d'Azych, située au sud du Petit Caucase, non loin de la rivière Arax. Ce fossile était conservé à Bakou en Azerbaïdjan, qui faisait alors partie de l'Union soviétique.

À Moscou, nous avons demandé l'autorisation de nous rendre à Bakou. Après plusieurs jours de négociations et de formalités, une seule autorisation a été accordée, pour Henry. Celui-ci ne pouvait envisager de partir seul étant donné que la spécialiste de paléoanthropologie, c'était Marie-Antoinette. Au bout d'une semaine, les autorités de Moscou nous ont annoncé que deux autorisations de déplacement nous étaient accordées et qu'un rendez-vous était organisé à l'aéroport de Moscou, où nous pourrions retirer les documents nécessaires pour nous rendre en Azerbaïdjan. Sur place, seul le laissez-passer d'Henry était disponible. Devant notre refus de partir, Andreï Velichko, le chercheur russe qui nous accompagnait, insista auprès des autorités pour obtenir un second laissez-passer pour Marie-Antoinette. Et c'est quelques minutes seulement avant le décollage que l'autorisation arriva.

À Bakou, une importante délégation soviétique nous attendait à l'aéroport, présidée par un académicien et au sein de laquelle se trouvait un Azéri, le professeur Gadjiev. Au cours d'un premier accueil officiel, on nous présenta le programme des trois journées prévues pour notre séjour : la visite au laboratoire de la faculté de médecine de Bakou, chez le professeur Gadjiev, était limitée à dix minutes environ ! Le reste de notre séjour serait consacré à des visites de monuments, à une excursion dans le Koubistan pour voir des gravures rupestres et à de nombreuses réceptions. Aussitôt, nous avons manifesté notre déception, car il fallait réserver un temps suffisant pour examiner la mandibule d'Azych et la comparer avec celle de l'Arago. On nous répliqua qu'il était impossible de modifier en quoi que ce soit le programme officiel, tous les rendez-vous étant fixés par les autorités supérieures.

Toujours accompagnés d'une importante délégation, nous nous sommes rendus au laboratoire pour examiner le fameux fossile, à l'époque le plus ancien à avoir été découvert en Union soviétique. Il paraissait évident que les chercheurs soviétiques non azéris souhaitaient se réserver le privilège de l'étudier.

Une fois écoulées les dix minutes autorisées, on nous indiqua qu'il était temps de partir, nous étions attendus dans un musée archéologique. Marie-Antoinette, qui avait sorti ses instruments de mesure, sa loupe binoculaire, ses documents, tenta d'apprivoiser le chef de la délégation pour obtenir un délai supplémentaire. En vain. Nos collègues nous tiraient par la manche en nous invitant à quitter les lieux. C'est donc avec regret que nous avons été obligés de partir en abandonnant la fameuse mandibule pour laquelle nous avions fait des milliers de kilomètres.

1. Laetoli, Tanzanie.
Marie-Antoinette de Lumley examine les empreintes de pied d'*Australopithecus afarensis*, datées de 3,7 Ma.

2. Laetoli, Tanzanie.
Empreintes de pied d'*Australopithecus afarensis* imprimées dans des cendres volcaniques, datées de 3,7 Ma.
L'empreinte du pied gauche est à droite du pied droit.

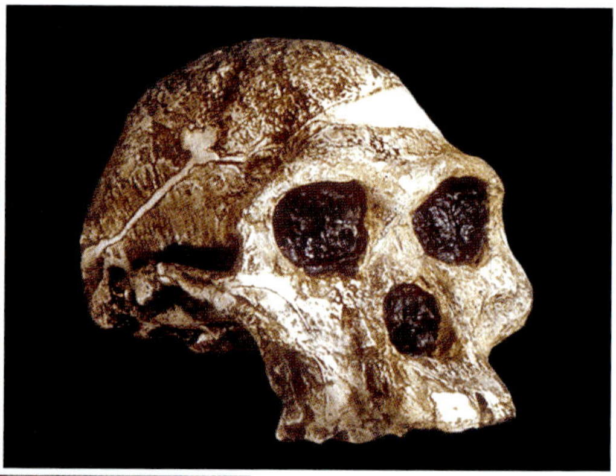

4. Sterkfontein,
Afrique du Sud.
Crâne d'*Australopithecus africanus* féminin
daté d'environ 2,8 Ma.

3. Grotte de Sterkfontein, Afrique du Sud.
C'est dans des brèches datées de plus de 2 millions d'années
qu'a été découvert le crâne d'*Australopithecus africanus*
Sts 5 (Mrs Ples), par Robert Broom et John T. Robinson, en avril 1947.

5. Gona EG10, Éthiopie.
Chopper daté de 2,55 Ma,
l'un des plus vieux outils actuellement connus.

6. Olduvaï, Tanzanie.
Site DK1 dans le Bed I, daté d'environ 1,8 Ma.
Des blocs de basalte délimitent une aire circulaire.
C'est une des plus anciennes structures d'habitat
correspondant à un campement de base.

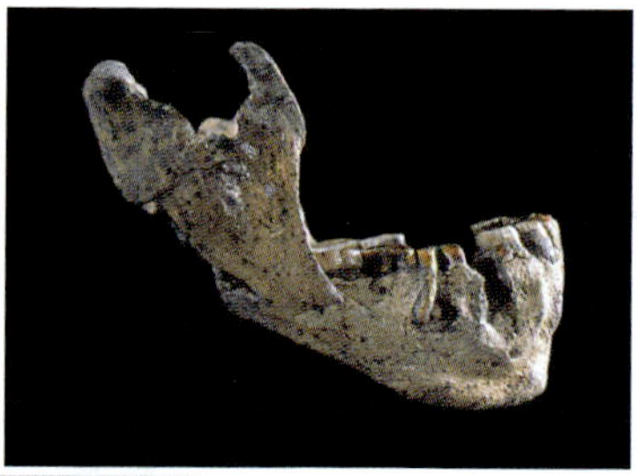

8. Dmanissi, Géorgie.
Mandibule D2600
d'*Homo georgicus*
qui devait appartenir
à un individu
de sexe masculin.

7. Dmanissi, Géorgie.
La mandibule D2600 d'*Homo georgicus* apparaît, par son bord inférieur,
dans des dépôts volcaniques datés de 1,81 Ma, le 26 septembre 2000.

9. Caune de l'Arago, Tautavel, France.
Le chantier de fouilles préhistoriques de la caune de l'Arago en 2009.
Au premier plan à gauche, le dégagement de la surface du niveau Q,
daté d'environ 580 000 ans.

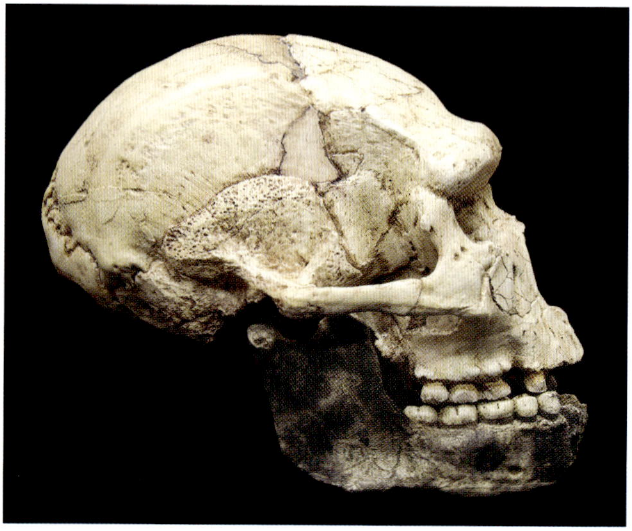

10. Caune de l'Arago, Tautavel, France.
Crâne Arago 21-47 et mandibule Arago 13,
datés d'environ 450 000 ans.

11. Caune de l'Arago, Tautavel, France.
Le pariétal humain Arago 47 apparaît dans le niveau G,
sous un fragment de bois de cerf et à côté d'une portion
de colonne vertébrale de cheval, en juillet 1979.

12. Caune de l'Arago, Tautavel, France.
Biface acheuléen d'une longueur exceptionnelle de 36 cm, façonné dans un bloc de cornéenne, appelé *Durandal*.

13. Caune de l'Arago, Tautavel, France.
À gauche, diaphyse de tibia humain, Arago 96, à droite, extrémité inférieure d'une diaphyse de fémur humain, Arago 53, avec des stries de découpe pour récupérer la chair et des fractures sur os frais pour récupérer la moelle.

14. Yunxian, province de Hubei, Chine.
Au-dessus d'une terrasse fluviatile, des limons d'inondation ont livré deux crânes d'*Homo erectus*, datés d'environ 930 000 ans.
Des prélèvements sont effectués pour analyses magnétostratigraphiques, sédimentologiques, micromorphologiques et palynologiques.
L'équipe franco-chinoise en octobre 2000.

15. Dôme de Sangiran, Java, Indonésie.
Un chercheur indonésien indique l'emplacement dans les formations de Kabuh où a été mis au jour le crâne d'*Homo erectus* Sangiran 17 (Pithécanthrope VIII) daté d'environ 500 000 ans.

16. Dôme de Sangiran, Java, Indonésie.
Le crâne d'*Homo erectus* Sangiran 17, daté d'environ 500 000 ans.

17. Terra Amata, Nice, France.
Foyer protégé par une murette de galets découvert en 1966, dans les sables d'une dune littorale datée de 380 000 ans. Une cuvette de 30 cm de diamètre renferme des cendres, des charbons de bois et de minuscules débris d'organismes marins qui montrent que le feu était entretenu avec des herbes marines ramassées dans une vasière côtière.

18. Grotte du Lazaret, Nice, France.
Accumulation circulaire d'ossements de cerfs et de bouquetins sur un sol d'occupation acheuléen daté d'environ 160 000 ans. Tout autour, des matières organiques issues de la dégradation de lipides animaux sans composés aromatiques indiquent que la viande était consommée crue.

20. Grotte de Qafzeh, Israël. Crâne d'un *Homo sapiens* archaïque daté de 95 000 ans.

19. Grotte de Qafzeh, Israël.
Dans cette caverne a été mise au jour une nécropole qui a livré plusieurs squelettes d'*Homo sapiens* archaïques, datés d'environ 95 000 ans.

21. La Chapelle-aux-Saints, Corrèze, France.
Reconstitution de la sépulture néandertalienne datée de 50 000 ans.
Un homme adulte est inhumé, allongé sur le dos, les jambes repliées sur la poitrine. Auprès de lui ont été déposés une partie de colonne vertébrale de renne et un pied de bison.

22. Grotte de Mapa, Chine du Sud.
Dans cette grotte, une calotte crânienne humaine datée d'environ 100 000 ans a été mise au jour. Devant l'entrée, Marie-Antoinette de Lumley avec des enfants chinois.

23. Institut de paléontologie des vertébrés et de paléoanthropologie de l'Académie des sciences de Chine à Pékin.
Les professeurs Chia Lanpo et Li Yanxian présentent des outils taillés à Marie-Antoinette de Lumley, Jacques Labeyrie et Claude Guérin.

24. Mezhirich, Ukraine.
Fond de hutte épigravettienne en os de mammouths
datée d'environ 13 000 ans, sur la rive droite du Dniepr.

25. Musée de Kiev, Ukraine.
Reconstitution des huttes en os de mammouths épigravettiennes
d'Ukraine et de la grande plaine russe.

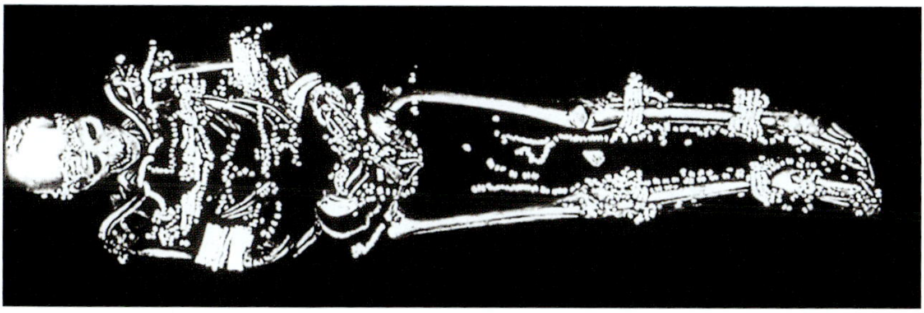

26. Sungir, grande plaine russe.
Sépulture d'un adulte, âgé de 60 ans environ, appartenant à la culture gravettienne Kostienki-Avdievo, datée d'environ 24 000 ans. Il était vêtu d'un costume constitué d'une veste et d'un pantalon sur lesquels avaient été cousues plus de 300 perles en ivoire.

27. Lascaux, France.
Scène du Puits. Un bison éventré, transpercé par une longue sagaie, perd ses entrailles. Face à lui, un personnage culbuté, à tête d'oiseau et ithyphallique. Cette scène, qui a été reconnue dans plusieurs sites du Périgord, évoque un récit mythique.

28. Mont Bego, Tende, France.
Dans la montagne sacrée du Bego, entre 2 000 et 2 800 m d'altitude, sur plus de 1 400 roches gravées ont été inscrits près de 100 000 pétroglyphes dont 40 000 figuratifs. Ce sont des idéogrammes qui transmettent les préoccupations économiques et les mythes cosmogoniques des premiers peuples métallurgistes des Alpes méridionales.

29. Mont Bego, Tende, France.
Le dieu Bego (le sorcier dans la tradition populaire), les bras levés brandissant la foudre symbolisée par deux poignards.

Toutefois, dans l'escalier de sortie, Henry sentit une main s'infiltrer dans la poche droite de sa veste. Il se retourna brusquement et aperçut derrière lui Gadjiev, l'index sur la bouche en signe de silence. Il venait de déposer dans sa poche la mandibule d'Azych enfermée dans une boîte. Ce geste était destiné à nous permettre de l'étudier à l'insu de nos collègues soviétiques. Rentrés à l'hôtel après de nombreuses visites et un repas accompagné de multiples toasts arrosé de vodka, nous avons donc passé toute la nuit à examiner et à rédiger les principaux caractères de la mandibule d'Azych. Et le lendemain matin, nous l'avons rendue discrètement au professeur, qui avait pris un risque réel en nous la confiant. Bel exemple de la grande solidarité qui réunit les chercheurs à travers le monde !

La portion droite de mandibule humaine découverte dans la couche V (acheuléen ancien) de la grotte d'Azych, par ses dimensions et le stade d'usure des dents, peut être attribuée à une femme adulte. Il est possible de comparer ce fragment avec les mandibules anténéandertaliennes et en particulier avec la mandibule féminine Arago 2.

En Géorgie

Au cours d'une visite en Géorgie, accompagnés par le professeur académicien Guerassimov, par Andreï Velichko et par Vasili Lioubin, nous sommes allés visiter sur les pentes méridionales du Grand Caucase les grottes de Koudaro et de Tsona, respectivement situées au nord-ouest et au nord du cours supérieur du fleuve Rioni, à 1 580 mètres et 2 150 mètres d'altitude. Les niveaux archéologiques de ces deux gisements, attribués à l'acheuléen moyen et supérieur, ont livré une industrie composée de choppers, chopping tools, bifaces, racloirs et une faune incluant macaque, rhinocéros étrusque et ours cf. *thibetanus*. Les données palynologiques documentent un environnement climatique chaud et humide. Ces deux sites étaient alors les plus anciens sites acheuléens de Russie et de Géorgie.

Le professeur Lioubin, responsable des fouilles, nous présenta la stratigraphie et l'outillage lithique qu'il avait découvert. Nous avons procédé à des prélèvements de sédiments pour analyser les phosphates et comparer la phosphatogenèse de ces deux sites avec celle de la caune d'Arago, que nos amis russes avaient visitée quelques années auparavant.

Pour accéder aux sites, localisés dans une région très isolée, les autorités soviétiques avaient spécialement aménagé une route goudronnée. Dans la soirée, nous avons été accueillis dans un kolkhoze pour une soirée riche en toasts en faveur de l'amitié franco-soviétique.

Torralba, Ambrona, Aridos : des espaces de charognage des *Homo erectus*

En août 1983, invités par le professeur Clark Howell, nous nous rendîmes au sud-ouest de Saragosse, pour visiter le chantier de fouilles qu'il avait rouvert sur le site de Torralba où des *Homo erectus* européens, porteurs d'une industrie acheuléenne riche en bifaces et hachereaux, venaient charogner dans des marécages. Ils recherchaient des carcasses d'éléphants embourbés pour récupérer la viande. Des os d'éléphants, souvent restés en connexion anatomique, et de grandes défenses jonchaient le sol mis au jour par les fouilleurs.

Au cours de ce séjour, nous avons visité également le gisement d'Ambrona, situé à peu de distance, fouillé anciennement, en 1925, par Obermaier.

Avec le professeur Clark Howell et ses élèves Nicolas Toth, Kathy Schick et Suzane Anton, nous avons pu examiner dans le laboratoire du chantier et au musée de Torralba les riches industries acheuléennes de ces sites.

Le site de Torralba, qui avait été anciennement fouillé entre 1907 et 1911 par le marquis de Cerralbo, a livré dans des anciens marécages les restes d'au moins soixante-quinze éléphants associés à ceux de rhinocéros de Merck, de chevaux, de cerfs et d'aurochs. L'homme préhistorique avait traqué des troupeaux d'éléphants avec des feux de prairies pour les pousser vers les marécages où les lourdes bêtes s'enlisaient et devenaient une proie plus facile.

À proximité, le site d'Ambrona, situé sur la terrasse du Rio Ambrona, a livré également des ossements d'éléphant. Dans ces deux sites, les industries, très abondantes, comprennent des galets aménagés, des bifaces et hachereaux. Ces hachereaux présentent une morphologie très proche de ceux trouvés en Afrique du Nord (Maroc, Algérie) et en Mauritanie ; ils suggèrent que quelques groupes d'*Homo erectus* ont pu traverser le détroit de Gibraltar sur des radeaux de fortune.

À la suite de la visite de ces deux sites, nous sommes allés voir les gisements d'Aridos dans la vallée du Rio Jarame, un affluent sur la rive droite du Tage près de Madrid, où a été découverte la carcasse d'un éléphant antique avec un crâne complet et dont les ossements étaient encore partiellement en connexion anatomique auprès des restes crâniens de deux jeunes bovidés. Ces ossements étaient entourés d'éclats et de petits outils retouchés qui dénotent la présence d'un atelier de boucherie et de charognage, comparable à ceux de Torralba et d'Ambrona et, en Italie, de la Polledrara de Cecanibbio.

Ehringsdorf et Taubach

Nous avons été invités en 1977 et 1981 par le professeur Günter Behm-Blanck, directeur du Museum Ur-und Frühgeschichte, à Weimar. À cette époque, il n'était pas facile de se rendre en Allemagne de l'Est. C'est à Berlin que nous avons franchi la frontière entre les deux Allemagnes, après un contrôle de nos papiers par une police suspicieuse.

Behm-Blanck nous permit d'examiner les industries du paléolithique ancien de Taubach et Ehringsdorf mises au jour dans des dépôts de travertin, associées à des restes de grands mammifères, éléphants antiques, rhinocéros de Merck, chevaux et à une flore tempérée qui permettent d'attribuer ce site à l'avant-dernier interglaciaire, vers 200 000 ans (stade isotopique 7).

Ces outillages peuvent être attribués à une culture du paléolithique ancien, riche en racloirs et en denticulés de débitage faiblement levallois et sans biface, ce qui caractérise les industries du paléolithique ancien d'Allemagne et d'Europe centrale.

Nous nous sommes rendus également au laboratoire de paléontologie du professeur Hans Dietrich Kahlke où étaient conservées les collections de faunes quaternaires. Il nous emmena sur les sites où les coupes stratigraphiques de Taubach et d'Ehringsdorf étaient encore visibles.

Nous nous rendîmes également au musée de Weimar où étaient conservés les restes humains d'Ehringsdorf pour les comparer à nos découvertes faites à l'Hortus et à l'Arago.

Plusieurs restes humains fragmentaires ont été recueillis dans le travertin d'Ehringsdorf en 1914, 1916 et 1925. Certains éléments ont permis de reconstituer un crâne complet et des mandibules d'adultes et d'enfants. Le crâne présente un bourrelet sus-orbitaire massif surmonté d'une profonde dépression. La courbure générale de la voûte du crâne est plus élevée que celle des hommes de Tautavel, Steinheim, Saccopastore. Ce caractère peut être considéré comme un critère de développement cérébral déjà marqué. La capacité crânienne atteint approximativement 1 400 cm^3.

Sur la mandibule d'adulte, il est intéressant de noter une infection dentaire suffisamment importante pour entraîner une vaste destruction osseuse dans la région antérieure. Les lésions au niveau des dents sont exceptionnelles chez les hommes fossiles de cette période. Ce cas pathologique est unique chez les anténéandertaliens d'Europe. Seul l'homme de Tautavel présente une anomalie dentaire d'un type un peu différent : il s'agit de la perte d'une prémolaire supérieure avec comblement de l'alvéole mais sans aucune trace d'infection.

La grotte du Lazaret, à Nice : une caverne de chasseurs de cerfs et de bouquetins

Au cours des années 1950, alors qu'Henry était encore étudiant à la faculté des sciences de Marseille, il était allé à Nice rencontrer le commandant François Octobon, qui effectuait des fouilles dans la grotte Lympia, diverticule (Locus VIII) de la grande grotte du Lazaret, près du port de commerce de Nice. Il y avait découvert quelques bifaces acheuléens, des galets aménagés et de nombreux petits outils retouchés associés à une faune très riche essentiellement composée d'ossements de cerf.

Dans ses publications, Émile Rivière avait signalé un puits creusé à l'entrée de la grotte du Lazaret pour évacuer les eaux usées. À l'occasion de l'une de nos premières visites dans la grotte, nous avons retrouvé ce puits sous une dalle de béton. Henry a aussitôt décidé de l'explorer et est descendu au fond de ce puits au moyen d'une échelle de spéléologue sous l'œil inquiet du commandant Octobon, qui surveillait sa descente avec une lampe de poche. À environ 7 mètres de profondeur, il aperçut une plage marine quaternaire, riche en mollusques fossiles, qui reposait directement sur le sol rocheux de la caverne. Les dépôts acheuléens de la grotte du Lazaret reposaient sur cette plage et son remplissage pouvait alors être replacé dans le cadre chronologique du quaternaire.

À la demande du commandant Octobon et encouragés par le directeur des Antiquités Sylvain Gagnière, nous avons entrepris, quelques mois après notre mariage, le 1er septembre 1961, le grand chantier de fouilles préhistoriques de la grotte du Lazaret. Nous avons célébré, au cours du mois de septembre 2011, le cinquantième anniversaire de l'ouverture de ce chantier. Cinquante ans déjà !

Avant de commencer les fouilles, notre première démarche fut d'aménager le site : installation d'un éclairage dans la grotte, bacs de tamisage à l'eau, bac de décantation pour récupérer les argiles afin de ne pas boucher les égouts de la ville de Nice et de ne pas déverser des boues rouges dans la Méditerranée et surtout aménagement d'un local de base, devenu plus tard le laboratoire départemental de préhistoire du Lazaret. Les locaux furent construits à l'emplacement de l'ancien poulailler situé sur un terrain du conseil général, à proximité immédiate de la grotte du Lazaret et avec le concours financier du ministère des Affaires culturelles. L'aménagement intérieur et en particulier l'installation de nombreux tiroirs furent pris en charge par la municipalité de Nice. Pour loger les fouilleurs qui, dès l'origine, sont venus nombreux, nous avons pu faire aménager avec le concours du conseil général de la ville de Nice des plateformes dans le parc de la villa La Côte, autour de la grotte, pour installer leurs tentes. Ainsi, depuis 1961, des milliers d'étudiants et de chercheurs ont été hébergés face à la Méditerranée. Actuellement, ce sont souvent des élèves de professeurs d'université eux-mêmes anciens fouilleurs du Lazaret qui perpétuent les recherches dans la grotte et qui s'installent sous la tente, sur les lieux mêmes où dormaient leurs enseignants il y a de nombreuses années.

En 1966, pendant les fouilles d'urgence du site de Terra Amata, le local du Lazaret et la grotte elle-même ont servi de campement et de laboratoire de base pour les chercheurs pendant près de six mois au son du sirtaki, alors à la mode. Par la suite, en décembre 1991, le conseil général des Alpes-Maritimes décida d'officialiser la création du laboratoire départemental de préhistoire du Lazaret.

C'est là, à partir de 1972, que nous avons mis au point la base de données « Matériel paléontologique et préhistorique » sur laquelle est enregistré aujourd'hui l'ensemble du matériel archéologique recueilli sur nos différents chantiers de fouilles avec tous leurs attributs : cela correspond à plus de 350 000 objets recueillis dans la grotte du Lazaret, plus de 600 000 dans la caune de l'Arago à Tautavel, plus de 100 000 à Terra Amata à Nice, etc. En consultant cette base de données, le chercheur comme l'amateur peuvent se promener sur les sols d'occupation des chasseurs préhistoriques où chaque objet est replacé virtuellement en position initiale. Compte tenu de la masse considérable d'objets enregistrés avec leurs attributs (entre 30 et 300 attributs par pièce), cette base de données est de loin la plus importante du monde dans le domaine de l'archéologie.

Comme sur tous nos chantiers de fouilles, nous accueillons chaque année de nombreux étudiants bénévoles et des amateurs pour collaborer aux travaux de terrain et de laboratoire et pour organiser l'intendance, deux étudiants, le plus souvent une fille et un garçon, sont affectés chaque jour à la préparation des repas. Ainsi, en avril 1981, deux Japonais, étudiants en DEA (préhistoire et paléo-environnement quaternaires) mariés depuis quelques jours seulement, venus fouiller au Lazaret, ont été désignés conjointement pour assurer une journée d'intendance. Vers 11 h 30 du matin, l'une des responsables du chantier s'inquiéta auprès des cuisiniers de l'état d'avancement du déjeuner. L'étudiante japonaise s'activait dans la cuisine à la préparation du repas et l'étudiant japonais lisait un livre sur la terrasse du laboratoire. N'ayant pas bien compris les recommandations de la responsable du chantier et croyant qu'ils étaient en retard, il se leva, se dirigea vers la cuisine, gifla la jeune Japonaise et retourna à sa lecture devant les autres fouilleurs, très choqués. Il est actuellement professeur dans une grande université japonaise.

La grotte du Lazaret, située à proximité du port de Nice, à 20 mètres d'altitude au-dessus du niveau actuel de la mer, a été occupée entre 190 000 et 120 000 ans, c'est-à-dire pendant 70 000 années, à intervalles plus ou moins réguliers, par des chasseurs de cerfs et de bouquetins, occasionnellement d'aurochs, de chevaux, de rhinocéros et même d'éléphants. À cette époque, pendant l'avant-dernière période glaciaire, la mer Méditerranée était située 120 mètres plus bas que de nos jours et la grotte du Lazaret s'ouvrait sur une corniche escarpée à 140 mètres au-dessus de la ligne de rivage et à environ 750 mètres du littoral.

Les hommes y ont installé de rares campements de longue durée, occupés pendant quelques années, le plus souvent des campements saisonniers temporaires, parfois de simples haltes de chasse ou des bivouacs. En l'absence de l'homme, c'étaient de grands carnivores comme le loup ou le lynx qui venaient récupérer les déchets abandonnés par les chasseurs préhistoriques ou l'ours des cavernes qui venait hiberner.

En l'état actuel des fouilles, plus de 30 sols d'occupation successifs ont été mis au jour. Ils sont jonchés d'ossements de grands herbivores et d'outils taillés, en particulier des bifaces, abandonnés à proximité des restes culinaires, qui devaient servir à dépecer les animaux, à découper les viandes et à travailler les peaux.

La découverte de dents de lait d'enfant tombées naturellement, de restes humains graciles et d'autres plus robustes indiquent que la grotte était habitée par des hommes, des femmes et des enfants. Dans un niveau daté de 180 000 ans, le pariétal d'un enfant âgé d'environ 9 ans présente des lésions caractéristiques d'un méningiome.

À un niveau daté de 160 000 ans, mis au jour au cours des fouilles effectuées entre 2000 et 2004, a été dégagé un campement de chasseurs acheuléens, l'unité archéostratigraphique UA25, datée de 160 000 ans, qui s'étaient installés dans la grotte au cours d'un automne. Lors de leur bref séjour de moins d'un mois, en novembre, ils ont abattu dans les forêts de la plaine de Nice au moins vingt-quatre cerfs et un chevreuil, sur les corniches escarpées du mont Boron, au moins six bouquetins et un chamois et, dans les steppes arborées à proximité de la grotte, au moins trois aurochs. Ils pratiquaient aussi la prise des lapins à la sortie de leur terrier et celle des pigeons qui nichaient dans les anfractuosités de la caverne. Un foyer avait été allumé au centre de leur habitat et entretenu avec des herbes marines et des graminées qui pouvaient aussi leur servir de litière.

Les abondantes matières organiques recueillies autour du foyer se sont révélées, après analyse, riches en composés aromatiques. Ils traduisent l'existence de graisses brûlées qui évoquent le fumage des viandes. En revanche, à quelques mètres du foyer, un tas circulaire d'ossements fracturés de cerf et de bouquetin, en particulier de maxillaires et de mandibules, correspond au dernier repas des chasseurs avant leur départ de la grotte à la fin du mois de novembre.

L'absence de composés aromatiques dans les matières organiques recueillies autour de ce tas d'os indique que la viande, la moelle et le tissu conjonctif qui enrobe les racines dentaires étaient consommés crus.

Peu après le départ des chasseurs, une inondation de la grotte a recouvert et protégé les reliefs de ce sol.

À un autre niveau légèrement plus récent, daté d'environ 130 000 ans, l'installation d'une cabane a pu être repérée à l'intérieur de la grotte. De forme allongée, appuyée contre la paroi orientale de la caverne, elle était vaste d'environ 9 mètres de long sur 6 mètres de large. Deux foyers y avaient été installés à même le sol, à proximité de la paroi, entourés de litières aménagées avec des feuilles de posidonies, comme l'indique la présence de minuscules fragments de gastéropodes, en particulier de *Bittium reticulatum,* espèces qui vivent dans l'herbier.

Les chasseurs acheuléens du Lazaret étaient les porteurs d'une culture de l'acheuléen supérieur caractérisée par la présence de bifaces lancéolés de belle facture, de nombreux galets aménagés et d'un petit outillage retouché sur éclat, standardisé et stéréotypé, avec des pointes, des limaces, des racloirs, des denticulés, des becs et des encoches. Dans les niveaux supérieurs, les bifaces deviennent plus rares et l'industrie lithique acheuléenne passe progressivement à une industrie moustérienne.

Les restes humains d'*Homo erectus* européen du Lazaret

C'est en 1964 que le commandant François Octobon et Noëlle Chochon ont mis au jour dans la grotte du Lazaret un pariétal humain. Nous étions alors sur notre chantier de fouilles de la grotte de l'Hortus, à Valflaunès, dans l'Hérault, et nous fûmes prévenus aussitôt. Nous nous sommes immédiatement rendus à Nice et Marie-Antoinette a constaté qu'il s'agissait d'un pariétal qui pouvait être attribué à un enfant. Il était encore enrobé dans sa brèche d'argile rouge.

Elle entreprit son dégagement et nous l'apportâmes quelques jours plus tard au professeur Jean Piveteau, après un trajet en voiture jusqu'à Forges, près de Paris, où il passait ses vacances. Au cours de notre déplacement, à chacune de nos haltes, Marie-Antoinette prenait avec elle le précieux fossile pour éviter tout risque de vol. C'est à Forges, sous les catalpas, que nous avons pu examiner tranquillement ce pariétal droit d'un *Homo erectus* européen. Il s'agit d'un enfant décédé à l'âge de 9 ans environ. Le pariétal est de forme allongée, aplatie, ce qui traduit un faible développement vertical et latéral du crâne. Il devait appartenir à un individu dont le stade évolutif évoque celui des anténéandertaliens qui ont précédé les néandertaliens.

En examinant le pariétal, Marie-Antoinette a constaté qu'il présentait des anomalies osseuses qui évoquaient un méningiome, tumeur bénigne des méninges. Pour argumenter et confirmer ce diagnostic, elle a pris contact avec le professeur Duplay, responsable du service de neurochirurgie de l'hôpital Pasteur à Nice, et lui a demandé d'assister à des interventions chirurgicales sur méningiomes crâniens. Ainsi a-t-elle pu examiner directement la face interne du pariétal d'un patient actuel qui avait été extrait lors de l'opération afin de la comparer avec le fossile du Lazaret. Les lésions étaient de même nature et précisaient nos observations précédentes effectuées sur radiographies et tomographies. Le patient actuel opéré a survécu, alors que l'enfant de Lazaret est mort faute de soins.

La découverte ultérieure d'un frontal humain au cours de la mise au jour d'un sol d'occupation acheuléen, daté d'environ 170 000 ans, confirme cette attribution.

Le 13 août 2011, Samir Khatib, qui dirigeait le chantier, nous informa que deux étudiants chercheurs qui participaient aux fouilles venaient de mettre au jour la portion d'un crâne qui ne paraissait pas appartenir à celui d'un cerf ou d'un bouquetin, espèces les plus fréquemment rencontrées dans la grotte du Lazaret. Marie-Antoinette s'y rendit immédiatement pour voir le fossile et s'exclama devant tous les fouilleurs ébahis : « C'est un frontal humain ! » C'était le cinquantième anniversaire de l'ouverture du chantier de fouilles par Henry et Marie-Antoinette, mais aussi l'anniversaire d'Henry. Une grande fête fut alors organisée au laboratoire du Lazaret, situé à proximité de la grotte, pour célébrer ce triple événement.

Étroit, il présente une faible capacité avec un relief marqué au-dessus des orbites : un torus discontinu au niveau de la glabelle typique de la morphologie des *Homo erectus*. Il y a 170 000 ans, la Côte d'Azur était occupée par les derniers *Homo erectus* et pas encore par des néandertaliens.

Au total, vingt-huit restes humains ont été mis au jour sur les sols acheuléens du Lazaret, correspondant à des adultes, des adolescents et des enfants. L'examen des dents déciduales a permis de démontrer la présence de quelques enfants décédés et de plusieurs autres qui ont perdu leur dent de lait au cours de leur séjour dans la grotte. Elles ont été découvertes sur les sols de campements saisonniers temporaires de chasseurs de cerfs et de bouquetins qui ont occupé la grotte en famille pendant quelques semaines ou quelques mois.

CHAPITRE 10

Les cultures du paléolithique ancien en Asie

En Inde

En 1977, nous nous rendîmes en Inde pour visiter les grands sites préhistoriques du sous-continent indien. Notre première expédition fut consacrée à la région de la chaîne des Siwaliks, à proximité de Chandigarh. Nous souhaitions prendre connaissance des quelques gisements qui avaient livré des industries archaïques sur galet attribuées à la culture soanienne.

Le climat était très chaud et sec, et, au cours de nos déplacements sous un soleil brûlant, nous étions assoiffés, déshydratés. Lors d'une halte dans un hameau, une habitante présenta à chacun de nous un verre d'eau. Le professeur G. C. Mohapatra et Henry se précipitèrent pour se désaltérer, Marie-Antoinette, très courageuse mais prudente, posa son verre discrètement de côté. Notre pique-nique fut essentiellement constitué de tiges de canne à sucre à sucer. C'est avec joie que le soir, dans un hôtel de Chandigarh, nous pûmes nous sustenter d'un grand plat de lentilles. Au cours de ce séjour à Chandigarh, nous pûmes examiner dans le laboratoire du professeur Mohapatra les industries sur galets attribuées à la culture soanienne.

L'industrie comprend de très nombreux galets aménagés, en particulier des choppers associés à des éclats massifs très épais, à large plan de frappe, lisse ou en cortex et à bulbe de percussion très saillant. Cet outillage découvert en surface, sur les terrasses quaternaires de la chaîne des Siwaliks au nord de Chandigarh, mal daté, est comparable à celui des industries découvertes au Pakistan occidental sur les terrasses de la rivière Soan, affluent de l'Indus. Souvent attribuées au paléolithique inférieur, certaines d'entre elles peuvent être plus récentes.

Un peu plus tard, le professeur Virendra Nath Misra du Deccan College, à Poona, nous emmena en train jusqu'à Bhopal, puis en voiture entre Ubaidullahganj et Barkhera, au nord de la vallée de la Narmada, sur le site de Bhimbetka, près de Bhopal. Ses collaborateurs installèrent un campement pour nous accueillir et passer la nuit. Pour rendre cette installation plus confortable, quelques-uns de nos accompagnateurs aménagèrent un vaste sol avec de l'argile mêlée à de la bouse de vache pour assainir et lisser l'espace.

Nous passâmes la soirée à consommer des chapatis. Le lendemain matin, une excursion fut organisée sur le site de Bhimbetka, site acheuléen en stratigraphie, en cours de fouilles par le professeur Misra. C'est une petite grotte dans laquelle le professeur Misra a ouvert un chantier de fouilles sur une surface d'environ 50 m^2 et sur une hauteur d'environ 3 mètres dans laquelle il distingue trois niveaux. L'industrie mise au jour est riche en bifaces, lancéolés et ovalaires, associés à des hachereaux en forme de V qui rappellent ceux du site d'Hathnora. L'outillage sur éclat, de débitage faiblement levallois, comprend de nombreux racloirs parfois à retouches écailleuses scalariformes et des denticulés. Les éclats bruts de taille présentent généralement de nombreuses retouches irrégulières d'utilisation.

Récemment, une date de 106 000 ans a été attribuée aux niveaux supérieurs de ce site acheuléen par Robert Bednarik et ses collaborateurs.

Dans la jungle autour de Bhimbetka, le professeur Misra nous présenta avec le professeur Wakankar, qui était venu nous rejoindre, des milliers de peintures rupestres réparties sur des blocs erratiques ou dans des abris-sous-roche. Elles représentent des éléphants, des girafes, des bovidés, des cerfs, des oiseaux et parfois des personnages tenant un arc ou montés sur un cheval. Ces peintures sont mal datées et peuvent s'étager du paléolithique supérieur aux périodes historiques.

En novembre 2001, en collaboration avec le professeur Yashodhar Mathpal et Michel Lorblanchet, nous avons présenté au musée de l'Homme à Paris une exposition sur les peintures rupestres de Bhimbetka et d'autres sites de l'Inde centrale.

Au cours de notre visite dans la jungle de Bhimbetka, notre attention fut attirée par de sobres constructions d'autels en hommage au tigre. Mais, fort heureusement, nous n'avons pas rencontré ce grand carnivore.

Avant la fin de notre visite, le professeur Misra, accompagné du directeur régional de l'archéologie, nous fit visiter le temple de Kajuaro, dont les sculptures nous firent rêver. Ce fut une belle occasion de faire une balade à dos d'éléphant conduit par un cornac.

L'homme de la Narmada

En avril 1984, au colloque consacré aux origines de l'homme qui s'est tenu au Muséum national d'histoire naturelle de New York, le géologue Arun Sonakia du Geological Survey of India, à la fin des communications, a présenté timidement une calotte crânienne qu'il avait découverte le 5 décembre 1982 sur le site d'Hathnora, dans la vallée de la Narmada. Elle évoquait la présence d'un homme fossile très ancien associé à des faunes quaternaires et à une industrie acheuléenne.

Il nous a demandé s'il était possible de comparer cette découverte avec le crâne de l'homme de Tautavel. C'est ainsi que, quelques mois plus tard, en août 1984, nous l'avons accueilli avec son précieux fossile original au Centre européen de recherches préhistoriques de Tautavel.

Bien conservé, ce crâne dont il manque la face devait appartenir à un individu âgé d'une trentaine d'années, de sexe féminin. Il peut être classé dans le groupe des *Homo erectus*, avec lequel il présente des caractères communs : un crâne allongé, avec une largeur transversale maximale située très bas au niveau des temporaux. En vue postérieure, le crâne a une forme pentagonale « en toit de maison surbaissé », due aux saillies de la suture sagittale et des lignes temporales supérieures qui entraînent une angulation nette de la courbure transversale du crâne. La courbure sagittale est régulière avec un torus sus-orbitaire, une dépression supratoriale et une angulation occipitale. Il existe un aplatissement important de l'arrière-crâne. La ligne temporale supérieure se termine par un *torus angularis*. Au niveau du temporal, l'allongement antéropostérieur est très marqué avec une longueur en arrière de l'incisure pariétale courte, qui traduit le faible développement de la portion mastoïdienne. Les bords de l'écaille temporale sont rectilignes. Présence de crêtes susmastoïdienne et mastoïdienne. Le faible développement de l'anneau tympanal met le conduit auditif externe en position plus haute que chez un homme actuel. Le conduit auditif externe, enchâssé entre les branches secondaires de la racine longitudinale de l'apophyse zygomatique, est situé au-dessus de la cavité glénoïde. Enfin, la surface tympanique réduite, épaisse, est oblique en bas et en arrière. La cavité glénoïde vaste et évasée est bordée du côté externe par une crête post-glénoïdienne. La disposition archaïque de la portion tympanique est mise en évidence par l'orientation transversale de la scissure de Glaser avec l'axe sagittal du crâne et l'angulation entre l'axe de la surface tympanique et l'axe du rocher.

En plus de ces caractères propres aux *Homo erectus*, le crâne de la Narmada présente quelques détails qui annoncent un développement plus important du crâne : une capacité crânienne élevée estimée entre 1 155 et 1 421 cm^3, une largeur bipariétale correspondant à une des plus grandes valeurs relevées sur les *Homo erectus*, un rétrécissement post-orbitaire moins marqué et une divergence de frontal plus forte que sur les *Homo erectus* classiques, une situation basse de la ligne temporale supérieure et une hauteur de l'écaille temporale relativement élevée. Tous ces caractères rapprochent le fossile de la vallée de la Narmada des *Homo erectus* évolués.

Enfin, la grande hauteur basio-bregmatique qui dépasse toutes les valeurs relevées sur les *Homo erectus* et les néandertaliens, associée à une fuite du front relativement moins marquée que chez les autres *Homo erectus*, sont difficiles à interpréter. Ces caractères originaux peuvent aussi bien traduire une tendance évolutive qu'un dimorphisme sexuel ou qu'une variation individuelle.

Par la suite, en septembre 2005, nous nous rendîmes à Calcutta où le fossile est conservé à l'Anthropological Survey, afin de faire procéder à un scanner de ce fossile dans un hôpital de la ville. Plus tard, avec Gaspard Guipert et Amélie Vialet, le crâne a été dégagé virtuellement des concrétions qui comblaient la cavité crânienne et une reconstitution en 3D a été réalisée.

À l'issue de cette dernière mission, une expédition sur le site a été organisée avec Arun Sonakia pour préciser les conditions stratigraphiques et effectuer des prélèvements pour analyses sédimentologiques, magnétostratigraphiques et géochronologiques afin de replacer ce fossile dans son contexte chronostratigraphique et paléoenvironnemental.

Au cours d'une nouvelle mission en Inde, à Nagpur en 2008, nous avons étudié les industries acheuléennes à bifaces et à hachereaux de la moyenne terrasse de la vallée de la Narmada d'où provient le crâne d'Hathnora. L'industrie, essentiellement taillée en quartzite, se caractérise par la présence de bifaces associés à des hachereaux et à de grands éclats à long tranchant. Les bifaces, généralement amygdaloïdes, façonnés par de grands enlèvements envahissants sur les deux faces, sont souvent taillés sur éclat. Les hachereaux sont également réalisés à partir de grands éclats. En forme de V, ils ont été façonnés par des enlèvements envahissants bifaciaux qui ont transformé parfois intégralement le support. Leurs tranchants distaux, mis en forme au cours du débitage ou obtenus par la technique du coup de tranchet, présentent toujours des esquilles d'utilisation qui témoignent d'un usage intense de cette partie de l'outil. Les grands éclats, de forme quadrangulaire, présentent également des retouches irrégulières liées à l'utilisation.

L'industrie d'Hathnora, comme celles de nombreux sites de la vallée de la Narmada, présente de nombreux points communs avec les industries acheuléennes africaines.

En Chine

En 1976, après le décès de Mao Zedong, nous reçûmes une lettre du professeur Pei Wenchung qui nous invitait à venir en Chine. De 1935 à 1937, invité à Paris par le père Pierre Teilhard de Chardin et l'abbé Henri Breuil, il avait fait des études à l'Institut de paléontologie humaine dans le domaine de la préhistoire.

Dans sa lettre, il nous expliquait que lui et ses collègues avaient été gravement malades pendant plusieurs années et qu'ils étaient désormais en convalescence, ce qui allait permettre de reprendre la coopération franco-chinoise.

C'est ainsi qu'en 1978, accompagnés du géochronologue Jacques Labeyrie et du paléontologue Claude Guérin, nous nous sommes rendus en Chine pour un mois. Accompagnés par le professeur Li Yanxian, nous avons visité les principaux sites préhistoriques chinois qui avaient livré des restes humains fossiles.

Le site de Choukoutien, actuellement Zhoukoudian, situé à 45 kilomètres au sud-ouest de Pékin, est une colline (la colline des Dragons) dans laquelle s'ouvrent de nombreuses cavernes, remplies de dépôts quaternaires. La plus importante, la localité 1, qui comprend des dépôts dont l'âge est compris entre 700 000 et 100 000 ans environ, a livré de nombreux restes humains dont six crânes attribués à des *Homo erectus* (*Sinanthropus pekinensis*). Ils sont désignés dans le langage populaire sous le nom d'homme de Pékin. Ces restes humains sont associés à une faune très riche, contenant essentiellement des cervidés et aussi des carnivores.

L'association des faunes provient de différents biotopes – montagnes, plaines en falaises – présents dans l'environnement du complexe karstique de Choukoutien. Elle évoque des espèces asiatiques endémiques, comme le tigre, le chien viverrin et de nombreux cervidés (*Megaloceros flabellatus*), des espèces eura-siatiques, comme la hyène géante (*Pachycrocuta brevirostris*), les tigres à dents de sabre (*Megantereon* et *Homotherium*), l'ours brun, le cerf élaphe, le bison et le rhinocéros de Merck, des espèces mongolo-sibériennes qui migrent vers le sud lors des périodes glaciaires, comme le rhinocéros laineux, le mammouth, le loup, le chameau, les antilopes, le mouflon et le glouton, ainsi que des espèces de Chine du Sud correspondant à des périodes tempérées et humides, comme le buffle des marais, le grand sanglier de Lydekker, l'ours du Tibet, le dhole, le macaque robuste ou le panda. Cette faune exceptionnelle, très riche en restes osseux et provenant de nombreuses espèces, constitue une séquence de référence pour les sites du continent asiatique et particulièrement ceux d'Asie orientale.

L'industrie très abondante contient des choppers, des chopping tools et un riche petit outillage retouché : racloirs, denticulés. L'intérêt exceptionnel de ce site est, outre la présence de restes humains fossiles, celle de foyers, riches en charbons de bois, en cendres et en pierres et ossements éclatés par le feu.

En 1930, Davidson Black qui conduisait des fouilles dans cette grotte mit au jour des couches épaisses de cendres, associées à de nombreux charbons de bois, des os brûlés et des éclats en silex taillés, éclatés par le feu. Pierre Teilhard de Chardin et l'abbé Henri Breuil avaient quant à eux confirmé l'existence de foyers dans la grotte de Choukoutien.

Par la suite, l'existence de ces foyers fut mise en doute par des chercheurs étrangers qui, en faisant l'analyse d'une ligne noire observée sur une grande coupe stratigraphique laissée après les fouilles, constatèrent qu'il s'agissait de manganèse. En fait, au cours de plusieurs missions avec les chercheurs du laboratoire de paléontologie et de paléoanthropologie (IVPP) de l'Académie des sciences de Chine, nous avons pu observer de nombreux os brûlés et des silex éclatés par le feu, en provenance de la couche 4.

Une étude a été entreprise plus tard au Centre européen de recherches préhistoriques de Tautavel sur un bloc de brèche récupéré par Pierre Teilhard de Chardin à proximité d'un foyer, conservé à l'Institut de paléontologie humaine. Les résultats ont apporté la preuve que des foyers ont bien existé à Choukoutien, le bloc bréchéfié contenant des os brûlés, des charbons de bois et des cendres.

Depuis, en 2012, le professeur Gao Xin, directeur du département de préhistoire de l'IVPP, a repris des fouilles à

Choukoutien et a retrouvé des dépôts cendreux et des pierres calcinées dans la couche 4 de la localité 1.

Au cours d'une mission sur le site en 2012, lui et son collaborateur Zhuangquan nous ont présenté les dépôts de cendres et de pierres altérées dans la couche 4, vers le sommet du remplissage, datée d'environ 290 000 ans. Ces nouvelles observations confirment celles de Davidson Black, de Pierre Teilhard de Chardin et de l'abbé Henri Breuil.

Au cours de cette expédition, nous nous sommes rendus ensuite sur le site de Gongwangling à Lantian, dans la province du Shaanxi. Dans une importante formation de loess de plusieurs mètres d'épaisseur, nos collègues chinois ont mis au jour un crâne d'*Homo erectus* archaïque. L'étude magnétostratigraphique des dépôts a mis en évidence une inclinaison inverse permettant de les attribuer à la période de Matuyama, datée de plus de 780 000 ans.

Un peu plus loin, sur le site de Chenjiawo, une mandibule a été mise au jour dans une formation de loess de polarité normale, attribuée à la période de Brunhes, datée de moins de 780 000 ans.

Le crâne de l'homme de Lantian, très déformé, est relativement bas avec un front très fuyant, un fort bourrelet au-dessus des orbites, une zone frontale plate et une grande épaisseur des os de la voûte du crâne. Il se caractérise par une petite capacité crânienne de 780 cm^3.

Par ces caractères, ce crâne est considéré comme un *Homo erectus* archaïque, plus archaïque que les sinanthropes et les pithécanthropes. C'est l'un des plus anciens restes humains fossiles découverts dans toute l'Eurasie.

Plus au sud, toujours dans la province du Shaanxi, nous avons visité le site de Dali, qui a livré en 1978 un crâne complet, attribué à un *Homo erectus* évolué ou un *Homo sapiens* archaïque. La face est déformée par le tassement des terres, et la capacité crânienne est assez faible : 1 120 cm^3 environ.

Les données de la stratigraphie et de la faune abondante permettent d'attribuer ce site à une période chaude et humide de la fin du pléistocène moyen, entre 200 000 et 150 000 ans. Des pièces taillées ont été recueillies au cours des fouilles : des éclats, quelques racloirs, denticulés et encoches et un nucléus.

Après un long voyage en avion pour nous rendre jusqu'à Canton, puis en train et enfin en voiture, nous avons atteint le site de Mapa (Maba) dans la province de Guangdong, où a été découverte, en 1958, une calotte crânienne incomplète, attribuée à un *Homo erectus* proche des hommes modernes. Aucun outil n'a été trouvé associé à ce crâne. La datation relative du site, fondée sur la faune, correspond au début du pléistocène supérieur, soit environ 100 000 ans.

Le professeur Li Yanxian nous a ensuite emmenés visiter son chantier de fouilles dans la grotte de Guyaningdong dans la province du Guizhou où il a mis au jour une riche industrie lithique du paléolithique moyen associée à une faune très riche.

Au cours de ces visites, les populations chinoises, qui étaient restées isolées et n'avaient plus vu d'Européens depuis longtemps en raison de la révolution culturelle, accueillirent avec étonnement et stupéfaction les hommes « au long nez ». Des milliers de paysans chinois nous attendaient sur les bords des routes, au sommet des collines et autour des sites. Souvent, nous avons été interpellés par les minorités chinoises, en particulier les Miao, dans la province du Guizhou.

Au cours de cette longue expédition à travers la Chine, le professeur Li Yanxian, notre guide, voulait nous faire découvrir les préparations culinaires variées des diverses provinces chinoises, souvent très épicées. Outre les mets raffinés composés d'holoturies, nous eûmes la surprise de nous voir proposer un cerveau entier de singe posé sur un plat. Et à Canton, un chat avait disparu de la cage du restaurant. Il avait été préparé en sauce !

En revenant à Pékin, nous fûmes reçus par l'ambassadeur de France et ses conseillers qui, lors d'un déjeuner, nous posèrent de nombreuses questions sur la Chine profonde.

En 1999, toujours invités par les professeurs Li Yanxian et Li Tyanuan, nous nous sommes rendus une nouvelle fois en Chine pour aller visiter le site de l'homme de Yunxian dans la province de Hubei dont ils souhaitaient que nous reprenions l'étude en qualité de collaborateurs.

Après dix heures de vol de Paris à Pékin, une nuit en train de Pékin à Wuhan et une nouvelle nuit en train de Wuhan à Sheyen, nous avons poursuivi la route en véhicule 4 x 4 jusqu'à la ville de Yunxian, pendant une journée. De là, nous avons changé de véhicule et pris la « route des trésors de la nation », selon l'expression de Li Yanxian. C'était une étroite piste accidentée, encombrée de gros blocs effondrés de la colline et d'éboulements qu'il fallait écarter au fur et à mesure de notre progression. Enfin, nous sommes arrivés dans le village de Quyuanhekou, à 1 kilomètre à l'ouest du confluent des rivières Han et Quyuan, à proximité du site où ont été découverts deux crânes d'*Homo erectus*.

Par la suite, plusieurs missions furent organisées sur le site pour étudier la stratigraphie et effectuer des prélèvements pour analyses magnétostratigraphiques et géochronologiques. À l'issue de l'une de ces missions, compte tenu du volume et du poids des échantillons sédimentaires, un transport fluvial a été privilégié. Nous avons alors navigué sur un petit bateau sur la grande rivière Han, affluent du Yang Tsé.

Le site de l'homme de Yunxian, localisé au centre de la Chine dans la province du Hubei, daté de 936 000 ans (épisode paléomagnétique normal de Santa Rosa), est un site exceptionnel, par l'abondance d'ossements de grands mammifères (surtout d'herbivores mais aussi de quelques carnivores) associés à des outils lithiques enfouis au sein de limons d'inondation de la rivière Han.

Les grands mammifères du site de l'homme de Yunxian sont caractéristiques des faunes chinoises de la fin du pléistocène inférieur. Certaines des formes identifiées sont présentes à cette époque dans toute l'Eurasie, et des espèces de carnivores sont identiques ou très proches des formes européennes. Il s'agit d'*Ursus thibetanus*, *Xenocyon dubius*, *Pachycrocuta brevirostris*, *Homotherium* sp., *Megantereon* sp. et *Panthera gombaszoegensis*. D'autres carnivores sont spécifiques à l'Asie : *Ailuropoda melanoleuca*, *Felis peii* et *Actonyx collaris*. Les herbivores sont, quant à eux, caractéristiques de l'Asie. Les proboscidiens sont représentés par *Stegodon orientalis*. Parmi les périssodactyles sont présents le rhinocéros unicorne *Rhinoceros sinensis*, le tapir *Tapirus sinensis* et un équidé caballoïde *Equus yunnanensis*. Le sanglier correspond à l'espèce asiatique typique *Sus lydekkeri* et l'autre suidé, de très petite taille, est rapproché du propotamochère (*Propotamochoerus xiaozhu*). Chez les bovidés se rencontrent la forme asiatique *Bubalus* et un *Leptobos* qui indique que ce genre a survécu plus longtemps en Asie qu'en Europe. Chez les cervidés, deux formes typiquement asiatiques, le sambar *Cervus (Rusa) elegans* et le muntjac *Muntiacus* sp. Deux autres cervidés sont présents également, sous des formes assez proches : un megacerini et un petit cerf du groupe des axis et sika actuels, *Cervus (Sika) grayi.*

L'industrie lithique découverte est attribuée à la culture de l'homme de Yunxian, caractérisée par l'abondance des galets aménagés, la présence de bifaces grossiers, de pics et de nombreux éclats, bruts de taille, montrant souvent sur leurs tranchants des retouches irrégulières témoignant de leur utilisation. La présence de bifaces est particulièrement remarquable : ce sont les plus anciens découverts à ce jour hors du continent africain.

L'industrie de l'homme de Yunxian est comparable à celles découvertes dans d'autres régions de Chine, principalement dans le sud-ouest de la Chine, comme dans le bassin de Bose, près de Nanning, dans des niveaux datés de 804 000 ans, ou à Gongwangling près de Lantian, dans des dépôts antérieurs à 800 000 ans. Elle rappelle aussi certaines industries archaïques découvertes dans de nombreux sites en Corée du Sud, qui ont livré de nombreux galets aménagés, des bifaces, des pics et des polyèdres.

L'absence de pièces lithiques et d'ossements roulés ou lustrés et les nombreux remontages témoignent que le matériel est bien en place et qu'il n'a pas été charrié ou remanié par la rivière.

L'extrême rareté des ossements fracturés par l'homme, le très petit nombre de traces anthropiques et le grand nombre de portions de squelettes restés en connexion anatomique permettent de conclure qu'il ne s'agit pas d'accumulations de restes de chasses regroupés à cet endroit par les hommes.

Compte tenu du très grand nombre de squelettes d'animaux d'espèces variées et de grande taille, de la forte proportion de grands carnivores dans des limons sablo-argileux lités et du nombre relativement faible d'ossements présentant des traces anthropiques, il paraît évident qu'il s'agit de restes d'animaux qu'une forte crue a surpris et noyés, et qui ont été regroupés dans un méandre de la rivière Han. Il est donc possible d'évoquer, après une forte crue de la rivière et dans un méandre en eau calme, un immense charnier naturel qui attirait les *Homo erectus*.

La présence de nombreuses pièces lithiques – galets entiers ayant servi de percuteurs, galets fracturés, galets aménagés (choppers, choppping tools, choppers à bords convergents), pics, bifaces, nucléus et éclats, mêlés aux ossements d'animaux – atteste des activités des hommes au milieu de ce charnier. La grande diversité des pièces lithiques présentes sur le site est à mettre en relation avec les différents besoins fonctionnels des hommes pour le traitement des carcasses animales (désarticulation, dépeçage, etc.). La présence de deux crânes d'*Homo erectus*, découverts à 3,30 mètres l'un de l'autre et sans aucun autre reste humain, évoque deux crânes ayant flotté et qui ont été déposés par le courant. Les nombreux remontages témoignent que l'homme a taillé son outillage sur place : façonnage de galets aménagés et débitage d'éclats.

De fréquentes traces d'utilisation sur les tranchants des galets aménagés et leurs traces d'écrasement montrent qu'ils ont été utilisés sur place, vraisemblablement pour découper les cuirs des animaux de grande taille, désarticuler les carcasses de grands herbivores ou briser les ossements pour en extraire la moelle. Les ébréchures des éclats, qui leur donnent parfois une morphologie de denticulés (pseudodenticulés), permettent de conclure qu'ils ont servi lors de l'exploitation des carcasses animales.

Quelques rares ossements présentant des traces anthropiques, en particulier des fractures sur os frais, confirment l'exploitation par les hommes préhistoriques de cet immense charnier d'animaux noyés.

La plupart des os longs étant restés entiers sans aucune trace de découpe ou de fracture et leurs proportions relativement faibles par rapport au nombre total des individus nous incitent à penser que le site n'était pas le lieu exclusif de la consommation des ressources en viande et en moelle et que les parties riches en viande étaient emportées plus loin dans des zones à l'abri des crues. Le petit nombre d'ossements présentant des traces de dents de grands carnivores permet de penser que ce charnier a été rapidement recouvert par des sables limoneux apportés par une nouvelle crue de la rivière Han, les rendant inaccessibles aux charognards.

Le site de l'homme de Yunxian semble aujourd'hui avoir été un lieu occasionnel d'approvisionnement en viande pour les *Homo erectus*, du fait de l'accumulation considérable de carcasses d'animaux noyés par une crue, transportés par les courants et échoués en un même endroit, au fond d'un méandre. L'homme préhistorique, opportuniste, est venu récupérer des quartiers de viande, et fracturer des ossements pour consommer de la moelle, dans un immense charnier naturel d'animaux noyés entre deux crues de la rivière Han.

Deux crânes d'hominidés Yunxian I et II ont été mis au jour sur le site dans des limons argilo-sableux d'inondation associés aux faunes quaternaires. Ils se caractérisent par leurs grandes dimensions et leur forme très allongée avec une capacité crânienne de 1 152 et de 1 123 cm^3. Ils ont une voûte aplatie avec une fuite du front très forte, une écaille occipitale basse et étalée. Ils s'insèrent dans la grande variabilité de l'ensemble des *Homo erectus* d'Eurasie.

Au cours de plusieurs missions dans le sud-ouest de la Chine, dans le bassin de Bose, province du Guangxi (2008 et 2012), invités par les professeurs Xie Guangmao, du Muséum d'histoire du Guangxi, et Wang Wei, du Muséum d'histoire naturelle du Guangxi, nous avons pu étudier les industries à bifaces découvertes dans des limons surplombant les terrasses alluviales quaternaires de la rivière Youjiang et de ses affluents. Malheureusement, les dépôts trop acides n'ont pas permis la conservation des ossements.

De nombreux sites paléolithiques ont été repérés et ils contiennent des industries assez riches avec des bifaces, des unifaces, des pics, de grands éclats bruts de taille et un outillage retouché peu abondant. Dans beaucoup de sites, cette industrie est associée à des tectites, vestiges d'une météorite qui a explosé au-dessus du Pacifique vers 804 000 ans et dont les débris ont été retrouvés en Indonésie, au Vietnam et dans le sud de la Chine. Ces tectites permettent de dater avec une bonne précision les cultures à bifaces du bassin de Bose.

Ces bifaces présentent une extrémité convexe en bec de canard caractéristique. Ils sont un peu plus récents que les bifaces grossiers mis au jour sur le site de Yunxian, daté d'environ 930 000 ans.

Avec l'industrie à bifaces du site de Yunxian et celles un peu plus récentes des sites du bassin de Bose, il est permis de s'interroger. S'agit-il d'une expansion progressive, à travers l'Eurasie, des populations qui ont acquis la notion de symétrie et de la transmission d'une technique nouvelle, de l'Afrique vers l'Asie, ou de la simple convergence d'évolutions locales et indépendantes des modes de fabrication de l'outillage ? C'est un enjeu important qui a fait l'objet de plusieurs colloques internationaux sur les cultures à bifaces, comme celui organisé à Tautavel du 25 au 30 juin 2007 et celui de Jeongok-ri, en Corée du Sud, du 30 avril au 5 mai 2011.

En Corée du Sud

Au congrès de l'Union internationale des sciences préhistoriques et protohistoriques en 1976, nous avons accueilli parmi 3 300 chercheurs de 71 pays venus participer à ce congrès Pow Key Soon, professeur de préhistoire à l'Université de Yongse à Séoul. À cette époque, aucun site du paléolithique ancien n'était connu en Corée du Sud. Il décida alors d'envoyer en France un de ses meilleurs élèves, Young Chul Park, pour s'initier aux recherches sur le paléolithique et essayer de découvrir par la suite des sites du paléolithique ancien en Corée du Sud. Ultérieurement, nous avons accueilli plusieurs autres chercheurs coréens : Young Hee Park, Han Chang Gyun, Miyoung Hong, Tae Shop Chow, Sujin Kong, etc., qui sont actuellement professeurs ou directeurs de musée chez eux.

Grâce à des fouilles effectuées à l'occasion de grands travaux d'aménagement du territoire, on connaît aujourd'hui plus de 160 sites paléolithiques sur le territoire coréen. Plus d'une centaine de sites a été attribuée au paléolithique ancien. La plupart des gisements découverts jusqu'à présent se trouvent essentiellement en plein air, à proximité du lit d'un fleuve ou d'une rivière. Seuls quelques-uns sont localisés en grotte dans des massifs calcaires.

Les gisements de plein air sont généralement localisés à proximité des rives d'un fleuve ou d'une rivière, rarement situés à plus d'une dizaine de mètres au-dessus du cours actuel. Les sols d'occupation du paléolithique ancien de ces gisements ont été presque toujours découverts dans des limons sablo-argileux qui reposent sur un substrat rocheux varié, constitué de basaltes, de quartzite, de granite, de gneiss ou parfois sur des graviers à matrice sableuse correspondant à une ancienne terrasse du fleuve ou de la rivière.

Ces formations fluviatiles à galets sont souvent interstratifiées de couches de sables et sont recouvertes de dépôts sableux qui passent progressivement, vers le haut, à des limons sablo-argileux parfois colluvionnés. Le plus souvent, le processus sédimentaire a été le suivant : dépôt d'une nappe alluviale de galets à la base, dépôt de sables grossiers lités, dépôt de limons sablo-argileux au-dessus, dans lesquels se trouve le matériel archéologique.

Sur le site de Mansu-ri, situé à une centaine de kilomètres au sud-est de Séoul, deux blocs de quartz ont été datés par la méthode des isotopes cosmogéniques $^{26}Al/^{10}Be$ de 479 000 et 407 000 ans ; sur le site de Wondang-Jangnamgyo, à 50 kilomètres au nord de Séoul, un bloc de quartz a été daté de 394 000 ans par la même méthode. Ces datations permettent d'attribuer ces industries paléolithiques au pléistocène moyen.

La faune n'a pas été conservée dans les sites de plein air en raison de la décarbonatation due à l'acidité des dépôts siliceux. Seuls quelques sites en grotte ont livré des faunes quaternaires associées à des industries du paléolithique ancien, qui présentent une dominance de cervidés.

Les industries des différents sites semblent à première vue relativement comparables entre elles et ne paraissent pas présenter d'évolution techno-typologique significative pendant toute la durée du pléistocène moyen et le début du pléistocène supérieur.

Les outillages sont généralement aménagés sur galet, quelquefois sur des blocs ou encore sur de grands éclats à l'exemple de nombreux pics, bifaces ou hachereaux.

Les matières premières sont essentiellement locales et, selon les sites, composées le plus souvent de quartz et de quartzite, parfois de roches volcaniques. Le grès-quartzite, le grès, le schiste, le gneiss et le granite sont exceptionnels.

Les techniques de taille utilisées sont principalement la percussion directe à main levée et surtout la percussion sur enclume, au moyen de percuteurs durs. Cependant, l'emploi de percuteurs tendres a été reconnu sur certaines pièces bifaciales.

Globalement, ces industries se caractérisent par une forte présence du macro-outillage, notamment des choppers, le plus souvent à bord tranchant convexe et parfois à bec. Les rabots à dos sont récurrents et très spécifiques de ces industries. Les chopping tools restent très rares.

Les pics à enlèvements bilatéraux abrupts et les unifaces, à enlèvements bilatéraux envahissants, sont bien représentés et se retrouvent dans la majorité des sites.

Proportionnellement peu nombreux, les bifaces sont tout de même présents dans presque tous les assemblages. Rarement symétriques, ils sont généralement grossiers, épais, partiellement façonnés par de grands enlèvements. Ils sont le plus souvent à pointe, parfois à tranchant transversal. Leurs bords ne sont jamais régularisés par des retouches secondaires.

Les hachereaux sont très rares et présentent des caractères technologiques communs. Ils ont été mis en forme à partir de grands éclats issus de roches de bonne qualité. Leur façonnage n'a nécessité que peu de transformations. Ils possèdent des tranchants transversaux distaux, le plus souvent naturels et parfois aménagés.

Les polyèdres, relativement nombreux, les sphéroïdes et les bolas sont présents dans tous les sites. Si de nombreux éclats présentent des retouches irrégulières et, parfois, des retouches volontaires localisées, rares sont les petits outils aménagés par des retouches régulières et continues : racloirs latéraux (simples, doubles et convergents), pointes d'outils à encoches (encoches, becs et denticulés), grattoirs et très rares perçoirs.

Apparemment homogènes, ces industries du paléolithique ancien en Corée du Sud couvrent une large période allant du début du pléistocène moyen à la première partie du pléistocène supérieur. Elles ne paraissent pas présenter d'évolution significative, que ce soit d'un point de vue techno-typologique ou techno-économique.

Au Japon

En avril et mai 1989, à l'occasion d'une exposition sur l'origine de l'homme présentée à Nagoya au Japon, « Man, Four Million Years », au cours de laquelle nous avons présenté le crâne original Arago 21, nous avons eu l'occasion d'effectuer une grande tournée sur les sites préhistoriques en compagnie de notre collaborateur Yuji Yokoyama, directeur de recherches au CNRS. Au cours de cette expédition, nous avons pu visiter la plupart des sites japonais qui ont livré des restes d'hommes fossiles comme Akashi, Hamakita, Kuzuu, Mikkabi, Ushikawa. Dans l'ensemble, les sites sont assez mal datés et la plupart peuvent être attribués au pléistocène supérieur.

Nous avons été invités par Chosuko Sirizawa, professeur au département d'archéologie de la faculté des lettres de Tohoku. Quelques années auparavant, il était venu visiter avec son épouse Keiko la caune de l'Arago à Tautavel, où ils avaient pu apprécier le plat traditionnel catalan : la cargolade.

Il nous a présenté des outils en quartz provenant du site de Nakamine C et issus de dépôts loessiques dont certains ont été datés entre 330 000 et 370 000 ans par thermoluminescence et traces de fission correspondant à des industries du paléolithique ancien. Pour la première fois, des industries paléolithiques anciennes étaient mises en évidence dans des formations quaternaires au Japon.

Nous avons visité le site de plein air de Babadan, qui a livré des industries anciennes datées entre 45 000 et 60 000 ans, où nous avons rencontré trois chercheurs russes de Novossibirsk, Anatolii Pantelevich, Sergei Markin et Ruslan Vasilievskii, qui étaient venus étudier les industries.

De là, nous avons visité le site de Takamori avec de vieilles industries qui rappellent celles de Babadan.

Au musée d'Histoire de Kyoto, le professeur Tsunoda nous a montré les industries recueillies sur le site de Nyu, sur l'île de Kyushu, au cours de dix années de fouilles. Elles sont constituées de choppers, de pics, d'outils de grandes tailles provenant de terrasses dont l'une date de 200 000 ans.

À la fin de notre séjour, au laboratoire d'anthropologie de l'Université de Tokyo, le professeur Takeru Akazawa nous a présenté les fossiles humains de Minatogawa découverts au sud-ouest de l'île d'Okinawa par le professeur Suzuki en 1967, et datés de 16 250 ans av. J.-C. Ils comprennent trois crânes et une mandibule.

Nous avons été invités à de nombreuses réceptions officielles et avons fait la connaissance d'un mets très apprécié : le poisson sorti d'un aquarium face aux convives, écaillé et dépecé vivant.

En Indonésie

À l'occasion du neuvième congrès de l'Union internationale des sciences préhistoriques et protohistoriques (UISPP), réuni à Nice du 13 au 18 septembre 1976, nous avons accueilli trois chercheurs indonésiens, les professeurs Raden Panji Soejono, Teuku Jacob et Sastrohamidjojo Sartono. Tous trois ont présenté d'importants exposés sur les recherches récentes effectuées à Java. Il a alors été décidé de lancer une grande coopération franco-indonésienne pour étudier et comparer les *Homo erectus* de Java avec ceux d'Europe et les replacer dans leur cadre chronologique et dans leur paléoenvironnement. L'un des buts de ce programme était d'élaborer un inventaire exhaustif des découvertes d'*Homo erectus* effectuées à Java.

Plusieurs missions y furent organisées à l'invitation du professeur Soejono. Dans un premier temps, nous pûmes examiner et comparer les fossiles javanais conservés dans le laboratoire de Teuku Jacob à Yogyakarta et chez le professeur Sartono à l'ITB à Bandung.

Avec Teuku Jacob, nous nous rendîmes sur le terrain, pour visiter chaque site où avaient été découverts des hominidés fossiles : Trinil, Sangiran, Modjokerto, Sambungmacan, Nangdong. La majorité des découvertes avait été effectuée par les paysans de l'île au cours de leurs travaux agricoles. En les remettant aux chercheurs javanais, ils avaient reçu une gratification, plus ou moins importante selon l'intérêt du fossile. Un crâne complet avec sa face était évalué à sept buffles.

Le 30 avril 1978, au cours de l'une de nos expéditions à Sangiran, dans les formations de Pucangan, datées entre 1,8 million d'années et 780 000 ans, le professeur Teuku Jacob fut interpellé par un jeune garçon qui lui annonça qu'il avait fait une découverte exceptionnelle et il l'invita à venir la voir dans sa maison. Il s'agissait d'une calotte crânienne très massive, concrétionnée. Une longue négociation s'engagea entre le découvreur et le professeur Jacob en indonésien, ce qui ne nous permit pas de connaître les enjeux et son évolution. Au bout de deux heures environ, l'accord était conclu et Jacob put mettre le précieux fossile dans un sac en plastique qu'il emporta avec lui. Il nous expliqua par la suite qu'il avait promis les sept buffles attendus et qu'étant donné l'importance de la découverte, il mettrait à disposition du village un assistant médical. De retour à Yogyakarta, en compagnie de sa famille nous avons célébré la découverte de ce nouveau fossile, Sangiran 27.

À la suite de cette première mission à Java, nous avons étudié les principaux fossiles originaux conservés à Bandung dans le laboratoire du professeur Sartono ou bien à Yogyakarta dans celui du professeur Teuku Jacob.

Les restes humains fossiles se répartissent sur une longue période des temps quaternaires. Certains ont été découverts dans les formations de Pucangan attribuées au pléistocène inférieur, comme Sangiran 4, 27, 31. Ils se caractérisent par un crâne massif. D'autres proviennent des formations de Kabuh attribuées au pléistocène moyen entre 0,8 et 0,1 million d'années, comme Trinil, Sangiran 2, 10, 17 : ils se caractérisent par une voûte basse, un frontal fuyant, une région orbitaire surmontée d'un épais bourrelet, une capacité crânienne entre 900 et 1 100 cm^3. La seule face conservée, celle de Sangiran 17, est haute, large, projetée en avant. D'autres restes plus récents comme Sambungmacan, Ngawi, attribués à la fin du pléistocène moyen, se caractérisent par une capacité crânienne plus grande.

Les crânes de Ngandong, attribués au pléistocène supérieur représentent des *Homo erectus* évolués, la capacité crânienne se rapproche de la moyenne de celle des hommes actuels, elle varie entre 1 100 et 1 300 cm^3.

En visite à Francfort, dans le laboratoire du professeur Gustav von Koenigswald, au Senckenberg Museum, pour échanger nos points de vue sur les caractères anatomiques des hommes fossiles de Java, son épouse nous a raconté son exploit face aux militaires japonais pendant la Seconde Guerre mondiale.

Alors que son mari hollandais en poste à Java avait été fait prisonnier par l'armée japonaise, elle reçut un jour dans leur laboratoire un général japonais qui venait récupérer les célèbres fossiles de pithécanthropes à la demande de l'empereur du Japon, qui souhaitait réunir dans son palais les plus anciens fossiles humains à l'origine des populations asiatiques. Elle lui répondit que, son mari étant prisonnier, il fallait qu'elle se renseigne et qu'elle les recherche. Elle lui proposa de revenir le lendemain.

Dans le but d'exfiltrer les fossiles à la barbe des soldats japonais qui gardaient le laboratoire, elle cassa en deux la calotte crânienne du pithécanthrope III et en appliqua chaque moitié sur ses seins. Elle put ainsi facilement sortir les fossiles humains conservés dans le laboratoire. Le lendemain, quand l'officier revint, elle lui annonça que malheureusement elle n'avait rien trouvé et qu'il était préférable de libérer son mari.

CHAPITRE 11

L'homme de Neandertal

Les cultures moustériennes, qui se sont développées en Europe dans la première partie du pléistocène moyen entre 120 000 et 30 000 ans, ont été portées par les populations néandertaliennes. Elles se caractérisent par l'abondance de racloirs simples, doubles ou à bords convergents, des pointes retouchées, des denticulés et des encoches. Le moustérien correspond donc à une évolution ultime des industries acheuléennes qui ont le plus souvent perdu leurs bifaces, mis à part le moustérien de tradition acheuléenne.

En s'appuyant sur les proportions relatives des différents types d'outils, François Bordes a distingué le moustérien de type Quina, riche en racloirs et éclats courts et épais de débitage clactonien, le moustérien de type Ferrassie, où dominent les racloirs et les éclats du débitage levallois, le moustérien typique, sans prédominance d'un type d'outil, le moustérien à denticulés, où les pièces denticulées sont majoritaires et le moustérien de tradition acheuléenne qui renferme des bifaces cordiformes et triangulaires.

Impossible d'oublier les discussions passionnées à Talence entre François Bordes et Lewis Binford, car celui-ci, estimant que les proportions relatives des différents types d'outils dépendaient d'activités spécifiques et non de cultures différentes qui auraient vécu parallèlement, mettait en doute cette classification.

Dès le début de nos recherches, nous nous sommes consacrés à l'étude des cultures moustériennes du sud-est de la France, de la Ligurie à l'est jusqu'à la Catalogne à l'ouest. C'est ainsi que nous avons visité de nombreux sites moustériens qui avaient été découverts et étudiés par nos prédécesseurs et que nous avons pu étudier les riches collections conservées dans divers musées de Provence et du Languedoc, en particulier au musée d'Histoire naturelle d'Avignon, à celui de Nîmes, au musée d'Archéologie de Narbonne et dans de nombreuses collections privées, chez M. Gauthier, instituteur à Sainte-Cécile-les-Vignes, et dans la famille Héléna, à Narbonne. Nous avons également repris des recherches dans quelques grands sites moustériens du sud-est de la France, comme la baume des Peyrards en Vaucluse et la grotte de l'Hortus dans l'Hérault.

La baume des Peyrards, dans les gorges de l'Aiguebrun : un abri-sous-roche occupé par les néandertaliens

En 1955, alors qu'Henry terminait ses études de sciences naturelles à la faculté des sciences de Marseille, à la demande de Sylvain Gagnière, directeur des Antiquités, il entreprit de nouvelles fouilles dans un site préhistorique, connu depuis longtemps, dans les gorges de l'Aiguebrun au cœur du massif du Luberon, qui avait déjà été fouillé par divers chercheurs et en particulier par un notaire de Cucuron, Marc Deydier. Cet abri-sous-roche, situé sur la rive droite de l'Aiguebrun, à quelques mètres au-dessus de la rivière, a livré des dépôts quaternaires sur plus de 3 mètres d'épaisseur. Ce fut le premier chantier de fouilles d'Henry.

Plusieurs niveaux moustériens ont livré une riche faune quaternaire.

Dans les niveaux supérieurs, correspondant à un climat froid et sec, les ossements de cheval sont dominants, témoins d'un environnement steppique. La présence de marmottes confirme la rigueur du climat. Les bouquetins sont assez nombreux.

Dans les niveaux sous-jacents, datés d'une période plus ancienne que la dernière glaciation, correspondant à un climat tempéré et humide, les ossements de cerf dominants et la présence de sangliers sont les témoins d'un environnement forestier.

Les niveaux supérieurs extrêmement riches en industrie lithique et en faune montrent que les néandertaliens avaient installé au pied de cet abri un habitat permanent, sans doute sous une hutte entourée de gros blocs appuyés contre la paroi rocheuse.

L'industrie moustérienne découverte dans ces niveaux correspond à une culture appelée charentienne de type Ferrassie oriental, largement répandue dans le bassin du Rhône et en Allemagne et caractérisée par des racloirs foliacés.

À la suite de Marc Deydier, qui avait découvert en 1902 une molaire supérieure humaine, les nouvelles fouilles d'Henry ont mis au jour de nouvelles dents néandertaliennes. Ce furent les premiers restes humains découverts par lui, avant qu'il trouve une dent dans la grotte de la Masque en 1959, des restes humains néandertaliens dans la grotte de l'Hortus à partir de 1960, dans la caune de l'Arago à partir de 1964, dans la grotte du Lazaret à partir de 1972 et même, sur le site de Fejej en Éthiopie, des dents d'*Homo habilis* datées de 1,96 million d'années et d'*Australopithecus anamensis* datées de plus de 4 millions d'années.

Lors des campagnes de fouilles menées dans la baume des Peyrards, Henry était accueilli par un couple original, la famille Carrier, réfugiés de la guerre d'Espagne, dont la fille Laure élevait de magnifiques chèvres à la robe brune portant de longues cornes. Véritable artiste, elle fabriquait des santons en argile crue qui, depuis cinquante-six ans, animent notre crèche provençale familiale et ont fait l'admiration de nos enfants et petits-enfants.

Le soir, après la fouille, conduits par le factotum de la famille Carrier, nous déposions souvent des fagots de sarments de vigne remplis de tripes de chèvre dans l'Aiguebrun. Et le matin, les écrevisses étaient au rendez-vous. Que de souvenirs d'agapes d'écrevisses à l'américaine préparées par Malou Carrier !

La grotte de l'Hortus : une halte de néandertaliens, chasseurs de bouquetins

Au début de l'année 1959, le docteur Jean Arnal nous a montré lors d'une visite à son domicile à Saint-Mathieu-de-Tréviers, dans l'Hérault, au nord de Montpellier, quelques pièces lithiques lui paraissant moustériennes qu'il avait découvertes au cours d'un sondage, dans une grotte perchée du massif de l'Hortus.

Conduit par Jacques Audibert, en septembre 1959, Henry se rendit jusqu'à cette grotte, située à 270 mètres d'altitude, à travers un rude éboulis. Sous le porche, un profond fossé, situé en travers de l'entrée, était rempli de dépôts sédimentaires. Henry décida d'y entreprendre un chantier de fouilles en juillet 1960 qui se poursuivit un mois par an pendant cinq années, jusqu'en 1964.

Dès la première campagne, en juillet 1960, il mit au jour, dans un cailloutis anguleux emballé dans des sables grossiers, de nombreux ossements de bouquetin associés à une industrie lithique de type moustérienne.

Au cours de cette campagne, alors que Marie-Antoinette, externe des hôpitaux de Marseille dans un service de chirurgie, était venue le rejoindre, il dégagea une dent humaine de forte taille. À sa fiancée assise sur le bord de la fouille, il tendit la dent en s'exclamant, enthousiaste : « Une dent humaine néandertalienne ! » À première vue, celle-ci lui répondit : « Impossible : cette dent est de taille trop grande pour être humaine. » L'anatomiste ignorait encore la robustesse des dents fossiles. Une étude comparée avec les restes d'hominidés fossiles confirma cependant qu'il s'agissait bien d'une dent humaine fossile néandertalienne, une canine supérieure. Ce ne fut pas le seul reste humain découvert : au cours des fouilles ultérieures, une centaine de restes humains néandertaliens furent mis au jour, appartenant à un minimum de vingt individus.

Le dégagement des différents sols d'occupation superposés dans le fossé, sur plus de 6 mètres d'épaisseur, a été particulièrement délicat, en raison de l'extrême fragilité des ossements au milieu des cailloux. Il fut nécessaire de mettre au point une technique de consolidation à base d'acétate de cellulose qui respecte la nature de l'os et qui soit stable.

Après son mariage avec Henry, à Marseille, le 22 avril 1961, Marie-Antoinette participa à tous les chantiers de fouilles à partir du 1er juillet 1961.

Afin de loger les fouilleurs dans de bonnes conditions, le docteur Arnal mit à notre disposition un grand mas du XVIIIe siècle dans le village de Saint-Mathieu-de-Tréviers. Soucieux du bon moral des troupes, il mettait à notre disposition une grande méjane de vin toujours renouvelée, qui était à l'époque une véritable piquette. Actuellement les vins du Pic-Saint-Loup sont de grande qualité.

Dès les premières découvertes des restes humains néandertaliens, il fut décidé de fêter chaque découverte de restes humains avec une glace au dessert du repas du soir. À cette époque, les glaces étaient rares et considérées comme un mets de luxe. Il fallait aller les acheter à 30 kilomètres de distance, dans la grande ville la plus proche : Montpellier. Cette tradition, depuis cette date, se perpétue sur tous nos chantiers de fouilles : à la caune de l'Arago, dans la grotte du Lazaret et même à Fejej en Éthiopie, nous respectons la tradition à la fin du chantier, en revenant à Addis-Abeba.

Lors de la découverte de la mandibule humaine néandertalienne d'un adolescent, Hortus 4, le professeur Jean Piveteau, accompagné du professeur Thaler, gravit les 270 mètres de dénivelé dans l'éboulis pour atteindre la grotte, visiter le chantier et examiner la mandibule en place.

Malgré l'intérêt de ce site et malgré les difficultés rencontrées pour accéder à la grotte et transporter le matériel, l'un des membres éminents et réputés de la commission des fouilles du ministère des Affaires culturelles estima que nous n'avions pas besoin de subventions et que, lorsqu'il était jeune, il se rendait dans la grotte de l'Hortus à bicyclette ! Nous tairons le nom de cet éminent chercheur. Heureusement, Jean Piveteau, également membre de la commission, nous défendit.

Un mauvais souvenir : le 13 juillet 1962, en début d'après-midi, à l'heure la plus chaude de la journée, alors que le grand éboulis du massif de l'Hortus était chauffé à blanc par le soleil, le docteur Jean Arnal, arrivé en voiture au pied de la grotte, klaxonna et cria à travers la colline qu'un télégramme urgent était destiné à Henry. Inquiet, ce dernier descendit à toute allure jusqu'à la route, 270 mètres en contrebas, pour prendre connaissance du message. Il avait été expédié par la chercheuse chilienne Gisèle Garcia Huidobro India i Ravavalez qui lui souhaitait une bonne fête. Touché et furieux à la fois, il remonta immédiatement l'horrible éboulis et arriva tout essoufflé pour reprendre immédiatement le travail.

Monter et descendre l'éboulis était évidemment une rude épreuve, sauf pour l'une de nos collaboratrices, surnommée la Pépée de choc, qui dévalait tous les soirs à toute allure les grands éboulis pieds nus. Elle devint par la suite conservateur du musée des Primitifs à Avignon.

En raison des restrictions d'eau, pendant les mois d'été, dans le village de Saint-Mathieu-de-Tréviers, il n'était pas possible d'en disposer assez pour se laver et, après la fouille, nous allions tous les soirs en voiture, avec nos seaux de terre recueillie au cours de la fouille, au bord de la résurgence du Lamalou, à quelques kilomètres. Là, nous tamisions la terre, puis nous nous baignions, sans négliger la récolte des écrevisses.

La grotte de l'Hortus, située à 20 kilomètres au nord de Montpellier, sur la commune de Valflaunès, s'ouvre dans un massif karstique sur le flanc méridional du plateau de l'Hortus, au pied de falaise d'environ 100 mètres de hauteur, sur une corniche escarpée à 270 mètres au-dessus de la vallée du Terrieu, affluent du Lez. Elle a livré un important remplissage de plus de 6 mètres d'épaisseur constitué de cailloutis anguleux, délités de la falaise par les alternances de gel et dégel, dont l'âge, en tenant compte de la biochronologie, serait compris entre 50 000 et 35 000 ans. Ces dépôts correspondent à une période rigoureuse, au cours de laquelle plusieurs oscillations mineures, plus ou moins froides, ont été mises en évidence. L'étude des pollens a révélé une première partie du remplissage à la base correspondant à un climat humide avec un paysage forestier qui évolue vers le sommet en un climat très sec avec un paysage steppique.

Cette grotte située dans l'habitat naturel des animaux de rocher a été occupée à intervalles plus ou moins réguliers par des chasseurs néandertaliens qui installaient des haltes de chasse lorsqu'ils venaient traquer les bouquetins au pied de la falaise de l'Hortus. Les ossements de bouquetin, déchets culinaires des occupants de la grotte, toujours fracturés, ont été recueillis en grand nombre sur les différents sols d'occupation. Néanmoins, quelques chasseurs ont apporté occasionnellement des restes de cheval, d'âne, de cerf, de chevreuil, d'aurochs et même de rhinocéros.

En l'absence de l'homme, l'ours des cavernes venait s'installer dans le fossé de l'Hortus où une nurserie a pu être repérée par la relative abondance de dents de lait de ce grand carnivore.

Les nombreux restes humains néandertaliens, découverts sur plusieurs sols, provenant de plusieurs crânes et mandibules et de quelques os longs, correspondent à une vingtaine d'individus. L'absence de vertèbres, de côtes, d'os des mains et des pieds indique que contrairement aux carcasses des grands herbivores, il existe un choix. Les restes humains apportés dans la grotte ont été sélectionnés. Les types de fractures observées sur les os humains sont intentionnels pour en extraire la moelle. En particulier, deux fragments de fémur gauche correspondant à deux individus différents, découverts côte à côte dans la couche 13, présentent tous deux une fracture en biseau d'origine anthropique. Les restes des néandertaliens recueillis dans la grotte de l'Hortus témoignent d'un cannibalisme très probablement rituel.

Les néandertaliens de l'Hortus venaient-ils en ce lieu pour traquer les bouquetins et pour effectuer aussi des pratiques cannibales rituelles ?

L'étude anthropologique des restes humains a permis de mettre en évidence une population de néandertaliens graciles, différente de celle des néandertaliens classiques du sud-ouest de la France comme ceux de La Chapelle-aux-Saints, de La Ferrassie ou du Regourdou.

Cette population néandertalienne de l'Hortus relativement tardive (entre 45 000 et 35 000 ans) a été rapprochée ultérieurement d'autres populations néandertaliennes, graciles elles aussi, mais plus anciennes dans le temps (entre 80 000 et 70 000 ans) dans la Caverna delle Fate, en Ligurie italienne.

L'abri Breuil

Alors que nous organisions des prospections systématiques dans les gorges du Verdon pour repérer les sites préhistoriques alors que certaines allaient être ennoyées par la construction des barrages, le 14 août 1961, avec Robert Brandi et Gisela Garcia Huidobro Gonzalès, nous décidâmes d'effectuer un sondage dans un abri-sous-roche situé sur une corniche escarpée à 80 mètres d'altitude au-dessus de la rivière dans la plaine de Quinson, à proximité de l'entrée des basses gorges du Verdon. En revenant de l'abri, Bernard Bottet, neveu de l'abbé Breuil, qui participait lui-même aux fouilles de la Baume Bonne, nous apprit que son oncle venait de mourir dans la journée. Nous avons alors donné son nom au site préhistorique que nous venions de découvrir.

Cet abri a servi de halte de chasse à des populations néandertaliennes, chasseuses de bouquetins, et occasionnellement de chevaux, à la fin du pléistocène supérieur ancien entre 45 000 et 35 000 ans. Les chasseurs néandertaliens qui s'installaient à intervalles plus ou moins réguliers dans cet abri-sous-roche traquaient le bouquetin sur les pentes escarpées de la plaine de Quinson et des gorges du Verdon et chassaient parfois le cheval relativement abondant dans les espaces découverts de la plaine de Quinson pendant une période froide et sèche de la fin du pléistocène ancien. Leur outillage correspond à un moustérien typique, riche en racloirs, sans pièce à retouches écailleuses, scalariformes.

Afin de mieux connaître les comportements de subsistance et les modes de vie des peuples néandertaliens sur le littoral méditerranéen, nous avons étendu nos recherches en Italie et en Espagne.

Les néandertaliens de Ligurie

Giuseppe Isetti, préhistorien italien qui avait prospecté de nombreux sites moustériens en Ligurie, vint nous rencontrer à Marseille pour nous présenter ses découvertes dans divers sites préhistoriques et en particulier à San Remo, sur le site de

San Francesco. Il fut décidé d'organiser un grand programme de coopération pour élaborer une synthèse non seulement des cultures moustériennes en Ligurie au sein de leur paléoenvironnement, mais aussi d'étudier les plages marines quaternaires dont certaines étaient en relation avec des dépôts préhistoriques.

Dans la grotte de la Madonna dell'Arma, nous avons effectué plusieurs chantiers de fouilles, où sur une plage marine tyrrhénienne, datée de 120 000 ans, plusieurs niveaux moustériens ont livré de riches faunes quaternaires, des industries lithiques moustériennes et des restes humains néandertaliens.

Au-dessus de la plage marine tyrrhénienne, correspondant à une mer chaude, des niveaux moustériens ont livré des faunes quaternaires : éléphant antique, hippopotame, rhinocéros de Merck correspondant à une période chaude intertropicale, suivis de dépôts correspondant à un climat plus tempéré, riche en ossements de cerf.

Les journées se terminaient dans un petit hôtel d'Arma di Taggia, autour d'un plat de spaghettis arrosé d'un vin pétillant : le lambrusco.

Le site de San Francesco avait été mis au jour à l'occasion de la construction d'un grand immeuble à San Remo. La plus grande partie du matériel archéologique avait été recueillie sur les déblais de terrassement et nous n'avons pu avoir accès qu'à une toute petite partie de sédiments en place.

L'outillage lithique, extrêmement riche, contenait de nombreux éclats bruts de taille, de débitage levallois, et de nombreuses lames. Le petit outillage retouché peu abondant comprenait quelques racloirs, de nombreux denticulés et des couteaux à dos distaux que nous avons appelés « couteaux de San Remo ».

Les sols d'occupation du site ont été mis au jour dans des dépôts de limons sablo-argileux, présentant une très forte pente vers le rivage actuel, correspondant à un niveau de base situé beaucoup plus bas que le niveau actuel de la mer et correspondant à l'un des maxima du retrait de la mer au cours de la dernière glaciation.

Il s'agit d'un moustérien très évolué qui annonce les cultures du paléolithique supérieur, lié vraisemblablement à une acculturation des populations néandertaliennes à la fin du pléistocène supérieur ancien entre 40 000 et 35 000 ans.

Invités par Giuseppe Vicino, nous avons entrepris de 1983 à 1987 des fouilles en collaboration avec Giacomo Giacobini et Massimo Ricci dans la Caverna delle Fate, près de Finale Ligure, qui avait été fouillée au XIXe siècle par le père Gian Battista Amerano.

Il fallut préalablement enlever de très grandes quantités de déblais pour atteindre les couches restées en place. Cette opération exigea un travail considérable organisé au cours de plusieurs mois de fouilles, après avoir installé un téléphérique pour extraire les sédiments retournés et les tamiser au fur et à mesure sous la conduite de notre fille Marie-Isabelle. Nous fûmes récompensés par la découverte de nombreux restes néandertaliens associés à une faune quaternaire abondante et à une industrie moustérienne.

Les restes humains néandertaliens mis au jour dans cette grotte correspondent à un adulte et un enfant de 8 à 10 ans, très proches de ceux recueillis à l'Hortus, qui confirment l'existence, parmi les néandertaliens, de différents types de populations, l'une robuste connue dans le sud-ouest de la France et en Europe centrale, l'autre plus gracile qui peuplait l'arc septentrional méditerranéen.

Le soir, après la journée passée dans l'obscurité de la Caverna delle Fate, nous nous retrouvions avec toute l'équipe dans le restaurant isolé dans l'arrière-pays *La Grotta* près de la grotte de la Madonna dell'Arma autour d'une multitude d'antipasti et d'une cuisine typiquement italienne servis par des hôtes très accueillants.

Avec Renata Griffoni, Henry a entrepris en 1960 l'étude des industries moustériennes de la grotte du Fossellone située en bord de mer, au mont Circé dans le Latium au sud de Rome. Ce site qui avait été fouillé à partir de 1937 par le baron Alberto Carlo Blanc et ses collaborateurs avait livré, sous des niveaux aurignaciens et au-dessus d'une plage marine quaternaire, une très riche industrie moustérienne taillée sur de petits galets. Les dépôts de l'aurignacien ancien sont séparés de ceux du moustérien par une importante couche stérile.

L'industrie conservée à l'Institut italien de paléontologie humaine de Rome a pu être étudiée grâce à l'accueil bienveillant d'Alberto Carlo Blanc et de Luigi Cardini.

Cette industrie riche en racloirs à retouches écailleuses scalariformes peut être rapprochée des industries moustériennes charentiennes, mais avec un faciès particulier appelé pontinien en raison du support sur lequel les outils ont été façonnés : des galets de petite taille.

À la fin d'une journée de travail, Henry a voulu visiter le quartier neuf de Rome, l'EUR, projet élaboré pour l'Exposition universelle de Rome et, alors qu'il était monté sur un parapet pour faire des photographies, en reculant, il fit une chute de 3 mètres. Le collègue qui l'accompagnait se précipita pour l'aider à se relever, mais il ne pouvait plus bouger.

Dans ce quartier isolé, nul ne s'arrêta, suspectant un piège. Enfin une personne plus courageuse et compréhensive téléphona à un service d'urgence pour faire venir une ambulance, qui transporta immédiatement le blessé dans un grand hôpital de Rome où fut diagnostiquée une fracture de la cinquième vertèbre lombaire et du calcanéum. Henry fut installé dans un immense dortoir avec des dizaines de lits, sous la surveillance de religieuses. Lui qui souffrait effroyablement réclamait un calmant, mais la religieuse de service lui conseilla d'offrir ses souffrances au Seigneur pour le rachat de l'humanité !

Marie-Antoinette, qui se trouvait en France, fut alertée. Elle se rendit immédiatement à Rome pour s'occuper de son fiancé. Elle rencontra le professeur Marino Zucco, patron du service de chirurgie orthopédique, dans un hôtel particulier fastueux de la ville pour l'inciter à s'occuper attentivement d'Henry, à autoriser une médication à base de calmants et à l'installer si possible dans une chambre isolée. Le professeur Alberto Carlo Blanc, directeur de l'Institut de paléontologie humaine de Rome et célèbre préhistorien, venait le voir régulièrement sur son lit d'hôpital, ainsi que de nombreux collègues italiens.

Le chirurgien procéda à la pose d'une broche à travers le calcanéum et l'astragale, et Henry fut disposé à plat ventre sur une sorte de hamac où il resta immobilisé pendant un mois. Pour pouvoir le transférer en France, le thorax fut immobilisé dans une coque plâtrée. Marie-Antoinette obtint un avion sanitaire, qui les transporta tous deux à Marseille. Henry fut admis dans le service de chirurgie orthopédique de l'hôpital de la Conception, où Marie-Antoinette était externe des hôpitaux, sous la responsabilité du professeur Michel Salmon.

En 1939, au cours de son voyage de noce, le baron Alberto Carlo Blanc s'était arrêté quelques jours au mont Circé, dans le Latium, au sud de Rome. L'hôtelier qui le reçut, M. Guattari, lui présenta un crâne qu'il venait de recueillir en surface dans le fond d'une petite grotte. Ce crâne bas, comportant un bourrelet massif et continu au-dessus des orbites et une face prognathe, présentait toutes les caractéristiques d'un néandertalien.

Le baron Blanc se rendit immédiatement dans la caverne pour voir l'emplacement d'où provenait ce crâne. Il observa qu'un cercle de pierres entourait le fossile et que le sol de la caverne était jonché de faunes quaternaires et de quelques outils préhistoriques. Des fouilles furent entreprises immédiatement par Alberto Carlo Blanc et Luigi Cardini, puis, en 1950, par Aldo Segre.

Les dépôts moustériens de cette grotte reposent sur une plage marine quaternaire tyrrhénienne.

La faune comprend l'hippopotame, l'éléphant antique, le rhinocéros de Merck, le cerf, le daim, le cheval, l'auroch et le bouquetin dans les couches supérieures ainsi que quelques grands carnivores, en particulier la hyène et l'ours des cavernes.

L'industrie correspond à un moustérien de type Quina aménagé sur petits galets, appelé pontinien.

La présence d'une large ouverture circulaire à la base du crâne qui avait agrandi le trou occipital, et la disposition au milieu d'un cercle de pierres firent penser au baron Blanc qu'il s'agissait d'un dépôt rituel. Les néandertaliens auraient ouvert le crâne pour s'approprier le cerveau dans une pratique rituelle afin de récupérer les forces physiques et psychiques du défunt.

Conduits d'abord par le baron Blanc, puis après son décès par Helena Blanc et le professeur Aldo Segre, nous avons visité la grotte Guattari, interpellés par l'interprétation symbolique proposée. En concertation avec Marcello Piperno et son épouse Grazia Maria Bulgarelli, nous avons en 1979 envisagé de reprendre l'étude et d'effectuer un moulage de la surface du sol jonché d'ossements dans la région où se trouvait le crâne. Henry proposa que le professeur Giacomo Giacobini et René David, le mouleur du laboratoire du Lazaret, se chargent du moulage de ce sol. Finalement, il a été effectué ultérieurement par l'entreprise italienne Ikos.

Giacomo Giacobini et Marcello Piperno, en 1980, vinrent sur place pour examiner la surface à mouler et constatèrent que de nombreux ossements en surface avaient été rongés par une hyène ; ils conclurent tous les deux que le crâne humain néandertalien avait été apporté par une hyène dans la caverne, au grand désespoir d'Aldo Segre. L'interprétation d'une pratique rituelle était abandonnée et le projet de moulage fut suspendu. On imagine mal qu'une hyène ait pu découper proprement un orifice autour du trou occipital du crâne de la grotte de Guattari, avant de l'abandonner dans un cercle de pierres. Il est bien évident que la hyène des cavernes a fréquenté la grotte, mais ce n'est certainement pas elle qui a taillé des outils et peut-être non plus apporté le crâne. Sinon, pourquoi ne l'aurait-elle pas broyé avec ses puissantes mâchoires ?

La mise en évidence d'une tanière de hyène dans la grotte Guattari n'est pas incompatible avec la fréquentation de la grotte par l'homme et la pratique d'un cannibalisme rituel.

Après le départ des hommes, des hyènes et des ours, la surface de cette grotte a été miraculeusement conservée par un effondrement du porche, qui a été rouvert en 1939 par des travaux d'aménagement effectués par Guattari.

Pour l'étude des cultures moustériennes, d'autres aventures nous attendaient en Espagne.

Les néandertaliens d'Espagne

En 1961, invité par le professeur Eduardo Ripoll Perello, directeur du musée d'Archéologie de Barcelone, Henry se rendit avec Georges Laplace à l'abri Romani, à Capellades, à 50 kilomètres de Barcelone, pour ouvrir de nouvelles fouilles dans un abri préhistorique où Amador Romani avait mis au jour en 1910 et 1911 un niveau aurignacien superposé à des couches moustériennes. Georges Laplace était alors très intéressé par l'étude des premières industries du paléolithique supérieur sur le littoral méditerranéen, où de petites lamelles à retouches marginales associées à des grattoirs carénés caractérisaient les cultures des premiers hommes modernes qu'il appelait le « synthétotype aurignaco-périgordien ». C'était au début d'un hiver rigoureux et nous allions régulièrement nous réchauffer en buvant du thé dans la fabrique de papier voisine. Le 8 novembre, notre attention fut attirée devant l'entrée de l'église de Capellades par une cérémonie traditionnelle. Des hommes avaient sorti de l'église une très belle Vierge en bois pour l'installer sur la place et ils dansaient autour d'elle une sardane, après avoir jeté leur veste sur un parapet.

L'abri Romani, situé en bordure d'un massif de travertin, avait livré, sous un niveau aurignacien à lamelles Dufour, des niveaux moustériens riches en industrie lithique contenant de nombreux denticulés. Le site a été occupé à la fin des temps moustériens par des chasseurs de chevaux et de cerfs.

Plus récemment, nous sommes revenus visiter le site, où notre collègue Eudald Carbonell i Roura a ouvert un immense chantier où des fouilles importantes ont permis de dégager des sols d'occupation moustériens dont l'âge est compris entre 80 000 et 40 000 ans, interstratifiés de formations de travertins et riches en faunes et industries lithiques. De nombreux petits foyers de 30 centimètres en moyenne avaient été installés par les chasseurs moustériens principalement au pied des parois et dans diverses zones.

L'intérêt de ce site est la découverte de négatifs d'objets, en bois : récipients, sièges, poutres, dont les empreintes négatives sont parfaitement conservées dans les travertins. L'abri Romani permet d'avoir une connaissance des équipements en bois fabriqués par les chasseurs néandertaliens.

Invités par Jordi Canal i Roquet et le docteur Corominas, nous avons repris à partir de 1972, en collaboration avec Narcisse Soler i Masferrer, des fouilles dans la grotte de l'Arbreda à Serinya, à proximité du lac de Bañolas. Ce site extraordinaire, dont le remplissage atteint plusieurs mètres de hauteur, a livré des industries allant du moustérien à la base, au châtelperronien, au gravettien, et au solutréen à l'épipaléolithique au sommet.

Les fouilles effectuées dans les grottes de Serinya ont permis de développer des relations étroites de part et d'autre des Pyrénées entre les chercheurs français et catalans et notamment entre le Centre européen de recherches préhistoriques de Tautavel et l'Université de Gerone.

La grotte de l'Arbreda s'est révélée un site majeur pour connaître les conditions paléoenvironnementales et paléoclimatiques du passage des cultures moustériennes portées par les néandertaliens aux cultures du paléolithique supérieur dues aux hommes modernes.

Invités par Cecilio Barroso Ruiz et son épouse Francisca Medina Lara, nous nous sommes rendus en 1983 dans la grotte du Boquete de Zafarraya située sur la commune d'Alcaucin, au nord-est de la province de Malaga en Andalousie.

Elle s'ouvre à environ 1 000 mètres d'altitude sur une corniche escarpée au pied d'une grande falaise calcaire de 70 mètres de hauteur. Elle domine un talus de 120 mètres au-dessus du fond de la vallée. À proximité du col de Zafarraya qui fait communiquer deux régions naturelles, la province de Malaga et celle de Grenade, elle occupe une position dominante stratégique.

À la fin de l'époque moustérienne, aux environs de 40 000 ans, la grotte a été occupée à plusieurs reprises par des petits groupes de chasseurs de bouquetins. Le choix de l'habitat était alors motivé par la présence de hardes de bouquetins qui vivaient dans les corniches rocheuses et la proximité des gîtes de matière première lithique.

La détermination de l'âge d'abattage des animaux chassés permet d'envisager des occupations répétées en début d'été et plus généralement sur toute la période estivale. Les occupations humaines de courtes durées sont intercalées avec des occupations de carnivores venus profiter des restes culinaires abandonnés dans la cavité par les hommes à leur départ.

L'approvisionnement en silex s'est effectué dans un territoire de 12 kilomètres de rayon au maximum. Les meilleurs silex ont été sélectionnés en priorité et proviennent des zones les plus éloignées de l'habitat (7 et 12 kilomètres). Les silex locaux, exploitables à proximité immédiate de la cavité, ont été utilisés presque systématiquement, mais dans des proportions parfois très faibles.

L'assemblage lithique présente toutes les composantes d'un moustérien classique tant du point de vue technologique que typologique. Il s'assimile au moustérien du type de l'Hortus qui est représenté dans quelques gisements du sud de la France.

L'espèce chassée massivement est le bouquetin jeune, animal rupicole qui vivait autour de la cavité sur les pentes escarpées. Quelques restes de grands herbivores tels que le cerf, le cheval et l'aurochs témoignent d'une légère diversité dans l'alimentation et dans les biotopes exploités. La chasse sélective portée sur le bouquetin était peut-être destinée à la constitution d'un stock de viande, probablement séchée, et à l'alimentation journalière.

Les restes humains retrouvés dans la grotte sont très fragmentaires et ne proviennent en aucun cas d'une sépulture. Les fragments crâniens sont surreprésentés et marqués par des stries de découpe au niveau des insertions musculaires. Beaucoup étaient concentrés dans une cuvette et éclatés par une fracturation intentionnelle puis par le feu. Une mandibule porte des traces d'ablation des joues et de la langue. Ces traces de traitement des ossements humains, déjà observées sous des formes différentes dans d'autres sites moustériens, pourraient être liées à un comportement symbolique envers les défunts.

La grotte du Boquete de Zafarraya a été utilisée, comme celle de l'Hortus ou celle du Salpêtre de Pompignan dans le sud de la France, pour des haltes de chasse ou des campements de très courte durée de chasseurs de bouquetins qui pratiquaient éventuellement le cannibalisme.

Les fouilles conduites par Cecilio Barrozo Ruiz ont livré cinquante-cinq fragments humains qui appartiennent à des néandertaliens classiques. Une dépression remplie d'os humains éclatés sous l'action du feu parmi lesquels se trouvent les membres inférieurs d'une femme a été reconnue près de l'entrée de la grotte.

La plupart des restes humains présentent des cassures sur os frais et des stries produites par des outils lithiques pour récupérer éventuellement les chairs. Le choix des portions squelettiques est un argument important pour attester la pratique d'un cannibalisme rituel et non alimentaire.

Après leur consommation, les hommes ont quitté la grotte et les ossements abandonnés ont été mordillés par les carnivores qui ont laissé les traces de leurs dents superposées aux stries anthropiques.

Lors de retours ultérieurs d'un groupe de chasseurs, quelques os longs épars (fémur, tibia, mandibule) ont été rassemblés, et déposés dans une fosse qui a servi de foyer. Les os brûlés ont éclaté sous l'action du feu. Dans le cas du Boquete de Zafarraya, les os secs ont servi de combustible.

Cette étude a mis fin au mythe du « barbecue préhistorique ». Les restes humains découverts à Zafarraya permettent d'observer un mode de traitement original consistant, après consommation des chairs, à brûler certains ossements.

Avec tous les participants qui ont étudié sur le terrain le site du Boquete de Zafarraya, nous ne pourrons oublier l'accueil chaleureux et enthousiaste de Cecilio qui, tous les soirs après des journées harassantes dans cette grotte si haut perchée, organisait dans le hameau de Zafarraya, au nord du col, de réconfortantes soirées où les steaks de chevaux étaient toujours au rendez-vous.

Un séjour en Dordogne

En 1957, au cours d'un long séjour en Dordogne, nous avions planté notre tente à Carsac dans le jardin de François Bordes. Chaque jour, nous l'accompagnions sur l'un de ses chantiers de fouilles, à la Micoque, au Pech de l'Aze, à Combe Grenal ou à Laugerie-Haute.

Le gisement de la Micoque, en pied de roche, est situé au nord des Eyzies-de-Tayac, sur le flanc gauche du vallon de Manaurie, à quelques centaines de mètres de la rive droite de la Vézère et du site de Laugerie-Haute.

Six principaux niveaux archéologiques peuvent être attribués au paléolithique inférieur par l'industrie et la faune. Des analyses obtenues par la méthode de l'ESR permettent de dater ces niveaux entre 400 000 et 130 000 ans.

L'industrie des niveaux inférieurs, appelée tayacienne par l'abbé Henri Breuil, intéressait Henry tout particulièrement, qui comparait le matériel avec celui qu'il avait mis au jour dans la grotte de la Baume Bonne à Quinson, dans les gorges du Verdon.

Les fouilles organisées sur le site par François Bordes, avec la collaboration d'étudiants américains et australiens, auxquelles nous participions sont restées pour nous mémorables.

Denise de Sonneville-Bordes, son épouse, restait au Musée national de préhistoire des Eyzies pour préparer sa thèse de doctorat sur les industries du paléolithique supérieur du Périgord. Alors que sous le soleil de l'été nous dégagions un niveau paléolithique dit tayacien, une étudiante australienne perdit son soutien-gorge, ce qui mit François Bordes dans une colère terrible : tout rouge, il l'expulsa du chantier, à l'étonnement des collègues.

Lors des campagnes de fouilles à Combe Grenal, nous quittions tous les matins Carsac pour nous rendre en voiture avec François Bordes sur le site, situé près du village de Domme à 10 kilomètres au sud-est de Sarlat.

Au cours de ces fouilles conduites de 1953 à 1965, François Bordes a identifié 28 niveaux archéologiques qui ont livré des industries lithiques et des vestiges de faune échelonnés de l'acheuléen au moustérien. Dans différentes couches de faciès moustérien ont été mis au jour des fragments de restes osseux et dentaires néandertaliens, composés de fragments crâniens et mandibulaires, de dents isolées, d'os longs et d'os de mains et d'un pied, attribués à 8 individus, aussi bien des adultes que des adolescents et des enfants.

Les fouilles effectuées à Combe Grenal ont mis en évidence une alternance de complexes moustériens très différents : moustérien typique, moustérien à denticulés, charentien, moustérien de tradition acheuléenne. S'agit-il de réelles cultures différentes ou de modes différents d'occupation de la caverne ? Cette question était alors l'objet de discussions parfois très animées entre les chercheurs.

Au cours de notre séjour en Dordogne, François Bordes souhaitait nous faire visiter le célèbre site du Pech de l'Azé, situé à proximité de son domicile à Carsac. Il avait effectué d'importantes fouilles dans le Pech de l'Azé II où il avait mis au jour une belle séquence du pléistocène moyen et supérieur qui a livré à la base l'acheuléen méridional à hachereaux, surmonté par des niveaux du moustérien typique, du charentien de type Ferrassie et au sommet du moustérien à denticulés.

Le Pech de l'Azé II est mitoyen du Pech de l'Azé I qui a livré du moustérien de tradition acheuléenne dans lequel a été mis au jour le crâne d'un enfant néandertalien âgé de 2 ans et demi environ, attribué à la fin du pléistocène moyen, qui serait daté de la dernière glaciation.

Au cours d'une de ces visites, François Bordes nous a raconté qu'un jour, en arrivant sur le site, il eut une hallucination et se trouva en présence du groupe de néandertaliens qui occupait la grotte. Ils avaient le corps coloré. Rappelons qu'il a mis au jour plusieurs centaines de fragments de minéraux colorants, dont certains présentent des traces d'utilisation.

Arcy-sur-Cure

En 1963, sur la route de Marseille à Paris, nous nous sommes arrêtés, en Bourgogne, à proximité d'Auxerre pour visiter le site d'Arcy-sur-Cure, où le professeur André Leroi-Gourhan poursuivait ses grands chantiers de fouilles.

Les grottes s'ouvrent dans un vaste réseau karstique, sur la rive gauche de la Cure, comprenant quatorze cavités principales dont le Trilobite, le Loup, la Hyène, le Cheval, le Bison, le Renne, le Lagopède.

Dans la grotte du Renne, en cours de fouilles, André Leroi-Gourhan avait reconnu une séquence stratigraphique exceptionnelle, avec à la base des niveaux moustériens de la fin du paléolithique moyen, surmontés par des niveaux châtelperroniens, aurignaciens, gravettiens et protosolutréens.

Des dents de renard perforées dans les niveaux châtelperroniens sont parmi les éléments de parure les plus anciens connus. L'association des industries moustériennes de ce niveau avec des pointes de Châtelperron, couteaux à dos abattu qui évoquent certaines pièces du paléolithique supérieur, et avec des éléments de parure, témoigne d'une acculturation des derniers néandertaliens au contact des hommes modernes.

Plusieurs dents humaines découvertes dans ces niveaux ont été attribuées à des néandertaliens.

Dans la grotte voisine de la Hyène, il avait mis au jour, associés à des industries très riches du moustérien typique et du moustérien denticulé, plusieurs restes humains, dont une mandibule (Augusta) et un maxillaire appartenant à deux néandertaliens adultes mêlés aux déchets culinaires.

Dans la petite grotte du Cheval, Leroi-Gourhan reconnut des peintures pariétales, figurant des mammouths, des cervidés, des bisons et un cheval.

Dans la grande grotte, longue de plus de 500 mètres, Dominique Baffier et Michel Girard ont pu reconnaître de nombreuses peintures représentant principalement des mammouths, mais aussi des cervidés, un bison et un cheval ainsi que des empreintes de mains négatives recouvertes par des voiles stalagmitiques. Ces peintures peuvent être attribuées à la culture gravettienne comme celles de la petite grotte du Cheval.

À la fin de notre visite, accueillis à Vermenton dans la famille Leroi-Gourhan, nous avons apprécié un succulent repas russe arrosé de vodka, préparé par le professeur lui-même, le Patron, ainsi que l'appelaient ses collaborateurs et ses élèves.

En Grèce : les néandertaliens de la grotte de Kalamakia

En 1993, avec le jeune chercheur grec Andreas Darlas, qui avait soutenu un doctorat de préhistoire dans notre laboratoire de Marseille, nous avons décidé d'entreprendre des fouilles dans la grotte de Kalamakia, sur la commune d'Aeropolis dans le Magne, au sud du Péloponnèse. Pour la première fois, un site moustérien était mis au jour sur le territoire grec. Cette caverne située en bord de mer a livré au-dessus d'une plage marine tyrrhénienne, datée d'environ 120 000 ans, des dépôts continentaux dont l'âge est compris entre 80 000 et 35 000 ans. Des restes humains néandertaliens ont été mis au jour dans la couche IV datée de plus de 40 000 ans.

Située en bord de mer et en plein soleil, cette grotte constitue une sorte de parabole qui concentrait le rayonnement solaire. Il était très difficile de maintenir les étudiants sur le chantier de fouille qui, en permanence, étaient tentés d'aller se baigner. C'est grâce à l'exigence d'Andreas Darlas que le chantier put se dérouler normalement.

Au cours de l'un de ces chantiers, nous avons voulu prendre des photographies de l'entrée de la grotte à partir de la mer. Un pêcheur nous proposa de nous conduire avec sa barque alors qu'il revenait d'une pêche à la langouste. Après une longue balade en mer et la prise de nombreuses photographies, le vent s'est levé. Nous avons décidé de revenir à terre. Le vent contre nous, le bateau avait du mal à avancer. Soudain le moteur tomba en panne, le pêcheur déploya les rames pour remplacer le moteur et rentrer contre le vent. Au bout de quelques minutes, comme nous nous rapprochions de la côte, l'une des rames se brisa. Le fils du pêcheur qui l'accompagnait sauta à l'eau pour tirer le bateau avec une corde en piteux état. Elle se cassa rapidement. Il lui fut cependant possible de ramener la barque près des rochers. Au cours de ce périple, nous avons eu très peur de dériver au large, puis vers l'Afrique... Pour nous réconforter et terminer la journée, c'est dans un petit restaurant de Kalamakia que nous avons consommé quelques langoustes offertes par le pêcheur.

En Croatie : les néandertaliens de Krapina

Après la découverte des restes humains néandertaliens de la grotte de l'Hortus dans l'Hérault, nous avons décidé de comparer les fossiles connus, contemporains ; c'est ainsi que nous avons organisé cinq missions, entre 1965 et 1980 à Zagreb, pour étudier les nombreux restes humains néandertaliens qui avaient été découverts en 1899 dans l'abri-sous-roche à Krapina et avaient été étudiés par Gorjanovic-Kramberger et conservés au laboratoire de paléontologie.

Nous fûmes accueillis par le professeur Mirko Malez, géologue préhistorien du laboratoire de géologie et de paléontologie du quaternaire à Zagreb, qui facilita notre étude des fossiles conservés au Muséum sous la direction du professeur Cronolotac. Après la longue journée de travail auprès d'un poêle monumental en céramiques, nos soirées se poursuivaient dans un restaurant de Zagreb, où nous pouvions découvrir et apprécier la viande d'ours fumée, rôtie ou en civet.

Le professeur Cronolotac nous offrit d'excellents moulages des fossiles néandertaliens de Krapina. Ils sont actuellement conservés dans notre laboratoire. Pour signifier sa reconnaissance, Marie-Antoinette offrit les bottes blanches qu'elle portait, que la fille du professeur avait admirées.

C'est le 9 novembre 1970, avant de quitter Zagreb, que nous apprîmes le décès du général de Gaulle, qui était une personnalité que nos collègues yougoslaves admiraient parce qu'il avait défendu Tito contre l'URSS.

En Hongrie : les néandertaliens de la grotte d'Erd

En 1968, nous sommes revenus en Hongrie pour visiter le site paléolithique d'Erd, où vivaient des chasseurs d'ours des cavernes, fouillé et étudié par Miklos et Veronika Gabori-Csank, et que nous avions aidés par la suite à mettre au point leur ouvrage *La Station du paléolithique moyen d'Erd, Hongrie,* publié en 1967.

L'industrie de ce site est de type moustérien oriental. Elle est riche en racloirs et dans une moindre mesure en racloirs denticulés, denticulés et encoches.

Lors de ce nouveau séjour en Hongrie, au cours de l'hiver 1968, invités par Mme Vertes, nous évoquâmes la mémoire de son mari récemment décédé qui avait fouillé le site très ancien de Vertesszöllös où il avait mis au jour des foyers entretenus par de la graisse animale datés d'environ 380 000 ans. Quelques mois auparavant, nous lui avions annoncé la naissance d'Edward, notre deuxième garçon, et pour elle une naissance remplaçait le départ d'un ancien : c'était l'ordre de la vie. Notre enfant nouveau-né remplaçait son mari Lazlo.

En Anatolie : les néandertaliens de la grotte de Karaïn

Invités par le professeur docteur Isin Yalcinkaya de l'Université d'Ankara, qui avait été accueillie en 1975 et 1976 dans notre laboratoire à Marseille, nous nous sommes rendus sur le site préhistorique de la grotte de Karaïn E à quelques kilomètres d'Antalya dans le sud de l'Anatolie. Un programme de coopération fut mis en place pour faire l'étude géologique du site et participer en collaboration avec Isin Yalcinkaya et Harun Taskiran à l'étude des industries paléolithiques, des faunes quaternaires et des restes humains néandertaliens.

Plusieurs missions furent organisées sur le site de Karaïn pour les travaux de terrain et au laboratoire de l'Université pour l'étude du matériel recueilli.

Le site de Karaïn E est l'un des principaux gisements d'Anatolie. Ses dépôts dépassent 10 mètres d'épaisseur et datent de 500 000 ans environ à la base jusqu'à 30 000 ans au sommet. Il a livré de nombreux niveaux archéologiques. On y trouve à la base des niveaux à industrie de type jabrudien, avec de nombreux racloirs à retouches écailleuses scalariformes et de rares bifaces, au-dessus un moustérien du type de Karaïn ou moustérien du Zagros, caractérisé par de nombreuses pointes retouchées sur éclat de débitage levallois, et au sommet un moustérien typique.

Les restes humains néandertaliens recueillis dans la grotte ont été étudiés au laboratoire de préhistoire de l'Université d'Ankara par notre équipe, avec Isin Yalcinkaya. D'autre part, Henry, avec ses collaborateurs et Isin, ont analysé les industries paléolithiques des différents niveaux. C'est Nicolas Boulbes qui a été chargé de l'étude des faunes.

En Géorgie : les grottes de Sakajia, d'Ortvala, de Djurjula et la grotte du Bronze

En 1974, invités par le gouvernement soviétique, nous nous sommes rendus en Géorgie pour aller visiter quelques sites paléolithiques célèbres. Accueillis sur l'aéroport par Alexandre Kalandaze et David Touchabramichvili avec d'immenses bouquets de fleurs, nous avons été conduits sur les principaux sites moustériens des pentes méridionales du Grand Caucase et en particulier dans les grottes de Sakajia, d'Ortvala et de Djurjula (Djurchula).

Toutes ces grottes ont livré des niveaux archéologiques du paléolithique moyen contenant une faune très riche : bouquetins, bisons, cerfs élaphes, et parfois des restes humains néandertaliens, alternant avec des niveaux sans industrie lithique, mais riches en ossements d'ours des cavernes.

Ces niveaux moustériens sont souvent surmontés par des niveaux à industries du paléolithique supérieur, dont ils sont séparés par d'importantes couches stériles. Cela semble démontrer que dans cette région du Caucase, les populations néandertaliennes ont disparu quelques millénaires avant l'arrivée des hommes anatomiquement modernes, ce qui suggère une absence de contact et d'interaction entre les deux populations.

Au cours de plusieurs missions successives en Géorgie, conduits par David Lordkipanidze pour visiter des sites paléolithiques, nous étions souvent accueillis chez des amateurs passionnés de préhistoire, dont les épouses nous faisaient chaque fois apprécier les meilleurs khatchapouri de Géorgie, longuement arrosés de slivovitz.

En juin 2002, durant une nouvelle mission sur le site de Sakajia, menée par Medea Nioradze, en compagnie de David Lordkipanidze et Eudald Carbonell i Roura, en sortant de la grotte, Henry a glissé sur une dalle calcaire et s'est cassé le bras droit. Transporté immédiatement à l'hôpital après un coup de téléphone de David, il a été accueilli sur le porche par une dizaine de médecins qui l'ont pris en charge aussitôt et lui ont confectionné un plâtre imposant pour bloquer totalement le membre supérieur droit. Son grand désespoir a été de ne plus pouvoir se servir de sa main droite pendant plus d'un mois.

CHAPITRE 12

Les premiers hommes modernes

Très riche en sites préhistoriques, le Périgord a attiré l'attention de nombreux chercheurs depuis la fin du XIXe siècle, alors que la préhistoire n'était encore qu'une science balbutiante. Ils essayaient de mettre en évidence la contemporanéité de l'homme et des animaux fossiles, et c'est essentiellement dans cette région qu'a pu être établi très tôt un cadre chronologique des grandes étapes de son évolution culturelle.

En 1864, Édouard Lartet a mis au jour dans l'abri de la Madeleine un fragment de défense de mammouth sur lequel avait été gravé un mammouth. Plus aucun doute, l'homme avait connu les mammouths depuis longtemps disparus.

Aujourd'hui encore, les jeunes préhistoriens ne peuvent faire l'impasse d'un pèlerinage en Dordogne.

L'abri de Cro-Magnon

C'est ainsi qu'en 1965 nous avons visité l'abri-sous-roche de Cro-Magnon, découvert en 1868, lors de la construction d'une route longeant la voie ferrée, qui a livré les squelettes de quatre adultes et d'un enfant, de type moderne caractéristiques de la lignée de Cro-Magnon.

Plusieurs couches réparties sur 2 mètres d'épaisseur, fouillées par Édouard Lartet, immédiatement après la découverte, puis par Élie Massenat en 1873 et Émile Rivière en 1894, ont livré des industries attribuées à l'aurignacien, qui se caractérise par des pointes de sagaies en os à base fendue, des lames à retouches épaisses aurignaciennes, des lames étranglées et des grattoirs carénés. Correspondant à la plus ancienne culture des hommes modernes en Europe occidentale, les industries aurignaciennes ont un âge compris entre 35 000 et 29 000 ans.

Les squelettes humains issus de la couche superficielle de l'abri de Cro-Magnon, dont le crâne de l'un des individus portait une coiffe funéraire ornée de plus de 300 littorines, longtemps attribués à l'aurignacien, sont vieux de 27 680 ans et appartiennent donc à une culture gravettienne plus récente.

Actuellement, le célèbre abri de Cro-Magnon, situé au pied de la falaise des Eyzies, derrière l'hôtel *Cro-Magnon*, très apprécié des touristes, est vidé de son remplissage et mériterait d'être aménagé en musée de site pour évoquer la vie quotidienne des aurignaciens et des gravettiens qui l'ont occupé entre 35 000 et 25 000 ans.

L'abri Pataud

La culture suivante, le gravettien, dont l'âge est compris entre 29 000 et 20 000 ans, largement répandue dans toute l'Europe, est bien représentée en Périgord, notamment à l'abri Pataud, fouillé de 1958 à 1964 par Hallam Movius, professeur à l'Université Harvard.

Pour valoriser le patrimoine archéologique découvert sur ce site, nous avons installé un musée de préhistoire inauguré le 31 mars 1990 par Hubert Curien, ministre de la Recherche. Il présente dans le gisement les coupes stratigraphiques et la chronologie des premières cultures du paléolithique supérieur en Périgord et, à côté, dans une zone non encore fouillée, un espace sous la voûte de l'abri où est présenté le matériel archéologique découvert dans l'abri. Ce musée permet de découvrir la stratigraphie de ce gisement qui s'étend sur quinze millénaires entre 35 000 et 20 000 ans et les témoins des occupations successives des chasseurs aurignaciens et gravettiens. En se promenant dans le musée du site de l'abri Pataud installé à proximité du Musée national de préhistoire des Eyzies-de-Tayac, le visiteur pénètre dans un campement de chasseurs de rennes au pied de la falaise des Eyzies et peut appréhender le comportement des hommes préhistoriques.

L'abri Pataud, du nom de l'ancien propriétaire des lieux, est situé dans le village des Eyzies-de-Tayac, au pied d'une haute falaise, à proximité immédiate de la Vézère, entre l'abri de Cro-Magnon et le Musée national de la préhistoire. Cet abri-sous-roche à la voûte effondrée, connu depuis le début du XXe siècle grâce à Émile Rivière, reçut la visite de Louis Capitan et de Denis Peyrony, mais c'est au cours des années 1950 que débutent des sondages, puis des fouilles conduites par l'Américain Hallam Movius, et ce jusqu'en 1964. Elles ont été poursuivies ensuite et jusqu'à nos jours par des chercheurs français et des étudiants sur des secteurs annexes.

Les 14 niveaux archéologiques mis au jour sur plus de 9 mètres d'épaisseur ont livré une longue séquence stratigraphique étagée de l'aurignacien ancien au gravettien puis au solutréen, sur une période de près de quinze millénaires.

Outre des milliers de témoignages d'industrie lithique et osseuse, des traces d'habitat autour de foyers aménagés, des restes de faune, l'abri Pataud a livré des fragments de gravures, de peintures pariétales et de minéraux colorants, des vestiges de parures, des objets d'art mobilier, dont un poisson gravé sur bois de cervidé, une figure féminine complète gravée sur une paroi et, au plafond de l'abri Movius, un bouquetin gravé. Plus de deux cents restes osseux humains correspondant au moins à six individus contemporains de la séquence finale du gravettien, vers 22 000 ans, ont aussi été découverts. C'est donc un site majeur pour éclairer l'évolution des cultures gravettiennes entre 29 000 et 20 000 ans avant notre ère.

L'outillage gravettien, comme celui de nombreux autres sites du même type dans le Périgord, est caractérisé par des pointes de la Gravette, des microgravettes, des lamelles à dos, des burins sur troncature, quelques grattoirs en bout de lame. Une figure féminine sculptée sur une plaquette de calcaire peut être rapprochée de nombreuses statuettes féminines aux formes opulentes de la culture gravettienne depuis l'Atlantique jusqu'à l'Oural et de la Sibérie jusqu'à la Méditerranée, ce qui met en évidence la grande unité des cultures gravettiennes européennes entre 29 000 et 20 000 ans.

En 1986, lors de l'aménagement du musée de l'abri Pataud, Brigitte Delluc a aperçu, sculpté au plafond de la caverne, un bouquetin qui n'avait jamais été repéré lors des nombreuses visites du site par des chercheurs souvent spécialistes de l'art préhistorique. Au cours des fouilles, pendant sept années, Hallam Movius et ses collaborateurs avaient installé leur table pour déjeuner en dessous de la sculpture sans jamais la remarquer. Le style de ce bouquetin gravé le rattache à la culture solutréenne, qui a occupé une partie de l'Europe occidentale pendant trois millénaires entre 20 000 et 17 000 ans environ avant notre ère.

La culture solutréenne présente à l'abri Pataud et surtout dans l'abri voisin de Laugerie-Haute est caractérisée par des pointes à face plane, des feuilles de laurier, armatures à retouches couvrantes bifaciales, et dans les périodes les plus récentes des feuilles de saule et des pointes à cran à retouches couvrantes sur la face supérieure.

L'abri de Laugerie-Haute

Henry n'a pas oublié le stage de fouilles qu'il a effectué en 1957, encore étudiant, sur le site de Laugerie-Haute avec François Bordes et Denise de Sonneville-Bordes, qui préparait sa thèse de doctorat en préhistoire. Il campait dans le jardin de la famille Bordes à Carsac et, le matin, après le passage du facteur, François Bordes lui apportait des enveloppes colorées en l'interpellant : « Encore des lettres de Marie-Antoinette. » Il ne la connaissait pas, mais il avait lu son nom au verso de l'enveloppe.

Le vaste abri-sous-roche de Laugerie-Haute est situé sur la rive droite de la Vézère, à proximité des Eyzies-de-Tayac, en Dordogne. À l'instar de nombreux sites préhistoriques de cette région, ce gisement a fait l'objet de fouilles menées dès la seconde moitié du XIXe siècle par Édouard Lartet et Henry

Christy, suivis par le très controversé Otto Hauser au début du XXe siècle, enfin par Denis Peyrony de 1921 au début des années 1930.

L'intérêt principal de Laugerie-Haute (secteurs est et ouest) réside dans sa très importante séquence stratigraphique révélant des occupations humaines étirées sur plusieurs millénaires du paléolithique supérieur, allant du gravettien au magdalénien. Ce témoignage exceptionnel illustré par plus de 40 niveaux archéologiques accompagnés par des outils, des foyers, des objets d'art mobilier, font de ce gisement une référence dans la connaissance de la chronologie du paléolithique supérieur.

Henry fit remarquer un jour à François Bordes qu'il était regrettable de ne pas tamiser les sédiments au fur et à mesure de leur enlèvement. De très petits objets pouvaient échapper à l'attention du fouilleur. Il lui fut rétorqué que les fouilleurs avaient suffisamment d'expérience pour ne rien laisser échapper. Quelques heures plus tard, Henry ramassait dans les déblais de la fouille une magnifique pointe à chas en os, magdalénienne, l'ancêtre de nos aiguilles. François Bordes la récupéra en bougonnant et n'adressa plus la parole à Henry de toute la journée.

Cette anecdote met bien en évidence que, lors d'une fouille préhistorique, un tamisage fin à l'eau est absolument indispensable, non seulement pour récupérer les pièces archéologiques qui ne l'ont pas été durant le travail de fouille, mais encore des objets minuscules comme des dents de rongeurs ou de petites coquilles qui apportent des données majeures sur l'environnement et la biochronologie.

Le grand abri de la Madeleine

En 1971, au cours d'une expédition en Dordogne, Jean-Marc Bouvier nous fit visiter le site de la Madeleine où il avait repris les fouilles et observé une culture du magdalénien supérieur comprise entre 10 500 et 8 500 ans av. J.-C. Il mit en évidence le choix par les magdaléniens de leur installation en fonction de l'orientation de l'habitat et de son ensoleillement. Ils installaient dans leur habitat des sols empierrés de galets. Les cultures magdaléniennes sont caractérisées par la présence d'un important outillage en os avec des sagaies, des pointes à chas (aiguilles) et une industrie lithique comprenant de nombreuses lames, des lamelles à dos, des pointes à cran, des burins, dont des burins à bec-de-perroquet, des grattoirs et l'apparition de microlithes géométriques dans le magdalénien supérieur.

Le Mas d'Azil

Au cours de nos fouilles sur le site de la caune de l'Arago, nous nous sommes très souvent rendus en excursion dans l'Ariège, avec notre grande Peugeot 404 familiale, pour présenter aux étudiants qui participaient au chantier de fouilles quelques sites préhistoriques de cette région, comme le Mas d'Azil et la grotte de Niaux.

La grotte du Mas d'Azil traverse le massif du Plantaurel, dans le département de l'Ariège. Elle s'ouvre au sud par un vaste porche qui marque l'entrée d'un long tunnel dans lequel s'écoule l'Arize, bordée sur la rive gauche par une terrasse alluviale et qui, sur la rive droite, communique avec un réseau complexe de galeries et de salles étagées, dont la salle Piette, la galerie Breuil, la galerie des Ours, la salle Mandement.

Les premières investigations menées en 1860 sont suivies par les travaux d'Édouard Piette à la fin du XIXe siècle, les études de l'abbé Henri Breuil en 1901-1902, les fouilles de Marthe et Saint-Just Péquart dans les années 1930-1940 dans la galerie des Silex, les explorations de 1936 à 1958 de Joseph Mandement et celles d'André Alteirac dans les années 1960-1970.

Ces différents travaux ont mis au jour de très importants témoins des cultures du magdalénien moyen et supérieur, industrie lithique, art mobilier sur os et sur bois de renne riche en détails d'une très grande finesse, vestiges de parures, gravures et peintures pariétales, et un crâne humain féminin dégagé en 1959. En même temps, le Mas d'Azil a permis à Édouard Piette en 1889 de reconnaître un faciès culturel inédit succédant immédiatement à la dernière séquence du paléolithique supérieur, nommé azilien (10 000-7 500 ans av. J.-C.), lequel a livré un outillage microlithique composé d'armatures de projectiles, une industrie osseuse constituée de harpons plats perforés, et des galets gravés et décorés à l'ocre caractéristiques de cette culture.

Des travaux engagés en 2012 destinés à l'aménagement touristique de la grotte ont mis au jour des niveaux archéologiques attribués à l'aurignacien (35 000-28 000 ans av. J.-C.).

Pincevent

En 1966, à l'issue de notre grand chantier de fouilles sur le site de Terra Amata, à Nice, où nous avions mis au jour plusieurs sols acheuléens superposés, André Leroi-Gourhan nous a invités à venir visiter son chantier de fouilles de Pincevent où il dégageait un grand sol d'occupation magdalénien depuis 1964. Le site se trouve situé sur la commune de La Grande-Paroisse en Seine-et-Marne, sur la rive gauche de la Seine, en aval de son confluent avec l'Yonne et en amont de celui avec le Loing.

Sur ce site ont été mis au jour plusieurs sols d'occupation de chasseurs de rennes, abattus au cours de l'été. L'étude de la répartition du matériel archéologique au sol a permis de mettre en évidence plusieurs unités d'habitation, constituées d'un foyer en cuvette, rempli de pierres, en arrière duquel se dressait une tente circulaire de quelques mètres carrés. Les fouilles effectuées sur le site de Pincevent permettent de reconstituer avec précision l'organisation spatiale d'un campement de chasseurs magdaléniens dans le Bassin parisien aux environs de 10 300 ans av. J.-C., c'est-à-dire au magdalénien supérieur.

Implanté sur un lieu stratégique en amont du confluent de la Seine et de l'Yonne, ce site de plein air a livré les vestiges de campements de chasseurs-cueilleurs sur 15 niveaux d'occupation successifs. La détermination des ossements de faune a permis d'identifier le mammouth, le cheval, le loup, le renard, le lièvre, des rongeurs de climat froid, mais avant tout le renne à plus de 90 % des restes, démontrant que la chasse était essentiellement orientée vers cet animal, en particulier lors des migrations d'automne qui réunissaient les hardes.

Grâce à une méthodologie rigoureuse, le décapage des sols d'occupation a permis de mettre au jour une organisation spatiale des campements, avec des aires d'activités principales et secondaires, des foyers principaux et satellites, des ateliers de travail du silex, des vestiges d'industrie osseuse, et les traces de structures d'habitat circulaires sans doute délimitées à l'origine par des perches en bois dressées en faisceau puis recouvertes de peaux animales.

En route entre Marseille et Paris, c'est en octobre 1966 que nous nous sommes arrêtés sur le site de Pincevent pour visiter le grand chantier en cours de fouilles. Quand nous sommes arrivés le matin très tôt, les collaborateurs du professeur nous ont fait savoir qu'il fallait attendre son retour de sa promenade équestre. Lorsqu'il est revenu, il nous a fait visiter lui-même son chantier où il avait dégagé des fonds de huttes magdaléniennes. À la suite de la visite, André Leroi-Gourhan, grand amateur de cuisine slave, nous a servi un bortsch et des choux farcis accompagnés de thé. Et après le repas, sous prétexte de surveiller son chantier, il a disparu sur son cheval sans rien dire.

Actuellement, un grand moulage d'un des sols d'occupation magdalénien du site de Pincevent est présenté au musée de Préhistoire d'Île-de-France, à Nemours. C'est le premier moulage d'un sol d'occupation réalisé sur une grande surface.

Les méthodes de fouilles utilisées par André Leroi-Gourhan s'inspiraient de celles du préhistorien russe A. N. Rogatchev, qui avait dégagé dans des formations loessiques des sols d'occupation gravettiens sur de grandes surfaces à Kostienki, sur la rive droite du Don. Chaque objet découvert était laissé en place afin d'obtenir une vision d'ensemble de la répartition du matériel archéologique sur le sol d'habitat et d'essayer de comprendre ainsi son fonctionnement. Le moulage de ces sols permet de conserver une image en relief avant son démontage pour poursuivre la fouille aux niveaux sous-jacents. Nous avons été impressionnés par l'ambiance studieuse et responsable qui régnait au sein de toute l'équipe travaillant dans le silence.

En Ukraine : Mezhirich, Avdievo et Kostienki

En 1976, à la suite du congrès de l'UISPP, en concertation avec l'académicien soviétique Innokentii Guerassimov et le docteur Andreï Velichko, il fut décidé de développer des échanges entre les chercheurs français et les chercheurs soviétiques dans le domaine de l'étude de l'homme préhistorique et de la dynamique des interactions entre l'homme fossile et son environnement. Ainsi furent organisées six expéditions, de 1977 à 1982, avec vingt chercheurs (dix Français, dix Soviétiques), alternativement en Union soviétique et en France pour visiter des sites du paléolithique ancien et moyen pendant les deux premières années, puis des sites du paléolithique supérieur au cours de la troisième et quatrième année et des sites néolithiques au cours des cinquième et sixième année.

Au cours de la première expédition en Union soviétique en 1977, nous avons visité les chantiers de fouilles en Crimée, en Géorgie, en Ukraine et dans la grande plaine russe. Chaque expédition durait un mois complet. Un effort exceptionnel avait été fait par les autorités russes pour accueillir solennellement la délégation française. Des routes de campagne avaient été goudronnées, nous étions accueillis dans les kolkhoses avec des banquets mémorables où les toasts se succédaient avec des cornes de chèvre emplies de vodka.

Les populations locales suivaient notre visite et au cours d'un accueil dans un lycée en présence de centaines d'élèves, près de Koudaro sur les pentes septentrionales du Grand Caucase, nous avons entendu un haut-parleur qui diffusait des chants en français de Mireille Mathieu et un professeur de l'école retira sa bague noire de jais pour l'offrir à Marie-Antoinette en lui souhaitant un bon anniversaire. C'était le 11 septembre 1981.

Découvert fortuitement en 1965, le site de Mezhirich se trouve au centre du pays, au nord-est de Kiev et à quelques kilomètres de la rive droite du Dniepr. Ce site est mondialement connu pour avoir livré les vestiges des structures de quatre habitats circulaires de 6 à 10 mètres de diamètre, constituées à l'origine par des os longs, des crânes, des omoplates et des défenses de mammouths.

Des foyers intérieurs, des fosses extérieures remplies de cendres et d'os carbonisés, des outillages microlithiques, des outils en os, pointes de sagaies, des fragments de coquillages, des aiguilles et des épingles en ivoire caractérisent ce site de plein air du paléolithique supérieur et sont accompagnés par les restes d'une faune comprenant rhinocéros laineux, renne, cheval, bison, loup, renard et lièvre.

Les datations réalisées sur des os de mammouth carbonisés s'étagent entre 13 000 et 12 000 ans av. J.-C. et rattachent Mezhirich à la culture épigravettienne.

Au cours de cette excursion, nous nous rendîmes sur le site d'Avdievo, surplombant la Ragozna, affluent de la Desna, situé à 200 kilomètres de Kostienki, qui était en cours de fouilles. Plusieurs cabanes semi-enterrées avaient été dégagées et laissées en place, construites avec des ossements de mammouth, des mandibules, des crânes et des défenses.

Outre le mammouth, les déchets alimentaires comprennent des ossements de cheval, de renne et de bison. La présence de carnivores, en particulier de loup, de renard, de glouton, atteste la recherche de la fourrure.

Les cabanes, datées d'environ 20 000 ans, appartiennent à la culture gravettienne orientale, encore appelée culture de Kostienki, caractérisée par des pointes foliacées, des pointes à cran, de nombreux burins et les célèbres couteaux de Kostienki. Cet assemblage lithique comme celui de Kostienki ou de Mezhirich est apppelé kostienkien ou culture de Kostienki-Avdievo. L'art mobilier est très riche : outre de nombreuses pièces en ivoire, découpées, sculptées, le site a livré plusieurs figurines féminines aux formes opulentes.

Dans la région de Kostienki, sur la rive droite du Don, plusieurs sites paléolithiques ont été mis au jour depuis la fin du XIXe siècle.

Au cours de notre excursion, nous avons pu visiter les fouilles en cours sur les sites de Kostienki 13 (Kelsiev) et Kostienki 14 (Markina Gora) qui avaient été fouillés par A. N. Rogatchev, premier préhistorien à mettre au jour un grand sol d'habitation préhistorique en laissant en place tout le matériel archéologique pour mieux comprendre l'organisation de cet habitat.

Nos collègues russes, au cours de leurs fouilles, avaient mis au jour de grandes cabanes construites en os de mammouths, entourées de fosses, creusées dans le permafrost (sol gelé permanent), dans lesquelles de nombreux ossements de grands mammifères ont été découverts, et qui devaient servir de garde-manger ou de congélateur pour les peuples gravettiens.

Dans la grande plaine russe : les sépultures de Sungir

Au cours d'un séjour en Union soviétique, en 1974, le professeur Otto Nicolaï Bader accompagné d'Andreï Velitchko et Tania Guerassimova nous firent visiter le site de Sungir, situé près du confluent de la Nerla et de la Kljez'Ma près de l'agglomération de Bogoljubova, à 180 kilomètres au nord-est de Moscou, près de Vladimir, où il avait mis au jour, en collaboration avec le professeur Mikhail Guerassimov, plusieurs sépultures paléolithiques. Ce site très riche s'étend sur une très grande surface et a été daté d'une période allant de 23 500 à 20 000 av. J.-C.

De nombreuses petites fosses avaient été remplies d'ossements et trois amas d'ossements de mammouth ont été mis au jour. La faune très variée comprend le mammouth, le renne, l'élan, le bison, le cheval, l'antilope saïga et aussi l'ours brun, le loup, le glouton et le renard polaire. L'industrie lithique qui contient des couteaux de Kostienki (pointe triangulaire à retouches bifaciales), des pointes foliacées et un outillage en os permet de l'attribuer à la culture de Kostienki. Plusieurs sépultures, accompagnées d'offrandes funéraires, ont été découvertes sur le site et apportent des informations importantes sur les rites funéraires des peuples gravettiens.

Un homme d'une soixantaine d'années avait été enterré, couché sur le dos, dans une fosse ovale. Il était vêtu d'un costume constitué d'une veste et d'un pantalon sur lesquels avaient été cousues plus de trois cents perles en ivoire. Il portait un bandeau constitué de trois rangées de cinquante perles, autour de la tête, un collier avec une pendeloque en schiste et vingt-cinq bracelets en ivoire autour des bras et des avant-bras. La sépulture avait été saupoudrée d'ocre rouge.

Dans une autre fosse sépulcrale, deux enfants également couchés sur le dos avaient été enterrés tête-bêche, un garçon d'environ 13 ans et une fille d'environ 8 à 9 ans. Ils portaient des vêtements et une coiffure, sur lesquels avaient été cousus plusieurs milliers de perles en ivoire et un dépôt de poignards, de sagaies et de lances alignés de part et d'autre des corps dont la longueur pouvait atteindre 1,42 et 1,66 mètre, taillés en ivoire de mammouth, associés à de nombreux outils en ivoire incisés et découpés et des épingles en os.

Ces sépultures sont attribuées à la culture gravettienne orientale appelée culture Kostienki-Avdievo dont l'âge est compris entre 26 000 et 20 000 ans avant notre ère.

Après l'excursion sur le terrain, nous avons pu voir le matériel découvert dans son laboratoire et en particulier la sépulture des deux enfants, inhumés tête-bêche, qui n'avait pas été démontée et qui avait été transportée en bloc à Moscou. Otto Nicolaï Bader avait réalisé de magnifiques planches de dessins en couleur en collaboration avec l'anthropologue Mikhaïl Guerassimov pour mémoriser l'organisation de ces sépultures du paléolithique supérieur.

Ensuite, il nous conduisit dans la banlieue de Moscou, dans une salle de cinéma pour nous présenter un film qu'il avait réalisé au cours de la fouille pour présenter ces sépultures. Séduits par cette présentation, nous l'avons invité à participer au neuvième congrès de l'UISPP, en 1976, à Nice, pour présenter son film à la communauté internationale. Il n'obtint pas l'autorisation de sortir d'URSS, mais il confia son film à un chercheur soviétique venu d'Arménie afin d'être présenté. Avant le congrès, nous avons pu visionner le document avec quelques collaborateurs admiratifs. Avant la projection officielle du film, le chef de la délégation soviétique, l'académicien Boris Rybakov, demanda à ma collaboratrice Marie-Élisabeth Fontvieille de l'emprunter pour quelques heures afin d'effectuer une vérification. Le film ne revint jamais et sa projection publique fut annulée.

CHAPITRE 13

L'art des grands peuples chasseurs de la préhistoire

Chez l'homme de Cro-Magnon, avec le développement des lobes frontaux du cerveau, sièges de la pensée associative, explose à un haut niveau, vers 35 000 ans, la pensée symbolique. Apparaissent alors la parure avec des coquilles et des dents perforées, l'art mobilier, l'art pariétal et même la musique comme l'attestent les flûtes en os d'oiseau de gypaète barbu ou de vautour découvertes dans la grotte d'Isturitz en Pays basque ou celle en os de vautour recueillie à Hohle Fels en Bade-Wurtemberg.

C'est ainsi que pendant plus de vingt millénaires (entre 35 000 et 10 000 ans avant notre ère) s'est développé le grand art pariétal des cavernes de l'Atlantique jusqu'à l'Oural. Les cavernes à peintures et à gravures pariétales du paléolithique supérieur, comme celles de Lascaux, Rouffignac, Font de Gaume en Dordogne, de Niaux, du Portel et de Gargas en Ariège, d'Altamira, du Castillo en Cantabrie, de la grotte Chauvet dans les gorges de l'Ardèche, de la grotte Cosquer à Marseille ou de Kapova en Oural, sont de grands sanctuaires souterrains des premiers hommes modernes.

Lascaux, la chapelle Sixtine de la préhistoire

En 1958, lors d'un séjour en Dordogne avec Georges Laplace, Henry est allé visiter, de nuit, après le passage des touristes, la grotte de Lascaux, où travaillait l'abbé Glory pour relever les peintures et les gravures. C'est ainsi qu'il a pu passer une nuit entière, libre, à examiner et admirer sous la conduite et avec les explications de l'abbé Glory l'ensemble de ce monument en s'interrogeant sur ses significations.

Ils descendirent dans le puits pour admirer la scène du personnage à tête d'oiseau, ithyphallique, culbuté face à un bison transpercé par une longue sagaie et qui perd ses entrailles. Cette scène, qui est reproduite plus sobrement dans plusieurs sites du Périgord, évoque évidemment un récit mythique.

La grotte de Lascaux est située dans la commune de Montignac, sur la rive gauche de la Vézère. Elle a été découverte en septembre 1940 par quatre adolescents, Georges Agniel, Simon Coencas, Jacques Marsal et Marcel Ravidat, qui observèrent les peintures.

Elle comprend une salle principale, la Rotonde, flanquée de deux prolongements latéraux : le Divercule axial et le Passage prolongé par la Nef, et le divercule des Félins. De l'Abside en bordure de la Nef, il est possible d'accéder au réseau inférieur : le Puits.

Les parois de cette vaste caverne sont ornées de plus de 600 figures animales, véritable bestiaire : 355 chevaux, 87 aurochs, 20 bisons, 88 cerfs et biches, quelques félins gravés dans le diverticule du fond. Un seul renne a pu être identifié, alors qu'il représentait l'animal le plus chassé par les hommes préhistoriques et que leurs ossements ont été retrouvés en abondance dans les déchets alimentaires abandonnés par les chasseurs préhistoriques dans la grotte. L'absence de mammouth est étonnante alors que sa représentation existe dans de nombreux sites, à Rouffignac par exemple. De nombreux signes géométriques accompagnaient les peintures : zigzags, signes angulaires, lignes, points, quadrilatères, damiers.

Les peintures et les gravures de la grotte de Lascaux ont été rapportées au magdalénien ancien et peuvent être datées d'environ 15 000 ans avant notre ère. Dès 1950, à l'origine des datations par le carbone 14, Jacques Labeyrie, directeur du laboratoire des Faibles Radioactivités de Gif-sur-Yvette, avait obtenu à partir de charbons de bois ramassés au sol une date d'environ 14 000 ans av. J.-C.

La répartition des peintures et des gravures sur les parois de la caverne, les associations entre les différentes espèces animales représentées et les signes géométriques dénotent une organisation codée hautement symbolique à l'aube de l'écriture. Quelle est la signification de ces peintures ? S'agit-il d'un art lié à la chasse, à la magie ? Il est évident que les hommes ne dessinaient pas ce qu'ils consommaient. C'est avec raison que l'abbé Breuil avait dénommé la grotte de Lascaux la chapelle Sixtine de la préhistoire.

En 1964, nous sommes revenus avec François Bordes et plusieurs fois par la suite avec des chercheurs français et étrangers, pour être accueillis chaleureusement par Jacques Marsal, l'un des découvreurs devenu guide de la grotte.

La grotte du Gabillou

En 1964, au cours d'un séjour en Dordogne, le docteur Gaussens nous invita, en compagnie de François Bordes, à visiter sa grotte du Gabillou, à Mussidan. C'est une galerie longue et étroite, qui s'ouvre au pied d'une falaise rocheuse à quelques mètres au-dessus du niveau de la rivière l'Isle. Quinze panneaux gravés répartis depuis l'entrée de la grotte sont ornés de chevaux, de rennes, d'aurochs, de bisons, de bouquetins, de deux lièvres mais aussi de félins et d'ours, ainsi que de nombreuses figures géométriques, sans oublier le célèbre sorcier du Gabillou. Les gravures peuvent être attribuées au magdalénien ancien, vers 16 000 ans av. J.-C.

Sous la conduite du docteur Gaussens, nous sommes restés de longues heures dans cette caverne, accroupis pour examiner les gravures. Au cours de la visite, nous avons été interpellés par les figures anthropomorphes, dont les deux plus remarquables consistent d'une part en une gravure montrant le profil gauche à mi-corps d'un humain corpulent qui semble enveloppé d'un vêtement surmonté d'une capuche, surnommé la Femme à l'anorak – bien qu'il soit de sexe indéterminé ; d'autre part en un profil droit gravé d'un sujet vertical de 37 centimètres de hauteur surnommé le Sorcier, montrant un bras et des jambes sur un corps à la morphologie humaine, mais pourvu d'une queue et d'une tête de bison garnie de ses cornes ; cette figure composite saisissante est aussi la dernière des gravures, la plus éloignée de l'entrée.

À l'issue de la visite avec François Bordes nous eûmes droit à la traditionnelle omelette aux truffes périgourdine, dans la gentilhommière de la famille Gaussens.

La grotte Chauvet

Lors de l'hiver 2010, alors que le verglas recouvrait les routes de l'Ardèche, nous étions à 10 heures du matin au pied de l'entrée de la grotte Chauvet où nous fûmes accueillis par Dominique Baffier, conservateur de la caverne. Quel éblouissement de parcourir les galeries de cette grotte ornée dans sa première partie de peintures noires et dans la seconde de peintures rouges qui présentent un remarquable bestiaire où sont représentés des lions, des chevaux, des mammouths et même une chouette.

Cette grotte est située sur la commune de Vallon-Pont-d'Arc, dans le département de l'Ardèche. Découverte en décembre 1994, elle doit son nom à l'un de ses trois inventeurs, Jean-Marie Chauvet ; la direction des recherches et des études a été confiée à Jean Clottes en 1995.

Composée de salles principales et de galeries annexes, étendue sur 500 mètres de longueur, la grotte Chauvet présente près de 500 gravures et peintures pariétales de mammifères représentés par le mammouth, le rhinocéros, le cheval, le bison, l'aurochs, le bouquetin, le cerf mégacéros, l'ours, des félins (lion et panthère), mais aussi un oiseau (hibou). Ces représentations figuratives d'animaux pris sur le vif, réalisées avec une maîtrise incontestable, ont été obtenues par la mise en œuvre de techniques variées, à savoir raclage, détourage, gravure, estompes et dégradés de couleurs ; elles sont accompagnées par deux figures anthropozoomorphes, par une empreinte de main négative obtenue par soufflage de colorant et des empreintes de paumes de mains imprimées par tamponnage d'un pigment brun-rouge.

Le sol a conservé des traces du passage de l'homme (foyers, charbons de bois, empreinte de pied) et les ossements fossiles d'une faune classique composée de bouquetins, chevreuils, loups, renards, martres, rongeurs, faune où domine cependant à plus de 90 % l'ours des cavernes, dont des individus morts pendant les hivernages ont laissé plus de 3 500 restes osseux, y compris des crânes complets, ainsi que de nombreuses griffades sur les parois et les empreintes de dizaines de bauges.

Quel est l'âge de ces peintures ? Les premières datations au carbone 14 données par Hélène Valadas sont d'environ 30 000 ans, ultérieurement d'autres dates indiqueraient un âge un peu plus récent. L'ensemble des datations obtenu jusqu'à présent témoignerait de deux périodes de fréquentation de la grotte par les auteurs des gravures et des peintures, l'une à l'aurignacien, vers 30 000-27 000 ans av. J.-C., l'autre au gravettien, vers 25 000-22 000 ans av. J.-C.

Le style de ces représentations évoque celles d'autres cavernes de l'Ardèche, connues depuis longtemps et rapportées à une période ancienne du solutréen aux environs de 20 000 ans.

Jean Combier avait dit en son temps, en évoquant les grottes peintes du paléolithique supérieur des gorges de l'Ardèche : « Nous avons trouvé des chapelles, mais nous découvrirons un jour la cathédrale ! » De fait, l'homme de la grotte Chauvet a été l'un des plus grands artistes de tous les temps, lui qui a inventé la polychromie, la peinture au pinceau et au pochoir, l'estompage et le dégradé, des astuces pour créer la perspective et le mouvement.

Les grottes ornées des Pyrénées cantabriques : Altamira, El Castillo, La Pasiega, Las Chimeneas, Las Monedas

En 1965, le paléontologue Jean Piveteau organisa une excursion d'une semaine dans les Pyrénées cantabriques et dans les Asturies avec ses étudiants et les chercheurs de son laboratoire pour visiter les grands sites préhistoriques et en particulier les grottes ornées du paléolithique supérieur. Le soir, nous nous arrêtions dans de petits hôtels dans des ports de pêcheurs. Nous prenions nos repas autour de poissons grillés et dégustions du cidre. C'est ainsi que nous pûmes visiter les grandes grottes ornées des Pyrénées cantabriques.

La grotte d'Altamira est située au nord de l'Espagne, à Santillana del Mar, en Cantabrie. Découverte et explorée en 1879 par Marcelino Sanz de Santuola, cette cavité profonde de plus de 250 mètres, composée d'un vestibule, d'une salle et de diverticules annexes, a livré les premiers témoignages de l'art pariétal paléolithique. Bien que son inventeur, allant ainsi contre la majorité des avis de l'époque, fût persuadé de la grande ancienneté des figures, il faudra attendre 1902 et le célèbre *mea culpa* d'Émile Cartailhac et la publication de l'abbé Breuil dans les *Archives de l'Institut de paléontologie humaine* pour faire entrer Altamira dans le panthéon de l'art cantabrique. Depuis leur découverte, Émile Cartailhac n'admettait pas l'authenticité des peintures de la grotte. Cependant, à la suite de nouvelles découvertes de grottes ornées dans le sud-ouest de la France (Font de Gaume, les Combarelles), il revint sur sa première impression. D'où le « *Mea culpa* d'un sceptique » qu'il publia dans la revue *L'Anthropologie*.

Mêlant bisons, chevaux, cervidés et sangliers, mis en couleurs par l'application de pigments colorants, le bestiaire montre une maîtrise consommée du dessin réaliste et un souci extrême du détail sur les formes compactes et les postures ramassées des profils, donnant ainsi aux animaux une présence saisissante, renforcée par l'utilisation du relief des parois et par des couleurs franches souvent soulignées de noir.

Les peintures sont attribuées au magdalénien. La datation du charbon de bois a donné un âge compris entre 13 000 et 11 000 ans av. J.-C.

La grotte d'El Castillo, qui s'ouvre au nord-est du Monte Castillo, a livré des vestiges de présence humaine sur une durée exceptionnelle, depuis l'acheuléen jusqu'à l'âge du Bronze, et présente sur ses parois intérieures des centaines de représentations figuratives et abstraites dont la majorité réalisée durant plusieurs époques du paléolithique supérieur.

C'est Hermilio Alcade del Rio qui l'a découverte en 1903 et a entrepris les premiers travaux, suivi par Hugo Obermaier. C'est l'abbé Henri Breuil qui devait effectuer les relevés de la totalité des figures. Une nouvelle étude exhaustive destinée à actualiser les connaissances a été entreprise par Marc Groenen et des chercheurs espagnols au début des années 2000.

La grotte présente un vestibule puis des salles principales et annexes suivies par une galerie et une salle finale. Les parois portent des représentations figuratives gravées, dessinées ou peintes parmi lesquelles bisons, aurochs, cervidés, félins, des figures animales composites et des empreintes de mains négatives, accompagnées par plusieurs dizaines de figures géométriques, sous forme de rectangles cloisonnés, de disques et de points colorés.

La grotte de La Pasiega découverte en 1911 par Paul Wernert et Hugo Obermaier s'ouvre au sud-est du Monte Castillo. Elle est composée d'une galerie principale, parallèle au flanc de la colline, d'où part une demi-douzaine de galeries latérales dirigées vers l'extérieur.

Le bestiaire aux contours peints en noir, en rouge ou entièrement coloré est composé de plus de deux cents figures animales : cervidés, chevaux, bouquetins, aurochs, bisons et un oiseau, accompagnés par trois pseudo-anthropomorphes et des dizaines de représentations non figuratives, des rectangles cloisonnés, des figures aviformes, des triangles, des groupes de points et de taches, des traits parallèles et un groupe énigmatique de figures géométriques connu sous le nom d'« inscription de la Pasiega ». L'art pariétal de cette grotte est attribué au solutréen et au magdalénien.

La grotte de Las Chimeneas découverte en 1952 s'ouvre à l'est du Monte Castillo. Elle est formée de galeries reliées par des cheminées karstiques. Dans la galerie inférieure, les figures animales gravées dans la glaise des parois et d'autres dessinées au trait noir sur la roche sont accompagnées de dessins quadrangulaires de couleur noire placés en évidence. Quelques figures de cerfs et celle d'un cheval sont rapportées au solutréen et au magdalénien.

La grotte de Las Monedas s'ouvre au sud du Monte Castillo ; elle est constituée par une large galerie terminée par deux diverticules parallèles. Les unités graphiques découvertes isolées dans une salle latérale sont composées de figures animales au contour noir figurant cheval, bison, renne, ours, accompagnées de figures linéaires, rapportées par la présence du renne au magdalénien supérieur.

Le dernier jour de notre excursion, le professeur espagnol Crusafond Pairo, directeur de l'Institut de paléontologie de Sabadell, fut pris à la fin du repas de violentes douleurs abdominales. Marie-Antoinette diagnostiqua les signes d'un début de péritonite. Le cas devenait grave, urgent et nous étions bien isolés dans ce petit port de pêche. Le professeur Crusafond fut transporté à l'hôpital de Bilbao où il fut opéré en urgence. Ainsi prit fin cette excursion inoubliable à travers les sanctuaires souterrains du paléolithique supérieur des Pyrénées cantabriques. Après une nuit entière de voiture, partis de San Sebastián le long du flanc nord des Pyrénées, nous avons rejoint Tautavel après avoir subi une panne d'essence en territoire désolé, et sans l'amabilité d'un chasseur nous aurions eu bien des difficultés à terminer notre périple.

En septembre 2010, nous avons revu avec beaucoup d'intérêt ces différentes grottes des Pyrénées cantabriques en compagnie de SAS le prince souverain Albert II de Monaco, à l'occasion du centième anniversaire de la création de l'Institut de paléontologie humaine, fondé par son trisaïeul, le prince Albert Ier de Monaco.

La grande grotte d'Arcy-sur-Cure

Ainsi que nous l'avons évoqué précédemment, la grande grotte d'Arcy-sur-Cure a une galerie de 500 mètres de longueur qui présente de nombreuses peintures attribuées à la culture gravettienne.

Après la découverte en avril 1990, par Pierre Guilloré, d'un bouquetin peint au charbon de bois, plus de 130 dessins au trait, dont une soixantaine de figures animales, souvent recouvertes par des voiles stalagmitiques, ont été repérés par Dominique Baffier et Michel Girard. Ce bestiaire inédit aux contours tracés en rouge ou en noir figure mammouth, ours des cavernes, bouquetin, rhinocéros, bison, cheval, une tête de lionne et un oiseau dessiné les ailes déployées. Cet art figuratif est accompagné d'empreintes de mains négatives, de figures géométriques, de points et de bâtonnets peints en rouge.

La datation du charbon de bois à 26 000-24 000 ans av. J.-C. rattache cet ensemble pariétal à la première séquence de la culture gravettienne.

En 2007, sous la conduite de Dominique Baffier et de Michel Girard, nous avons visité la grotte et avons été impressionnés par le remarquable travail entrepris pour dégager de leur voile stalagmitique les peintures qui avaient été repérées par lumière ultraviolette et les faire réapparaître.

Les gravures rupestres de Côa, au Portugal

Au début des années 1980, le gouvernement portugais avait décidé de construire un barrage hydroélectrique de très grande hauteur sur la rivière Côa, affluent de la rive gauche du Douro, dans l'ouest du Portugal, à proximité de Vila Nova de Foz Côa. Alors que le chantier était très avancé et que les tranchées latérales d'ancrage du barrage étaient réalisées, des chercheurs portugais observèrent sur les parois rocheuses de la vallée qui allaient être ennoyées de nombreuses gravures rupestres de style paléolithique qui paraissaient pouvoir être attribuées au solutréen. Des discussions animées furent alors engagées entre le gouvernement portugais et la Société d'électricité portugaise qui souhaitait achever rapidement le barrage, et les archéologues qui souhaitaient l'abandon de la construction pour sauvegarder le site archéologique.

Le professeur Luiz Oosterbeek, de l'Université de Tomar, et le professeur Victor Oliveira Jorge, de l'Université de Porto, demandèrent à Henry de venir faire une conférence à Lisbonne, le 2 mai 1985, pour montrer l'importance archéologique exceptionnelle de ce site majeur d'art rupestre paléolithique.

Le ministre Miguel Macedo assista à sa conférence et quelques mois plus tard, il était décidé en novembre 1985, à la suite d'une réunion du Parlement portugais, d'abandonner la construction du barrage et de réaliser sur place un grand parc archéologique.

Des milliers de gravures réparties sur 17 kilomètres ont pu être observées sur des parois verticales et des dalles en schiste, obtenues soit par piquetage, soit par rainurage, Elles représentent principalement des bovinés, des chevaux, des cervidés et des bouquetins ; certains sujets parmi les chevaux, où deux ou trois têtes superposées surmontent un unique corps, et la position des cornes sur des têtes de bouquetins suggèrent une volonté de donner une image en mouvement de ces animaux. Les gravures, ou certaines gravures, étaient peut-être mises en couleurs par l'application de pigments colorants.

En s'appuyant sur le style des gravures et sur le matériel archéologique découvert, les gravures sont attribuées au solutréen vers 18 000 ans av. J.-C. L'art paléolithique s'éteindra brutalement vers 9 000 ans av. J.-C. avec la disparition de la culture magdalénienne, au début du grand réchauffement climatique postglaciaire. Les cultures des grands chasseurs paléolithiques vont alors céder la place à celles des ramasseurs d'escargots et des cueilleurs de lapins du mésolithique.

CHAPITRE 14

Le mésolithique : ramasseurs d'escargots et cueilleurs de lapins

Lors de nos fréquentes visites à Paris, alors que nous étions jeunes chercheurs, nous allions parfois prendre le thé chez Raoul et Marguerite Daniel. Là, au cours de longues soirées, nous retrouvions le docteur André Cheynier, Charles Sacchi, André Vignaud, une équipe passionnée, surnommée ironiquement « barbes et moustaches » par François Bordes. Nous examinions leurs découvertes, de minuscules armatures géométriques du Bassin parisien, qui à l'époque préhistorique devaient être fixées sur des hampes en bois pour servir de harpons. C'étaient des armatures triangulaires pour les cultures sauveterriennes et trapézoïdales pour les cultures tardenoisiennes. Elles ont occupé toute l'Europe après les temps glaciaires entre 8 000 av. J.-C. et l'arrivée des premiers peuples néolithiques, agriculteurs et pasteurs, au début du sixième millénaire.

La grotte de la Montade

Encore collégien, Henry participait le dimanche aux fouilles organisées par Max Escalon de Fonton dans la grotte de la Montade, sur la commune de Plan-de-Cuques, au nord de Marseille. Il se rendait en tramway à proximité de la grotte.

Les fouilles de ce site ont livré une industrie de qualité médiocre contenant des racloirs, des grattoirs denticulés, des burins nucléiformes associés à quelques microlithes : segments de cercle, triangle et trapèze. La faune était composée essentiellement d'ossements de lapin mais aussi de quelques ossements d'aurochs, de cheval et de cerf. La caractéristique essentielle de ce dépôt est l'abondance de coquilles d'escargots, qui en fait une véritable escargotière. Les hommes de la Montade étaient en effet essentiellement consommateurs de lapins et d'escargots.

L'industrie épipaléolithique mise au jour dans ce site a été dénommée par Max Escalon de Fonton le montadien, un faciès industriel du mésolithique provençal.

L'abri des Bœufs

À la suite des fouilles de la Montade, nous avons participé au chantier de fouilles du grand abri des Bœufs à proximité de l'aqueduc de Roquefavour, dans la région d'Aix-en-Provence.

L'escargotière mise au jour dans cet abri a livré une riche industrie montadienne, associée à une grande accumulation de coquilles d'escargots et d'ossements de lapin.

Après la fouille, au cours de longues soirées, Max Escalon de Fonton nous faisait part de ses réflexions métaphysiques et symboliques chargées de pessimisme ; il vit un soir, dans un halo de lune, une grande croix dans le ciel, ce qui lui redonna de l'espoir pour l'avenir de l'humanité.

L'abri de la Baume Longue à Ponteau

Au cours des années 1950, nous avons participé aux fouilles de l'abri de la Baume Longue à Ponteau, sur la commune de Martigues, dans lequel les dépôts sédimentaires ont livré une industrie lithique de faciès montadien caractérisée par des racloirs, grattoirs et burins à retouches écailleuses et des outils microlithiques, dont des trapèzes et des rhombes. Au cours des fouilles nous avons reconnu un fond d'habitat ovalaire de 6 mètres sur 4, cerné par des déchets de taille rejetés à l'extérieur.

À la même période, Georges Laplace-Jauretche, qui effectuait des fouilles depuis 1948 dans la grotte du Poeymaü, sur la commune d'Arudy, vallée d'Ossau, dans les Pyrénées-Atlantiques, est venu visiter les sites de la Montade à Plan-de-Cuques, de l'abri des Bœufs à Ventabren et de l'abri de la Baume Longue à Ponteau, et examiner les industries montadiennes découvertes et qu'il a rapprochées de celles qu'il avait lui-même découvertes à Arudy.

La grotte du Poeymaü à Arudy

Invités par Georges Laplace, nous nous rendîmes à Arudy pour visiter la grotte du Poeymaü. Le remplissage de cette caverne de 7 mètres d'épaisseur présente une succession de niveaux archéologiques allant du magdalénien final aux époques historiques.

Les niveaux mésolithiques, situés sous le néolithique et au-dessus des dépôts aziliens et magdaléniens, ont livré une industrie proche du faciès mésolithique provençal, le montadien, que Georges Laplace-Jauretche avait appelé arudien, daté d'environ 6 000 ans avant notre ère ; les dépôts constituent un épais amas coquillier (escargotière) contenant des milliers de coquilles d'escargots. Les fouilles conduites sur ce site par Georges Laplace, qui avait introduit quelques années plus tôt l'utilisation des coordonnées cartésiennes (x, y, z) pour le repérage des pièces archéologiques mises au jour, étaient effectuées avec précision.

Henry ayant demandé si chaque coquille était coordonnée, Georges Laplace lui répondit avec humour qu'il établissait une fiche pour chaque coquille en enregistrant tous ses attributs et qu'ensuite chacune était évacuée par téléphérique ! Le soir, pour nous détendre, avec son épouse, nous avons dégusté une succulente piperade cuite dans une grande poêle au feu d'une très ancienne cheminée basque.

L'abri-sous-roche de Montclus

L'abri-sous-roche de Montclus, sur la rive gauche de la Cèze, dans le Gard, fouillé par Max Escalon de Fonton, est un site mésolithique remarquable qui a été occupé par des peuples pêcheurs de rivières et leur industrie était composée de minuscules triangles dits flèches de Montclus, associés à de nombreuses lamelles à dos très étroites et à des lamelles minuscules de Montbani qui ont leurs deux bords et leurs deux arêtes parallèles. Ces petits éléments étaient destinés à être emmanchés pour servir de harpons de pêche. Cette industrie a été baptisée le monclusien par Jean-Georges Rozoy. Elle est datée d'environ 7 000 ans av. J.-C.

Neuf mille années plus tard, avec notre ami Jean Courtin, alors que nous participions au chantier de fouilles de Max Escalon de Fonton, nous avons retrouvé la tradition des pêcheurs préhistoriques de Montclus en plongeant dans la Cèze avec des hampes de bois à l'extrémité desquelles nous avions fixé une fourchette pour attraper des barbots nichés dans les anfractuosités de la rivière. Comme ces pêcheurs préhistoriques, nous les faisions griller dans l'abri de Montclus.

Malheureusement, Max Escalon de Fonton n'a jamais publié son article « Mes fouilles dans le trou de Montclus » en échange duquel nous avions parié une caisse de champagne. Il est maintenant trop tard, puisqu'il nous a hélas quittés en août 2013.

CHAPITRE 15

Les premiers peuples agriculteurs et pasteurs

La Font-des-Pigeons à Châteauneuf-les-Martigues

Alors qu'Henry était très jeune, élève au collège du Sacré-Cœur, à Marseille, et passionné de préhistoire, il accompagnait tous les dimanches Max Escalon de Fonton sur le grand chantier de fouilles de la Font-des-Pigeons à Châteauneuf-les-Martigues, à proximité de l'étang de Berre. Après avoir assisté à une messe à 5 heures le matin à l'église Saint-Vincent-de-Paul, il rejoignait un autobus qui le conduisait jusqu'à Châteauneuf.

Ce grand abri-sous-roche contenait un remplissage de près de 3 mètres d'épaisseur où alternaient des niveaux caillouteux, liés à un délitage des parois, et des couches de cendres. À la base, des niveaux mésolithiques riches en industrie microlithique contenant des trapèzes asymétriques, de petits triangles scalènes et des microburins dénommés par Max Escalon de Fonton le castelnovien, faciès du mésolithique final.

À Châteauneuf-les-Martigues, les mésolithiques chassaient le lapin et consommaient des coquilles qu'ils récoltaient dans l'étang de Berre voisin. Toutefois, la présence à ces niveaux de moutons, dont l'origine n'est pas locale, indique l'intrusion de traditions du Proche-Orient de peuples qui avaient déjà adopté l'élevage. Si l'élevage était pratiqué, c'est néanmoins la chasse qui fournissait la plus grande partie de l'alimentation carnée, avec l'aurochs, le cerf et le lapin.

Au-dessus, des niveaux du néolithique ancien, daté de la fin du sixième millénaire jusqu'à 4 000 ans av. J.-C., correspondent à la culture cardiale. L'industrie lithique associée, qui contient des lames et éclats retouchés, des grattoirs carénés, des lamelles à troncature oblique ou concave, des flèches tranchantes trapézoïdales, évoque une tradition issue des cultures mésolithiques antérieures avec des innovations.

Ces niveaux du néolithique ancien cardial se caractérisent par des vases globuleux ou hémisphériques présentant parfois un petit col décoré avec des coquilles de cardium disposées en bande.

La présence de haches polies, ayant le plus souvent servi d'herminette, témoigne de l'installation des premiers peuples agriculteurs sur le littoral méditerranéen.

Au-dessus, des niveaux à tasses carénées et des écuelles à ouverture évasée correspondent à l'évolution ultime de la culture cardiale, appelée épicardiale.

Au sommet du remplissage de cet abri, des niveaux à petites lames à bords parallèles standardisées, taillées dans des silex de l'urgonien des régions du mont Ventoux, au nord du Vaucluse, correspondent au néolithique moyen appelé chasséen.

La montagne sacrée du Bego, dans les Alpes méridionales

La montagne sacrée du Bego, à 80 kilomètres au nord de Nice, dans le massif du Mercantour, au cours de l'âge du Cuivre et de l'âge du Bronze ancien, entre 3 300 et 1 800 ans avant notre ère, a été parcourue par des initiés qui venaient y pratiquer des rites propitiatoires. En ces lieux de haute montagne, situés entre 2 000 et 2 800 mètres d'altitude, plus de 100 000 gravures, dont 40 000 sont figuratives, réparties sur 4 100 roches gravées, nous transmettent les préoccupations économiques et les mythes cosmogoniques des premiers peuples métallurgistes des Alpes méridionales.

Au cours de nos fouilles dans la grotte du Vallonnet, en 1964, pendant une journée de détente, nous nous sommes rendus au mont Bego pour voir les gravures et en redescendant à pied dans la forêt de mélèzes, nous avons ramassé des paniers de champignons.

En juillet 1966, au cours d'une excursion sur les pentes escarpées des hautes vallées montagnardes du massif du Bego, en compagnie de Sylvain Gagnière, directeur des Antiquités préhistoriques de Provence-Alpes-Côte d'Azur, de Jean Autin, directeur d'administration générale au ministère de la Culture et d'Hubert Pontus, directeur régional des affaires culturelles, nous avons décidé d'entreprendre un programme de recherche pour établir le plan systématique de chaque roche gravée et essayer de comprendre leur signification.

Au cours de cette excursion, en franchissant la baïsse[1] de Valmasque à 2 549 mètres d'altitude, Hubert Pontus manifesta les signes d'un infarctus du myocarde. Heureusement, Marie-Antoinette avait apporté une pharmacie d'urgence et a pu lui administrer une injection médicamenteuse. Après un délai de repos, il fut possible de poursuivre l'expédition et de rejoindre le lac Vert de Fontanalba, où nous attendaient deux jeepistes Martini et Lancioli. De son côté, Jean Autin, épuisé, espérait avec impatience la fin de l'expédition qu'il jugeait trop fatigante. Cette excursion a marqué une étape importante dans notre vie de chercheur, puisque depuis quarante-sept années nous poursuivons chaque année des recherches dans la montagne sacrée du Bego. Actuellement, toutes les roches gravées ont été relevées, leurs plans ont été numérisés, chaque gravure a été enregistrée dans une base de données avec tous les attributs et une grille de lecture a été élaborée qui nous aide à lire les idéogrammes inscrits dans la pierre par les peuples pasteurs et agriculteurs de l'âge du Cuivre et de l'âge du Bronze ancien.

Les idéogrammes gravés sur les roches polies par les glaciers quaternaires de la région du mont Bego par les premiers peuples métallurgistes des Alpes méridionales nous transmettent, en appliquant notre clef de lecture, non seulement leurs préoccupations économiques quotidiennes, liées à l'eau du ciel,

1. « Col » en tendasque.

des sources et des lacs pour fertiliser leurs champs cultivés et leurs prairies, mais aussi leurs mythes cosmogoniques au centre desquels apparaissent le dieu taureau, brandissant la foudre, maître de l'orage et dispensateur de la pluie fertilisante, et la grande déesse, déesse-mère ou déesse-terre, qui doit être fertilisée par la pluie du ciel pour apporter l'abondance aux humains, mais aussi le culte du fils-époux, le dieu taureau engendré par la déesse-mère et le dieu taureau fécondant la déesse-terre.

La constance des techniques de gravure, celle des thèmes iconographiques, la répétition des associations significatives, les séquences récurrentes de signes, les constructions et les compositions montrent qu'il s'agit bien d'un enseignement transmis à travers les générations, et permettent de penser que ces gravures étaient inscrites sur les roches de la montagne sacrée du Bego au cours de rites propitiatoires par des officiants initiés, afin que les divinités apportent par la pluie du ciel l'abondance aux humains en irriguant les champs cultivés et les pâturages.

Nous n'oublierons jamais les soirées passées dans le refuge dit des Savants sur la rive gauche du lac long supérieur, à 2 120 mètres d'altitude, autour des tartes aux myrtilles récoltées dans la forêt en contrebas, arrosées de génépi.

Les journées les plus difficiles étaient celles où la pluie nous contraignait à rester plusieurs jours immobilisés dans le refuge et où toute la journée les chercheurs se regardaient en chiens de faïence, épiant chaque défaut de leurs compagnons d'infortune. Heureusement, il y avait toujours dans l'équipe quelques optimistes qui détendaient l'atmosphère, pendant que d'autres jouaient aux cartes ou que d'autres encore mettaient au propre les relevés des gravures effectués les jours antérieurs sur les roches gravées.

À la fin de la soirée, chaque membre de l'équipe trouvait sa place sur les bat-flanc disposés contre les murs du refuge. Au réveil, tôt le matin, lorsque le soleil était au rendez-vous, nous étions émerveillés par le spectacle grandiose offert par le lac des Merveilles, en contrebas, entouré de montagnes.

À Chalain, des habitats de l'âge du Cuivre en bordure d'un lac

Invités par Franck Bourdier, nous nous sommes rendus en 1955 et 1956, avec Max Escalon de Fonton et Jean Courtin, sur le site de Chalain à l'est de Lons-le-Saunier, dans le Jura. Nous avions alors entrepris des fouilles sur les sites néolithiques de l'âge du Cuivre où les hommes préhistoriques s'étaient installés en bordure du lac de Chalain. Ces dépôts contenaient plusieurs niveaux archéologiques allant de la culture du Cortaillod, à la base, à celle de Horgen et enfin au chalcolithique.

Les fouilles étaient conduites dans l'argile lacustre et grâce aux compétences de Jean Courtin, une puissante pompe nous permettait d'évacuer les eaux d'infiltration qui inondaient la fouille, située plus bas que le niveau du lac.

Les recherches ont permis de mettre en évidence l'existence d'un village, appelé autrefois cité lacustre, installé en bordure d'un lac et protégé par des palissades en bois. Les maisons étaient reliées par des passerelles de planches en bois. Au cours des fouilles, outre la céramique et l'outillage lithique, de nombreux instruments en bois, des textiles, des cordages ont été découverts. Grâce au carbone 14, ces niveaux ont été datés d'entre 2 400 et 2 200 ans avant notre ère.

CHAPITRE 16

Et dans le reste du monde...

En Israël, au carrefour de l'Afrique et de l'Asie

À la demande de Jean Perrot, célèbre archéologue qui a effectué de nombreuses recherches aux Proche et Moyen-Orient, nous nous sommes rendus en Israël pour visiter les nombreux et riches sites paléolithiques mis au jour et en cours de fouilles dans ce pays. Nous avons sillonné les routes de la Palestine, dormant tous les soirs dans un kibboutz où nous étions toujours très bien accueillis et où nous avions la surprise de constater combien leurs occupants, toujours très solidaires, étaient intéressés par la préhistoire et les questions concernant l'origine de l'homme.

Conduits par Avraham Ronen, nous sommes allés visiter le site d'Ubeidiya, en aval du lac de Tibériade, dans la vallée du Jourdain, prolongement du rift est-africain. C'est un riche site acheuléen, dont les couches sont redressées à la verticale en raison de phénomènes tectoniques. La faune, extrêmement riche, peut être attribuée au début du pléistocène inférieur. Les sols d'occupation sont riches en industrie et comprennent des choppers de grande taille façonnés le plus souvent en calcaire, des pics, des bifaces plutôt en basalte, des hachereaux, des polyèdres généralement en calcaire, des sphéroïdes et des rabots. Outre les éclats bruts de taille assez nombreux, le petit outillage contient des encoches, des denticulés et des racloirs façonnés le plus souvent en silex.

Cette industrie, datée de 1,5 million d'années, montre que les cultures acheuléennes à bifaces, portées par les *Homo erectus*, apparues en Afrique de l'Est il y a un peu plus de 1,6 million d'années, sont sorties très tôt du continent africain.

Avec Avraham Ronen et Ofer Bar-Yosef, nous nous sommes rendus également sur les pentes du mont Carmel, à 20 kilomètres au sud de Haïfa, pour visiter la grotte de Tabun qui avait été fouillée par Miss Garrod avant la Seconde Guerre mondiale et dont les fouilles avaient été reprises par Arthur Jelinek et Ofer Bar-Yossef, professeur à l'Université de Jérusalem.

Sept ensembles archéologiques principaux ont été individualisés dans le remplissage de cette caverne qui atteint 27 mètres de hauteur. Ils sont échelonnés de l'acheuléen aux périodes historiques.

À la base, les dépôts contiennent des industries acheuléo-jabrudiennes avec des bifaces et un petit outillage retouché sur éclat épais ; au-dessus, des niveaux moustériens, riches en pointes et lames levallois. Plusieurs individus, un squelette incomplet (Tabun I), une mandibule isolée (Tabun II), un fragment de fémur (Tabun III) et des os de main (Tabun IV-VI) ont été retrouvés dans les niveaux moustériens. Le bassin incomplet de Tabun I attribué à un individu de sexe féminin est de type néandertalien et d'un âge estimé entre 100 000 et 60 000 ans.

Quelques restes humains – deux fragments de pariétal, un de temporal et deux dents isolées appartenant vraisemblablement aux *Homo erectus* – ont été mis au jour sur le site.

À proximité immédiate de Tabun, nous nous sommes arrêtés dans la petite grotte de Skhul, l'une des grottes du mont Carmel, sur la rive gauche du ouadi el-Mughara, qui fut fouillée au début des années 1930 par Thomas McCown. Il mit au jour dans ce site plusieurs niveaux moustériens riches en éclats levallois et de nombreuses sépultures, comprenant sept adultes et trois enfants déposés dans des fosses individuelles peu profondes.

La présence de certains caractères anatomiques évolués, le développement du menton, la présence d'une fosse canine, les différencient des néandertaliens classiques et les rapprochent des hommes anatomiquement modernes ; ils sont considérés comme des hommes modernes archaïques, datés d'environ 100 000 ans, et annoncent les hommes modernes qui remplaceront en Europe occidentale les néandertaliens à partir de 35 000 ans.

Conduits par Avraham Ronen, professeur à l'Université de Haïfa et par Bar-Yosef et Patricia Smith, tous deux professeurs à l'Université de Jérusalem, nous avons visité la grotte de Qafzeh, ou grotte du Précipice, située sur le Wadi el Hadj, à 3 kilomètres au sud de Nazareth.

Fouillée de 1933 à 1935 par Neuville et Stekelis, puis de 1965 à 1979 par Bernard Vandermeersch, elle a livré, sous des niveaux du néolithique et du paléolithique supérieur, une importante séquence moustérienne, riche en éclats levallois. Une vingtaine de sépultures ont été mises au jour dans cette caverne dont en 1969 la sépulture exceptionnelle d'une jeune adulte d'une vingtaine d'années au pied de laquelle avait été déposé un enfant d'environ 6 ans (sujets Q9 et Q10). C'est la plus ancienne sépulture double connue à ce jour, datée de 90 000 ans av. J.-C.

Comme les individus de Skhul, ceux de Qafzeh présentent des caractères anatomiques modernes qui les rapprochent de l'homme de Cro-Magnon, crâne plus élevé, face gracile, présence d'un menton, néanmoins ils conservent encore quelques caractères primitifs comme un front relativement fuyant.

Au même titre que les sujets de Skhul, les individus de Qafzeh, de morphologie moderne, sont au centre de débats sur les relations entre néandertaliens et hommes modernes durant le paléolithique moyen au Proche-Orient et plus généralement sur le stade d'évolution de l'espèce humaine aux environs de 100 000 ans av. J.-C. et sur l'ancienneté de l'homme anatomiquement moderne.

La présence d'ocre associée aux sépultures suggère la mise en œuvre de rites funéraires élaborés.

Dans l'une des sépultures, a été dégagé un enfant d'environ 9 ans portant dans ses mains une ramure de cervidé déposée en offrande. Il est intéressant de rappeler que, dans plusieurs cultures, chez les Scythes par exemple, le cerf qui perd ses bois en automne pour repousser au printemps est un symbole de résurrection. Rappelons que saint Eustache, en Italie, et saint Hubert, en France, ont aperçu un jour, au cours d'une randonnée de chasse, le signe de la Croix entre les ramures d'un cerf. Cette tradition du cerf symbole de résurrection ne remonte-t-elle pas aux hommes fossiles du début du pléistocène supérieur ?

Avec Jean Perrot, nous sommes allés visiter le site d'Aïn Mallaha, qu'il avait fouillé quelques années auparavant. C'était un village natoufien, installé au bord du lac Houleh entre 10 500 et 8 300 ans av. J.-C., qui a été occupé par des peuples chasseurs-cueilleurs, les Natoufiens, qui s'étaient sédentarisés et qui pratiquaient, outre la chasse (gazelles, chèvres, moutons, sangliers), la récolte intensive de céréales sauvages.

Leur industrie lithique comprend des pics, des ciseaux, des burins, des lames de faucilles en silex, des segments de cercle, ainsi que des outils domestiques lourds en pierre, tels que meules, pilons, mortiers, qui complétaient l'outillage.

Les maisons étaient de grandes structures circulaires à demi enterrées, bordées par des parois de pierres. Les récoltes de céréales sauvages étaient stockées dans des silos autour des habitats.

À proximité des maisons qui constituaient des hameaux, les défunts étaient inhumés en position semi-fléchie dans des fosses et le corps était parfois recouvert d'ocre rouge. Dans quelques fosses avaient été enterrés des chiens, premiers animaux domestiques.

Le natoufien marque une étape importante entre le mode de vie des chasseurs-cueilleurs nomades et la sédentarisation des communautés humaines.

En Afrique du Nord

Invité par le professeur Gabriel Camps, directeur du Centre archéologique préhistorique et ethnologique d'Algérie, et avec Franck-Étienne Roubet, géologue au Musée national du Bardo à Alger, et Slimane Hachi, un jeune chercheur algérien, Henry a effectué une grande tournée en Algérie pour visiter les sites préhistoriques majeurs de ce pays.

Situé à 30 kilomètres au nord-est de Sétif et connu depuis 1947, le site de plein air d'Aïn Hanech a livré des outils en calcaire de facture rudimentaire, dont des polyèdres et des sphéroïdes proches de l'industrie oldowayenne. Les études paléontologiques recensent les restes d'une faune archaïque composée d'éléphants, d'hippopotames, de rhinocéros, d'équidés et de bovidés, suggérant un environnement de type savane. Les analyses paléomagnétiques datent le site de plus de 1,78 million d'années et témoignent de la plus ancienne présence de l'homme en Afrique du Nord.

Le site de Ternifine, appelé aujourd'hui Tighennif, situé près de la ville de Mascara, a été publié en 1955 par Camille Arambourg. Localisé dans une sablière, ce gisement a livré un outillage en quartzite, en grès, en calcaire, composé de bifaces, de hachereaux et de grands éclats. La faune fossile comprend éléphant, rhinocéros, girafe, camélidé, zèbre, antilope et carnivores. Ternifine a livré des restes humains isolés, dont un pariétal et trois mandibules à caractères particulièrement robustes, lesquelles ont permis à Camille Arambourg de reconnaître en son temps un nouveau genre d'homininé, nommé *Atlanthropus mauritanicus*. Aujourd'hui classé parmi les *Homo erectus* et d'une ancienneté comprise entre 750 000 et 600 000 ans, l'homme de Ternifine est actuellement le plus ancien homininé connu d'Afrique du Nord.

Situé dans la région de Tébessa, dans le nord-est du pays, le site éponyme de Bir el-Ater a livré une industrie lithique composée de racloirs, de grattoirs, de burins, de becs et surtout de pointes pédonculées caractéristiques de cette culture. Ce gisement a donné son nom à l'atérien, un faciès industriel d'Afrique du Nord généralement inclus dans une période comprise entre 38 000 et 18 000 ans av. J.-C., sachant que ces limites extrêmes sont sujettes à débat.

Afalou bou-Rhummel est un abri-sous-roche situé près de Melbou, à l'est de la ville de Bedjaïa. Fouillé à l'origine en 1928 par Camille Arambourg, le remplissage d'une dizaine de mètres d'épaisseur a livré une industrie microlithique de faciès ibéromaurusien composée majoritairement de lamelles, accompagnées d'outils en os durcis à la flamme. Des fragments de figurines zoomorphes en terre cuite ont été recueillis dans des niveaux datés de 10 000 à 9 000 ans av. J.-C.

Les nombreux restes humains ont montré une particularité à caractère sans doute rituel, l'ablation systématique des incisives supérieures, y compris sur de jeunes sujets.

Le site de Mechta el-Arbi est situé au sud-ouest de Constantine, près de la localité de Chelghoum Laïd. Attribué à la culture ibéromaurusienne, à l'industrie microlithique riche en lamelles retouchées, ce site est connu depuis 1912. Il a livré des restes humains des deux sexes, des individus anatomiquement modernes et de grande taille, connus sous le nom populaire d'homme de Mechta-Afalou, en référence au site d'Afalou bou-Rhummel.

Au cours de cette tournée, nous étions reçus par les autorités et les populations locales avec chaleur et le soir, après nos longues randonnées sous le soleil, nous avons pu apprécier toutes les variétés de couscous.

Quelques années plus tard, l'ambiance avait changé et il n'était plus possible d'aller sur le terrain. Revenu en Algérie à l'invitation de Denis Louche, conseiller culturel à l'ambassade de France en Algérie, Henry était logé dans un bâtiment de l'ambassade de France transformé en camp retranché. Il a pu néanmoins faire une conférence au service culturel devant des étudiants algériens dont certains barbus s'étaient installés au premier rang avec un air menaçant. Elle consistait en un long exposé sur les grandes étapes de l'évolution morphologique et culturelle de l'homme avec des projections d'images pour montrer que l'évolution de l'homme était un fait d'observation. À sa grande surprise et à celle du conseiller culturel, il n'y eut aucune contestation et, au cours des années suivantes, nous avons accueilli à l'Institut de paléontologie humaine plusieurs étudiants algériens qui avaient assisté à sa conférence, pour préparer des DEA et des thèses de doctorat. Encouragé par l'écoute rencontrée au centre culturel français, nonobstant les mises en garde de l'ambassade de France, Henry a voulu visiter avec l'un de ses anciens étudiants algériens, Abdelkader Deradji, la célèbre Casbah. En descendant les ruelles étroites, il était anxieux car des jeunes les suivaient avec des pierres en main.

En Afrique du Sud

Parmi les nombreuses missions effectuées en Afrique du Sud, invités par Phillip Tobias ou Janet et Hilary Deacon, nous n'oublierons pas celle effectuée en 1975 sur la côte sud de la province du Cap, dont le paysage évoquait la Provence. Chaque soir, nous faisions halte dans un bungalow. Les traditions hollandaises étaient encore bien présentes dans l'art culinaire. Réveillés très tôt le matin par une femme de chambre avec un thé, nous nous rendions ensuite dans le restaurant où était servi un petit déjeuner roboratif avec choucroute, saucisses arrosées des délicieux vins rouges du Cap.

C'est au cours de cette expédition que nous avons pu visiter la grotte de Klasies River qui surplombe l'océan à 40 kilomètres à l'ouest du cap Saint-Francis. Fouillée de 1966 à 1968 par Ronald Singer et John Wymer, et ultérieurement par Janet et Hilary Deacon, cette grotte a livré un remplissage de 18 mètres d'épaisseur, allant du Middle Stone Age, caractérisé par de longues lames à bords parallèles en quartzite d'environ 125 000 ans, au Late Stone Age, qui débute vers 40 000 ans.

Plusieurs fossiles humains attribués à des hommes modernes ont été découverts dans les dépôts du Middle Stone Age. Ils représentaient les plus anciens hommes modernes connus actuellement dans le monde. Nous avons été impressionnés par la grande rigueur des fouilles.

En Amérique

L'arrivée de l'homme sur le continent américain aux époques préhistoriques est traditionnellement expliquée par des mouvements migratoires issus de l'Eurasie qui auraient été rendus possibles, pendant la dernière période glaciaire, avant 11 000-10 000 ans avant notre ère, par la formation d'un isthme de plus de 1 500 kilomètres de largeur sur le détroit actuel de Béring reliant ainsi l'Alaska à la Sibérie orientale.

Trois faciès industriels paléoindiens unanimement reconnus forment le socle de base de la présence humaine en Amérique du

Nord : le clovisien, le folsomien et le planoïen, des sites de Clovis et de Folsom (Nouveau-Mexique) et d'Agate Basin (Wyoming), datés respectivement de 9 200-8 800 ans, de 9 000-8 000 ans et de 8 000-6 000 ans avant notre ère.

Depuis plusieurs décennies, ce double schéma géographique et chronologique a été fort bousculé. D'une part, par les partisans d'une chronologie longue, qui conservent le postulat d'une arrivée de l'homme par l'isthme béringien, mais bien antérieure, entre 13 000 et 38 000 ans av. J.-C., voire plus ancienne encore ; d'autre part, par les partisans de migrations par voies maritimes, soit de l'Europe vers l'Amérique du Nord par cabotage le long de l'inlandsis nord-atlantique, soit du Pacifique vers la façade occidentale de l'Amérique du Sud. Ces scénarios se basent d'une part sur les mises au jour de sites préclovisiens dans les Amériques (État de Virginie et Chili), d'autre part sur des convergences typologiques entre industries lithiques américaines et européennes (clovisien/solutréen) et sur les analyses craniologiques de fossiles humains présentant selon certains auteurs des caractères inédits, tels l'homme de Kennewick (État de Washington), le crâne de Lapa Vermelha (Brésil) ou le squelette de Penon (Mexique).

Tout ou partie de ces théories et de ces résultats étant contestés par des arguments scientifiques, philosophiques et/ou idéologiques, il ne se dégage pas de réel consensus sur le sujet, bien que l'entrée en scène de l'homme *via* la Béringie réunisse de nombreux partisans.

Invités par Maria Beltran, professeur à l'Université de São Paulo, nous nous rendîmes en mars 1985 dans l'État de Bahia, à 11 kilomètres au nord de Central, dans la Serra de Pedra Calcaria pour visiter la grotte de la Toca de Esperança où avaient été signalées des peintures rupestres.

Au cours de cette visite dans la Toca de Esperança, et à la demande de Maria Beltran, nous avons décidé d'y ouvrir un chantier de fouilles qui fut organisé en 1987.

Sur le chemin d'accès, dans la katinga, nous avons eu la surprise de faire connaissance avec l'anaconda, le plus grand serpent connu, capable d'étouffer sa proie avant de l'avaler. Tous les soirs, au cours de nos fouilles, Maria insistait pour rejoindre la voiture avant la sortie de l'once : *Leopardus uncia,* un léopard redoutable, à la tombée de la nuit.

Au cours de ces fouilles, associés à des faunes quaternaires – *Eremotherium* sp., *Propaopus sulcatus*, *Pampatherium*, *Hippidion*, *Tayassu albirostris*, *Scelidotherium*, *Mazama* sp., *Palaeolama* sp., *Agouti paca* –, quelques pièces taillées, des éclats, un chopper, des pièces présentant des enlèvements envahissants, des débris de quartz ont été découverts dans la couche IV, la plus inférieure, sous une couche carbonatée (couche I) datée de 22 000 ans.

Plusieurs ossements provenant de la couche IV qui a livré l'industrie ont donné des âges compris entre 204 000 et 295 000 ans, par la méthode $^{230}Th/^{234}U$ et vraisemblablement plus proche de 300 000 ans.

Ce site serait alors l'un des plus anciens gisements préhistoriques connus actuellement sur le continent américain, mais les ossements d'animaux et l'industrie associés découverts dans la couche IV sont-ils bien contemporains ?

CHAPITRE 17

Des rencontres internationales

Réunions internationales, congrès, colloques, séminaires et tables rondes ont pour intérêt de réunir des chercheurs issus de disciplines complémentaires et d'horizons différents pour mettre en commun leurs découvertes, leur savoir, leurs technologies, faire partager leur enthousiasme et leur curiosité, et renforcer les relations humaines entre eux. Les préhistoriens vivent au sein d'une grande famille, comme en témoigne le congrès de Nice en 1976, qui l'a réunie presque tout entière.

Le neuvième congrès de l'Union internationale des sciences préhistoriques et protohistoriques (13-18 septembre 1976)

En septembre 1971, Henry s'est rendu à Belgrade en compagnie de Raymond Palun, l'un de ses collaborateurs, pour participer au huitième congrès de l'Union internationale des sciences préhistoriques et protohistoriques (UISPP). À son grand regret, Marie-Antoinette, qui était sur le point d'accoucher, est restée à Marseille. C'est pendant le congrès qu'Henry a appris la naissance de William, son quatrième enfant, et même celle de son cinquième si on ajoute le crâne Arago 21 mis au jour à Tautavel quelques semaines plus tôt, le 22 juillet 1971. La naissance de William a été l'occasion de nombreuses libations à la slivovitz en compagnie de nombreux congressistes.

Devant les membres du conseil permanent et du comité exécutif qui réunissaient des chercheurs de tous les pays du monde, Henry a proposé de réunir le congrès suivant à Nice cinq ans plus tard. Préalablement, pour le financement, il avait reçu l'accord de Jacques Médecin, maire de Nice, qui s'intéressait à la préhistoire et à la création du musée de site de Terra Amata et qui avait l'ambition de faire de Nice une ville d'accueil de congrès.

Le neuvième congrès de l'UISPP s'est donc réuni à Nice du 13 au 18 septembre 1976 avec la participation de 3 300 chercheurs venus de 71 pays différents. De nombreux sujets concernant l'évolution morphologique et culturelle de l'homme, son cadre géochronologique, ses paléoenvironnements, l'extension progressive de l'humanité sur les différents territoires ont été traités.

Dans le cadre du Colloque I (« Datations absolues et analyses isotopiques en préhistoire. Méthodes et limites », animé par Jacques Labeyrie et Claude Lalou), a été abordée pour l'une des premières fois une approche de l'intercalibration entre les différentes méthodes de datation : thermoluminescence, déséquilibre de l'uranium, traces de fission, carbone 14, acides aminés, paléomagnétisme. Le professeur Aitken, d'Oxford, a proposé pour la première fois des datations du site de Terra Amata grâce à la méthode de la thermoluminescence à partir de silex brûlés. Le professeur Turekian, de Yale, a suggéré en avant-première les datations de la caune de l'Arago obtenues par la méthode du déséquilibre de l'uranium ($^{230}Th/^{234}U$). Le professeur Bada, de l'Université de Californie à San Diego, a présenté les datations de nombreux sites paléolithiques et notamment de la caune de l'Arago par la méthode des acides aminés. Le professeur Protsch, de l'Université de Francfort-sur-le-Main, a abordé l'intercalibration entre les datations par les méthodes du carbone 14 et celle des acides aminés. Ce fut l'une des premières rencontres où furent appréhendées les différentes méthodes de datation et leur intercalibrations, ce qui devait donner une impulsion aux programmes de recherche sur les datations des sites paléolithiques.

Au cours du Colloque VI (« Les plus anciens hominidés », animé par le professeur Phillip Tobias), les chercheurs Donald Johanson, Yves Coppens et Maurice Taieb ont présenté leurs récentes découvertes du squelette presque complet d'un hominidé gracile, dénommé Lucy, attribué ultérieurement à *Australopithecus afarensis* et daté de 3,2 millions d'années.

Dans le Colloque IX (« Le peuplement anténéandertalien de l'Europe », animé par Andor Thoma), Marie-Antoinette a fait état des premières découvertes faites dans la caune de l'Arago.

À l'occasion du colloque consacré aux problèmes ethnographiques des vestiges osseux, animé par François Poplin, des réflexions sur l'archéozoologie ont été développées, ce qui a été à l'origine de colloques internationaux annuels.

À la fin du congrès, une grande fête a été organisée dans les jardins de Cimiez qui a duré toute la nuit et au cours de laquelle le champagne a coulé à flots, tandis que de petits stands mettaient à disposition des spécialités niçoises et des glaces. De grands professeurs internationaux comme Desmond Clark, Clark Howell, Glynn Isaac, Michael Day, G. H. R. von Koenigswald ou Teuku Jacob ont dansé jusqu'à l'aube.

Le deuxième colloque international « Datations absolues et analyses isotopiques en préhistoire. Méthodes et limites » (22-28 juin 1981)

À la suite de ce premier colloque international « Datations absolues et analyses isotopiques en préhistoire. Méthodes et limites », nous en avons organisé un nouveau sur ce thème, plus spécialement sur la datation du remplissage de la caune de l'Arago. Il s'est déroulé à Tautavel du 22 au 28 juin 1981 et a été ouvert par le directeur général du Centre national de la recherche scientifique. Il a réuni 63 chercheurs français et 31 chercheurs étrangers venus de 10 pays différents.

Ce colloque animé par Henry et Jacques Labeyrie a présenté les différentes méthodes de datation utilisées dans la caune de l'Arago et l'intercalibration entre les résultats obtenus. Il a marqué une étape importante dans l'évolution des programmes de datation consacrés aux sites préhistoriques du pléistocène inférieur et plus particulièrement de la caune de l'Arago.

Face à certaines divergences à propos des résultats obtenus, il a été décidé de procéder à des carottages dans la caune de l'Arago pour récupérer de nouveaux échantillons destinés chacun à des laboratoires différents qui auraient ainsi l'occasion d'intercalibrer les résultats obtenus par différentes méthodes dans différents laboratoires. Une visite du chantier de fouilles de la caune de l'Arago, en pleine activité, a été organisée pour les participants et, sur le site, de nombreuses discussions animées ont été consacrées à la stratigraphie, à l'interprétation des résultats des datations et à leur comparaison avec les données apportées par la biochronologie.

Le premier congrès international de paléontologie humaine (16-21 octobre 1982)

Du 16 au 21 octobre en 1982, nous avons organisé à Nice le premier congrès international de paléontologie humaine, qui a été présidé par le paléontologue Jean Piveteau et le biologiste Pierre-Paul Grassé. L'axe essentiel de ce congrès était de replacer les restes humains récemment découverts à Tautavel dans l'histoire de l'humanité. Ainsi 729 chercheurs venus de 55 pays ont participé à ces travaux. Leur but était de replacer les découvertes de restes humains de Tautavel dans leur cadre chronophylétique des fossiles recensés jusqu'en 1982.

Le moulage du crâne de l'homme de Tautavel, reconstitué à partir du frontal et de la face Arago 21 et du pariétal Arago 47, complété par l'occipital de Swanscombe et le temporal de Sangiran 17, avait été expédié au préalable à chacun des intervenants invités au colloque. Ainsi, pendant six jours, l'homme de Tautavel a été la vedette de cette manifestation.

En préambule, Henry et Marie-Antoinette, associés à René David, ont présenté la première reconstruction du crâne Arago 21. Les chercheurs du laboratoire de Marseille (J.-L. Bouzat, D. Grimaud, E. et J. Spitery, H. Roth, P.-F. Puech, P. Lamy, associés à H. et M.-A. de Lumley) ont proposé une étude anatomique des différents restes humains découverts. Une comparaison avec des fossiles du pléistocène moyen a été proposée pour l'Europe par H. D. Kahlke, D. Gadjiev, E. Vlcek, A. et N. Poulianos, J. Melentis et L. de Bonis, R. Protsch, A. Czarnetzki, B. Vandermeersch, A. Debenath, E. Aguirre, A. Ascenzi. De même pour l'Afrique, par K. Butzer, G. Isaac, T. C. Partridge, C. K. Brain, E. Vrba, M. et R. Leakey, J. Chavaillon, J. J. Jaeger, Ph. Tobias, M. Sakka, P. Rightmire, B. Wood, D. Johanson, Y. Coppens, M. Day, C. Stringer, J. L. Heim, J.-J. Hublin, pour l'Asie de l'Est par Li Yanxian et Wang Ling Hong, Wu Rukang et Wu Xin Zhi, et pour l'Indonésie par S. Sartono, T. Jacob, R. P. Soejono, F. et A.-M. Semah. La morphologie comparée a été abordée par H. Hemmer, R. Holloway, Y. Buyle-Bodin, M. Wolpoff, B. Sigmon, C. O. Lovejoy et B. Mafart.

Nous avions aussi préparé avec les chercheurs de notre laboratoire et ceux du Muséum d'histoire naturelle de Nice une grande exposition sur l'origine et l'évolution de l'homme. Elle avait été installée dans le grand palais des expositions de Nice, à proximité de la salle de réception, où une soirée a été donnée pour accueillir tous les congressistes le dernier jour. Des fossiles humains originaux et des moulages étaient présentés dans cette exposition dans des vitrines sécurisées. Pour la première fois était présenté le crâne d'*Homo erectus* Sangiran 27, que le professeur Teuku Jacob avait récupéré en notre compagnie dans le dôme de Sangiran. Avec le crâne de Tautavel, c'était un peu le phare de l'exposition.

Au cours de la soirée, Huguette Pampaloni, l'une de nos collaboratrices, méfiante et très responsable, faisait des rondes dans les galeries de l'exposition pendant que l'ensemble des congressistes se divertissait. Quelle n'a pas été sa surprise d'apercevoir une jeune fille armée d'un tournevis qui démontait la vitrine dans laquelle était exposé le crâne de Sangiran ! Elle est restée immobile, curieuse d'observer la suite de l'opération. Après s'être emparée du crâne, la jeune fille s'est dirigée vers un professeur américain, directeur du laboratoire d'anthropologie d'une grande université, qui était assis à une table avec ses collègues, et lui a remis le précieux fossile. C'est alors qu'Huguette Pampaloni est intervenue pour récupérer vivement le fossile en s'exclamant : « *Not for you, for me !* » Le professeur Clark Howel, indigné, a demandé à son collègue de quitter immédiatement les lieux et ce dernier, en présentant ses excuses, a déclaré qu'il avait simplement l'intention de faire une blague.

Un colloque international sur les premiers habitants de l'Europe (10-15 avril 2000)

Au cours du mois de juillet 2000, pour célébrer l'entrée dans le XXIe siècle, nous avons organisé au palais des congrès de Tautavel, qui venait juste d'être construit, un congrès international consacré aux premiers habitants de l'Europe. Seuls des chercheurs qui effectuaient des fouilles et qui avaient contribué à la découverte de nouveaux restes humains majeurs y étaient conviés, soit 245 participants provenant de 22 pays.

C'est là qu'a été présenté un bilan des recherches effectuées en Europe sur les populations du pléistocène inférieur et moyen : l'arrivée des hommes en Europe depuis plus de 1 million d'années et les industries lithiques archaïques, avec les sites de Dmanissi en Géorgie, de Barranco León et de Fuente Nueva 3 dans le bassin d'Orce en Andalousie, de la grotte du Vallonnet, du site de Belvedere di Monte Poggiolo, des sites du bassin du Latium, de Gran Dolina TD6, de la Pineta à Isernia, les cultures à bifaces avant la domestication du feu, la caune de l'Arago à Tautavel, Grand Dolina TD10, la domestication du feu vers 400 000 ans à Terra Amata, à Menez Dregan dans le Finistère, les cultures à bifaces après la domestication du feu, la grotte du Lazaret, le site d'Orgnac 3 en Ardèche, la grotte Suard à la Chaise en Charente.

Plusieurs sessions ont été consacrées au cadre stratigraphique du pléistocène inférieur et moyen en Europe, au cadre géochronologique et magnétostratigraphique, au cadre biostratigraphique et paléoclimatique, aux caractéristiques anatomiques des anténéandertaliens, à l'évolution et au faciès des industries lithiques, au comportement et au mode de vie des premiers peuplements de l'Europe.

Dans la salle d'exposition du palais des congrès, nous avons installé pour son inauguration une grande exposition sur les premiers habitants de l'Europe, où était présenté le bilan de nos fouilles sur divers sites européens : la grotte du Vallonnet, la caune de l'Arago à Tautavel, Terra Amata à Nice, la Baume Bonne dans le Verdon, la grotte du Lazaret à Nice, et de bien d'autres sites dont nous avons collaboré à l'étude, comme Dmanissi en Géorgie, Barranco León et Fuenta Nueva en Andalousie, la Pineta en Italie, Sima de Huesos en Castille-León, Orgnac 3 en Ardèche.

Outre le matériel archéologique – des pièces d'industries et des ossements de faunes quaternaires, des moulages de sols d'occupation et des moulages de restes humains fossiles –, nous avons installé plusieurs théâtres optiques pour permettre aux visiteurs de s'initier à la connaissance du comportement et du mode de vie des hommes fossiles et aux grandes étapes de l'évolution de la cognition.

« Les cultures à bifaces du pléistocène inférieur et moyen dans le monde » (25-30 juin 2007 et 30 avril-5 mai 2011)

Au cours de l'année 2007, nous avons organisé à Tautavel le premier colloque international sur les cultures à bifaces du pléistocène inférieur et moyen dans le monde ; 191 chercheurs de 29 pays différents y ont participé. Le but était d'essayer de comprendre si les industries à bifaces correspondaient à une culture homogène qui avait diffusé au cours du temps à travers les différents continents ou si la fabrication de bifaces correspondait à des cultures totalement indépendantes qui auraient émergé parallèlement en divers points du monde.

Malgré une discussion très animée, le problème n'a pu être résolu et il a été décidé de poursuivre cet échange de vues ultérieurement au cours de nouveaux colloques.

En 2011, le deuxième colloque international consacré à ce thème s'est réuni en Corée du Sud à Jeongok-ri, où le professeur Bae Kedong avait créé un musée sur le site même où, quelques années auparavant, il avait ouvert un grand chantier de fouilles et mis au jour un outillage du paléolithique ancien, essentiellement constitué de galets aménagés et d'éclats associés à quelques bifaces.

À la suite de ce deuxième colloque, il a été décidé d'en réunir un troisième en 2016 à Konso, en Éthiopie, où le docteur Yonas Beyene a mis au jour les plus anciens bifaces de l'histoire de l'humanité, datés de 1,6 million d'années.

« *Via humanitatis*. Sur la route de l'humanité, l'évolution morphologique et culturelle de l'homme. Émergence de la conscience » (19-21 avril 2013)

À la demande de Son Éminence le cardinal Roger Etchegaray et de Mgr Marcelo Sánchez Sorondo, chancelier de l'Académie pontificale des sciences, nous avons été sollicités pour organiser un colloque international dans la Casina Pio IV, siège de cette académie, au Vatican ; 24 chercheurs de 11 pays différents et 28 auditeurs libres ont participé à cette réunion pour réfléchir sur la signification de l'homme et sa place dans l'histoire de la vie. Les participants ont été reçus par Sa Sainteté le pape François, récemment élu, dans la salle Clémentine. Ils ont eu l'honneur de prendre leur petit déjeuner tous les matins à 7 heures avec lui dans la Domus Sanctae Martae.

Conclusion

Après plus de soixante années de recherches sur le terrain et en laboratoire, au cours desquelles nous avons parcouru le monde pour visiter les grands sites préhistoriques, nous avons rencontré des chercheurs passionnés, inventeurs de découvertes exceptionnelles.

Depuis les années 1950, nos connaissances sur l'évolution de l'homme et de ses cultures, sur l'histoire de son comportement de subsistance et de son mode de vie ont été complètement renouvelées. L'amélioration des techniques de fouille a ouvert la possibilité de lire avec précision l'organisation spatiale des sols d'occupation préhistoriques et de percevoir le comportement des hommes qui les occupaient.

L'apport de nouvelles technologies a permis, d'année en année, d'obtenir des informations sur les datations des sites préhistoriques, sur les paléoenvironnements, les paléoclimats, sur l'évolution de la biodiversité, sur le mode de vie, les stratégies de chasse, les techniques de débitage et de façonnage des industries lithiques. Rappelons simplement qu'avant 1958, aucune méthode de datation absolue n'était utilisée. Willard Libby, en inventant la méthode de datation par le carbone 14, a été le premier à proposer des dates absolues pour des sites préhistoriques. Ainsi, dès cette époque, les peintures de la grotte de Lascaux ont été datées d'environ 16 000 ans. Depuis, bien d'autres méthodes de datation ont été découvertes et appliquées : le rapport entre l'uranium et le thorium, le rapport entre le potassium et l'argon, la thermoluminescence, la résonance électronique de spin, les traces de fission et, depuis peu d'années, les isotopes cosmogéniques qui utilisent l'aluminium et le béryllium. Grâce à ces différentes techniques, les grandes étapes de l'évolution humaine peuvent être replacées dans le temps.

Le développement des analyses des pollens fossiles, en appliquant des traitements spécifiques pour les extraire, permet de reconstituer les paysages dans lesquels vivaient les hommes et de reconnaître leurs transformations au cours du temps.

L'étude des restes osseux des grands mammifères recueillis sur les sols d'occupation, sans négliger les plus petits fragments, qui n'étaient pas pris en compte autrefois, permet de reconstituer non seulement l'évolution des espèces au cours des temps quaternaires et de suivre les sites dans le temps (biochronologie), mais aussi de constater la sélection qui s'est opérée parmi les animaux et, en observant les types de fractures et les traces laissées sur les os, de percevoir les techniques de chasse, de dépeçage, de mise en quartier, ainsi que les pratiques culinaires.

Alors que les premiers hominidés, les australopithèques, étaient essentiellement végétariens, les *Homo habilis*, vers 2,5 millions d'années avant notre ère, qui étaient charognards, sont devenus mangeurs de viande. Vers 1,8 million d'années, les *Homo erectus* se sont faits chasseurs et consommateurs de viande crue. Et c'est à partir de 400 000 ans av. J.-C., avec la domestication du feu, qu'ils ont commencé à faire cuire les aliments, avant, comme on le sait depuis longtemps, de domestiquer plantes et animaux à partir du dixième millénaire.

L'étude des microvertébrés (rongeurs, insectivores, chauves-souris, amphibiens, reptiles), longtemps négligée, recueillis grâce à des tamisages à l'eau sur des tamis à mailles très fines et examinés au microscope, permet non seulement de reconstituer les paléoenvironnements, mais aussi de replacer les sites préhistoriques dans le temps, grâce à l'évolution rapide de certaines espèces.

L'étude du rapport entre deux isotopes de l'oxygène, contenus dans des planchers stalagmitiques, dans des ossements, des dents, des coquilles marines ou terrestres, rend possible d'évaluer la température absolue de l'époque étudiée.

Les analyses récentes de l'ADN de certains os fossiles, lorsqu'il est conservé, permettent de préciser l'appartenance à certaines lignées et éventuellement les relations entre les groupes. De récents travaux ont ainsi mis en évidence que les Européens conservent dans leur patrimoine génétique des caractères des néandertaliens.

L'étude des sédiments préhistoriques a bénéficié de nouvelles méthodes d'analyse – granulométrie, micromorphologie, géochimie – qui permettent de connaître l'origine des sédiments, les facteurs de leur mise en place et leur évolution géochimique et d'en déduire des précisions sur le climat mais aussi sur l'habitat humain.

Ainsi, dans la grotte du Lazaret à Nice, l'étude géochimique des sols d'habitats acheuléens successifs, occupés entre 190 000 et 120 000 ans, a permis de détecter, en prenant en compte les dégradations des lipides animaux et végétaux, la localisation des lieux de traitement de la viande et des litières, de différencier les emplacements où la viande était consommée crue ou cuite.

L'étude des pollens, des ossements de grande faune et de microvertébrés, des sédiments, des isotopes, contribue à la reconstitution des paléoenvironnements et des paléoclimats, mettant en évidence des grands cycles climatiques d'environ 100 000 ans, avec alternance de périodes froides d'une durée de 80 000 ans environ et de périodes chaudes d'environ 20 000 ans.

Voilà qui nous apprend que l'homme, pour survivre à toutes ces variations, s'est toujours adapté à son milieu naturel.

L'étude des restes humains fossiles, en faisant appel non seulement aux analyses anatomiques classiques, à des images microscopiques et à des tomographies avec des scanners, permet de repérer la structure fine de l'os et les cavités du squelette non accessibles à l'œil nu. Les données numériques obtenues sont traitées par diverses méthodes statiques en 2D ou 3D, et les résultats renouvellent nos connaissances sur les relations entre les divers fossiles et leur place sur l'arbre généalogique de l'homme.

L'analyse du rapport entre certains isotopes du carbone, de l'azote et le dosage du strontium apporte également des données essentielles sur l'alimentation des hommes préhistoriques.

L'étude des outillages préhistoriques, et en particulier la recherche des stratégies du débitage et du façonnage des outils, a permis de caractériser l'évolution de la culture matérielle des hommes préhistoriques. L'étude de l'origine des roches sélectionnées pour la taille délimite les aires de circulation des groupes humains. L'examen des traces d'utilisation sur les tranchants des outils, effectué à la loupe binoculaire, au microscope photonique et au microscope plus puissant, électronique à balayage, a permis de connaître comment les différents types d'outils étaient utilisés.

Des analyses géochimiques très fines, en utilisant des microsondes liées à un microscope électronique à balayage, permettent de reconnaître la composition des pigments utilisés dans les cultures préhistoriques et dans certains cas leur transformation anthropique par chauffage. C'est ainsi que nous avons mis en évidence sur le site acheuléen de Terra Amata à Nice, daté de 380 000 ans, des granules de goethite jaune transformés par chauffage en granules d'hématite rouge lustrés, qui ont servi de « crayons » pour colorer des substances douces, comme peut-être la peau des chasseurs.

En 1960, lorsque nous avons entrepris notre pérégrination sur les chemins de l'homme préhistorique, ces diverses approches étaient encore insoupçonnées. Nous avons eu la chance de vivre avec une passion commune et avec curiosité cette évolution qui s'accélère. Nous souhaitons aux jeunes chercheurs de poursuivre ce chemin avec autant d'enthousiasme.

Table

DE HENRY DE LUMLEY
CHEZ ODILE JACOB

La Grande Histoire des premiers hommes européens, 2007.
L'Homme premier. Préhistoire, évolution, culture, 1998.